浙江大学"马克思主义理论和中国特色社会主义研究与建设"工程
中央高校基本科研业务费专项资金资助

Women's Empowerment in Equal Participation
The Approach of Participative Gender Budget

平等参与中的女性赋权
参与式性别预算途径

郭夏娟　著

ZHEJIANG UNIVERSITY PRESS
浙江大学出版社
·杭州·

图书在版编目(CIP)数据

平等参与中的女性赋权:参与式性别预算途径 / 郭
夏娟著. —杭州:浙江大学出版社,2023.12
ISBN 978-7-308-24497-8

Ⅰ.①平… Ⅱ.①郭… Ⅲ.①国家预算－研究－中国
②男女平等－研究－中国 Ⅳ.①F812.3②D442

中国国家版本馆 CIP 数据核字(2023)第 250132 号

平等参与中的女性赋权:参与式性别预算途径
PINGDENG CANYU ZHONG DE NÜXING FUQUAN: CANYUSHI XINGBIE YUSUAN TUJING
郭夏娟　著

策划编辑	陈佩钰
责任编辑	陈逸行
责任校对	郭琳琳
封面设计	春天书装
出版发行	浙江大学出版社
	(杭州市天目山路 148 号　邮政编码 310007)
	(网址:http://www.zjupress.com)
排　　版	浙江大千时代文化传媒有限公司
印　　刷	杭州捷派印务有限公司
开　　本	710mm×1000mm　1/16
印　　张	18.5
字　　数	313 千
版 印 次	2023 年 12 月第 1 版　2023 年 12 月第 1 次印刷
书　　号	ISBN 978-7-308-24497-8
定　　价	88.00 元

创新思想理论,迎接中华民族伟大复兴

余逊达

马克思主义是中国共产党的指导思想,也是中国宪法确认的国家的指导思想。作为一种科学理论,马克思主义最显著的特点在于它不但强调认识世界,而且强调改造世界。在当今的中国,人们认识世界和改造世界所面对的一项最重要的任务,就是通过不断深化改革和发展,实现中华民族的伟大复兴,同时推动整个人类社会的不断进步。中华民族在社会主义制度下的伟大复兴,既是全体中国人在可以预见的时间内对人类文明发展所做出的最大贡献,也是马克思主义本身在可以预见的时间内对世界历史发展所做出的最大贡献。

古代中国曾经在文明发展上长期处于世界先进的位置。15 世纪末 16 世纪初,西方文明兴起,中国则在封闭状态下逐渐失去活力,直至 1840 年鸦片战争后在世界发展进程中被边缘化。但是中国人并未放弃,经过几代人的不懈奋斗,中国又重新站立起来,开始在世界舞台上赢得新的尊重。

1949 年中华人民共和国的成立,是中国摆脱半殖民地半封建的处境、在政治上自立于世界民族之林的标志。此后,经过长期的艰苦努力,特别是改革开放以来的努力,中国实现了经济上的飞跃。现在,中国不论是在经济总量上,还是在制造业、货物贸易、对外投资等领域,都处于世界领先地位。尽管人均国内生产总值还落后于发达国家,经济发展在结构、质量等方面也存在不少问题,然而已经取得的成绩仍使我们有理由、有信心说,中国经济发展水平赶上发达国家是一件完全可以期待的事情。也就是说,中国的一只脚已经迈进了民族复兴的大门。

但是,生产力发展不是民族复兴的全部内容。一个民族要想走在世界发展的前列,除了生产力发展必须走在世界前列,它的政治制度、文化发展、社会建设和理论思维等也必须走在世界前列。人是在思想指导下行动的,人的思想的内涵决定了人的行动的内涵,从这个意义上可以说,理论思维能力及其追求对一个民族的发展具有决定性作用。近代,西方国家在世界上的兴起,就是与西方在理论思维上的发展相伴而行的;而中国的衰败,则与中国在思想上的封闭、僵化、落后内在地关联在一起。思想解放和理论创新,是五四运动后现代中国奋起的先声,也是1978年中国改革开放方针政策制定与执行的思想前提和基础。中国要继续前进,同样离不开思想解放和理论创新。特别是当前,在全球化和科学技术日新月异的带动下,人类社会的发展方式、组织方式、生活方式、治理方式都出现了前所未有的大转型,包括中国在内,世界上的一切都在调整,都在变化,都在重构,需要我们用新的眼光去看待它,理解它,应对它,并在新的思想的指导下把这场大转型导入能造福全人类的轨道。在这样的历史时刻,理论思维的作用尤其重要。对中国来说,如果没有在思想理论创新和建设上取得世界公认的进步和繁荣,中华民族的复兴是不完整的,也是难以持续的。

思想理论建设是一项系统工程,包含着非常丰富的内容。在中国特定的国情下,思想理论建设中的一项核心工作,是马克思主义理论的建设。中国共产党作为中国的执政党,一直高度重视马克思主义理论建设。党把马克思主义和中国实践及时代特征结合起来,经过反复探索并集中各方智慧,形成了中国特色社会主义理论体系。这一理论体系回答了发展道路、发展阶段、根本任务、发展动力、外部条件、政治保证、战略步骤、领导力量和依靠力量、国家统一的方式等一系列与建设中国特色社会主义相关的重大问题。按照这个理论,党确立了社会主义初级阶段的基本路线和基本纲领,并进一步提出了"三个代表"重要思想和科学发展观。党的十八大以来,以习近平同志为核心的党中央就"中国梦"和价值观、文化自信、全面建成小康社会的战略布局、全面深化改革的总目标与总体安排、全面依法治国、全面从严治党、经济发展新常态、协商民主、社会治理、城市治理、生态文明建设、腐败倡廉、军事变革、统筹国内国际两个大局、建设开放型经济新体制、建设新型大国关系、"一带一路"建设、总体安全观、体系绩效等问题,提出了一系列新的重要思想,对中国特色社会主义理论做出新的发展和创造。上述思想和理论的提出与确立,反映了党在思想理论建设上所做出的巨大努力和已经取得的巨大成效。正是在这些思想和理论的指导下,改革开放以来,中国在经济、政治、社会、文化、生态和党的建设等各个方面都取得了历史性成就。

　　马克思主义是一个开放的系统。作为马克思主义和中国实践及时代特征相结合的产物,中国特色社会主义理论体系同样是一个开放的系统,它并未穷尽人们对中国社会、外部世界、人类自身及社会主义发展规律、共产党建设规律等问题的认识,更未封闭人们通向新的真理的道路。事实上,中国特色社会主义理论体系的效用不仅在于它能指导人们从事社会主义建设的实践,还在于它能指导人们根据实践和环境、条件的变化,去进行新的探讨,形成新的认识。我们今天所处的世界,仍然是一个充满矛盾的世界;摆在中国和世界面前等待回答的问题,仍然为数众多;把已经形成的正确的思想和理论成功地付诸实践,也远非触手可及之事。所有这一切都说明,进一步加强思想理论建设,仍然是一项意义深远的任务。

　　历史经验告诉我们,思想理论建设是一种只有依靠集体努力才能成功的公共事业。浙江大学作为一所以建成世界一流大学为目标的大学,对加强思想理论建设肩负着不可推卸的责任。为了有效履行这一重要责任,在学校领导的支持指导下,浙江大学社会科学研究院设立了"马克思主义理论和中国特色社会主义研究与建设工程"(简称"马工程")。这一工程以促进中国和世界的进步为关怀,以理论和实际的结合为构架,重点放在当代问题的探讨,同时兼及经典著作的研究,鼓励思想理论创新,发前人之未发,成一家之言。"马工程"设立后,人文社科类教师反响热烈,也激起部分理工农医类教师的研究兴趣;不仅一批充满朝气的青年学者踊跃参与,而且一些学富五车的资深教授也积极参与。几年下来,"马工程"已经设立了几十个研究计划,将出版一系列有水平、有创意的著作和研究报告。这些著作和研究报告,凝聚了作者的心血,体现了他们对中国与世界面对的问题的深入思考。我们相信,它们的出版,能够给思考同样问题的读者以启示,也能够给处理实际问题的读者以智慧。随着新的成果的不断出版,浙江大学的"马工程"最终将不负使命,在推动中国的思想理论建设走向世界前列、促进中华民族伟大复兴方面,做出自己应有的贡献。

CONTENTS
目 录

第一章 导 论 / 001

一、何谓"赋权" / 002

二、"赋权"的人权基础 / 004

三、女性赋权进程中的性别预算 / 011

四、性别预算概念演变 / 013

五、性别预算与女性赋权的契合 / 025

六、参与式研究及其数据来源 / 028

第二章 从"被动获得"到"主动参与"：性别预算的缘起及发展 / 031

一、女性预算作为预算赋权的缘起 / 031

二、"性别"与"参与"的结合 / 034

三、性别意识导向决策的多样化趋势 / 039

四、赋权途径的变迁及其驱动机制 / 042

五、性别预算赋权的立法保障 / 048

第三章 从"结果赋权"到"过程赋权"：性别预算的中国实践 / 055

一、性别预算的三种本土模式 / 055

二、温岭参与式性别预算的缘起与发展 / 060

三、参与式性别预算的动力机制 / 065

四、参与式性别预算的多元主体 / 067

五、"内嵌式"性别预算框架 / 070

六、参与式性别预算的内容 / 077

第四章 数量代表：破译女性能力的迷思 / 084

一、以"临界规模"保障女性的代表性 / 084

二、以"能力"质疑"临界规模" / 090

三、"参与"优先的比例制度 / 097

第五章 控制性实验中的能力检验 / 105

一、为何选择"控制性实验" / 105

二、两性对公共事务的关注与知情 / 113

三、两性对公共知识的学习与理解 / 117

四、两性的偏好转移与认同 / 121

五、女性的政治能力消失在何处 / 130

第六章 参与协商的实际能力 / 140

一、"潜能"在协商讨论中的现实转化 / 141

二、女性参政能力标准及其偏差 / 151

三、平等参与中的女性能力表现 / 154

第七章　女性能力赋权的条件 / 178

一、政治条件 / 178

二、经济条件 / 184

三、受教育程度 / 189

四、社会资本 / 196

五、性别文化 / 204

第八章　参与式性别预算的赋权成效 / 211

一、性别预算的赋权评估 / 212

二、参与式性别预算的主观评价 / 218

三、参与式性别预算的客观评估 / 230

第九章　结　语 / 267

参考文献 / 271

致　谢 / 285

第一章　导　论

　　众所周知,女性与男性平等赋权不仅是马克思主义妇女观的核心要义,也是中国共产党执政以来长期努力实现的目标。新中国第一部宪法就明确提出,女性与男性享有平等的权利。时至今日,男女平等作为基本国策所昭示的性别平等观已经日益深入人心。然而如何从理论上理解赋权及如何为女性赋权,长期存在争议且观点纷呈,其中不乏似是而非之说。这使原本复合多义的赋权内涵更加扑朔迷离,困扰并误导人们的认知。理论的困惑必然反映于认知常识,女性赋权常常被误读为由男性代表女性实现诉求。这种观点认为,即使女性不参与赋权过程,只要男性决策者为女性代言并表达她们的需求,则女性在"被代表"过程中不仅可以获取利益,还能获得权利与能力。至今,仍有许多人相信女性在决策机构中的数量或占比并不重要,虽然有各种试图提高女性参与比例的政策。因此,每当国家颁布保障女性平等参与的法规和政策时,总会出现类似质疑。例如,政府出台政策提升女性在国家和政府组织中的比例,或者在公推公选中以"补偿性优惠政策"保障女性席位,总会引发争议。其中有一种声音是,女性赋权不需要女性自主参与,只要男性愿意替她们争取利益即可。这种说辞的另一层含义是,女性天生缺乏与男性同等的公共能力,即便给予其参与机会,也未必能够真正代表女性,不如由男性代表女性行使权利更能达到其目的。更有甚者,女性自身也会自觉或不自觉地赞同此说。她们相信,即使给予女性机会与男性共商决策,其能力也不能与男性相提并论,缺乏"可行能力"的女性难以有效代表女性表达意见。概言之,女性的赋权无须"女性参与"。

　　然而,这种观点恰恰忽视了,新中国成立初期国家倡导妇女解放运动,正是将女性从私人的家庭中解放出来,让她们作为主体自主地参与社会活动,女性得以真正获得作为"人"的基本权利。从这个意义上说,新中国成立初期的妇女解放运动对女性赋权的影响和意义,不仅在于把女性从家庭中解放出来,更体现在启发女性的自主意识,通过鼓励女性参与社会生产与生活,赋予女性作为主体自主参与社会活动的权力与能力。这正是中国共产党执政以来为女性赋权的精髓所在。本质上,对女性赋权的误解是将丰富的赋权内涵和动态的赋权过程简化为简单静态的结果,归约为可以清晰罗列的利益清单,并用简单的数字计算进行衡量。换言之,这种观点主张赋权可以由外在客体"代表"完成,忽视赋权必须由主体自身主动参与,并在这种过程中发挥参与者的主体能动性,而不是被"给予"。

一、何谓"赋权"

那么,为何女性赋权与主体的主动参与不可分离?回答这一问题,需要从"赋权"的含义及其特征入手。"赋权"通常是指人们对关乎人生的重大事务能够进行自主决策并实施。这一过程包括反思、分析和采取行动等,需要发挥主体能动性。但是,长期以来对"赋权"概念并未形成统一的定义。有学者提出,只有已经被剥夺权力的人,才需要被赋权。比如,女性作为一个群体可以提出诉求,并创造条件促进自身赋权。这是指那些被否认有能力进行战略决策的人寻求这种能力的过程。[①] 也有学者将赋权概括为三层含义:一是主体能动性(agency),这是指形成决策并执行的过程,是赋权的核心;二是资源(resources),是指主体发挥主观能动性的中介条件,通过各种制度与社会关系进行分配;三是成就(achievements),指行动的结果,表明人们实现所追求的理想生活目标。[②] 其中,第一层面涉及行动者的能动性,即决定个体目标及如何行动的能力;第二层面涉及资源的平等准入性;第三

---

① Kabeer N. Resources, agency, achievements: Reflections on the measurement of women's empowerment[J]. Development and Change, 1999, 30(3):435-464;Mosedale S. Assessing women's empowerment: Towards a conceptual framework[J]. Journal of International Development, 2005, 17(2): 243-257.

② Kabeer N. Resources, agency, achievements: Reflections on the measurement of women's empowerment[J]. Development and Change, 1999, 30(3):435-464.

层面是指福利性结果。①

　　针对上述"赋权"含义,研究者往往根据各自理解,强调某些方面而忽视其余。有学者聚焦于赋权所蕴含的特定目标和结果,把赋权理解为达成某种特定目标与结果②;也有学者从方法论角度建议将"赋权"看作一个"连续变量",视赋权为一个过程,没有终点。因而,无法对特定阶段的结果进行衡量。③ 赋权无法在某个特定时间点进行充分评估,因其本质上是过程性的。④ 这些研究者认为,如果女性赋权被界定为某种目标性结果,那么,它有可能成为一种弱势赢家和强势输家的零和博弈,失去其实质性意义。⑤ 有学者甚至认为,赋权只是一个持续性过程而非结果,无最终目标,故没有人能够在绝对意义上达到完全赋权的状态。⑥ 赋权只是主体能够在其生活的主要方面进行决策的过程。⑦ 也有学者基于发展心理学观点来描述赋权是一种过程⑧,赋权是一种"推进问题解决的积极途径,提高政治谅解与环境控制能力"的过程。⑨ 对此,萨莫森·卡尔(Summerson Carr)提出反驳,

　　① Kabeer N. Resources, agency, achievements: Reflections on the measurement of women's empowerment[J]. Development and Change, 1999, 30(3):435-464.

　　② Batliwala S. The meaning of women's empowerment: New concepts from action[M]//Sen G, Germain A, Chen L C. Population Policies Reconsidered: Health, Empowerment, and Rights. Boston: Harvard University Press, 1994: 48.

　　③ Bernstein E, Wallerstein N, Braithwaite R , et al. Empowerment forum: A dialogue between guest editorial board members[J]. Health Education & Behavior, 1994, 21(3): 281-294.

　　④ Staples L H. Powerful ideas about empowerment[J]. Administration in Social Work, 1990, 14(2):29-42.

　　⑤ Kabeer N. Resources, agency, achievements: Reflections on the measurement of women's empowerment[J]. Development and Change, 1999, 30(3):435-464.

　　⑥ Mosedale S. Assessing women's empowerment: Towards a conceptual framework[J]. Journal of International Development, 2005, 17(2): 243-257.

　　⑦ Kishor S, Neitzel K. Examining women's status using core demographic and Health Surveys Data[M]//Cosío-Zavala M E, Vilquin É. Women and Families: Evolution of the Status of Women as a Factor ond Consequences of Changes in Family Dynamics. Paris: CICRED, 1997: 371-420.

　　⑧ Carr E S. Rethinking empowerment theory using a feminist lens: The importance of process[J]. Affilia, 2003, 18(1):8-20.

　　⑨ Kaminski M, et al. How do people become empowered? A case study of union activists[J]. Human Relations, 2000, 53(10):1357-1383.

他认为意识启蒙与社会变迁之间是一个丰富的动态作用过程,因此上述心理学理论无法提出完整的解释。①

不难看出,在如何理解"赋权"的问题上,难以形成统一而完整的表述。为完善"赋权"概念,女性主义者提出不同的阐释,将赋权界定为内容与过程两方面的结合。朱利安·拉帕朋(Julian Rappapon)认为,"赋权"过程的内容多种多样,由于这个过程在不同人和不同背景之间完成,最终结果必将多样且彼此有差异。② 马克·齐默尔曼(Marc Zimmerman)对赋权过程提出了一种看似冗杂的描述:"'个人、组织和社区的被赋权途径'往往是通过'作为这种过程的结果'及其所展现的效果得以实现。"③

显然,上述各种关于"赋权"的观点聚讼纷纭,各有侧重,但都从某一层面揭示了赋权的核心内涵,即赋权既是主体通过能动参与获得权力的过程,也是实现各种权利的结果。换言之,赋权需要主体的实际参与过程作为保障,同时该过程必定带来特定目标或结果的实现。从众多学者对赋权过程的强调不难看出,赋权不同于通常意义理解的"权利补偿"或者"权利给予",而是必须依系于主体的行动或参与,在参与中主动获得"权力",并运用这种"权力",实现自身"权利"。从这个意义上说,强调赋权的过程性,正是将失去权力者视为能动的主体,并且能够通过主动地参与行动获得权力,而不是等待他人给予的被动接受。

二、"赋权"的人权基础

既然"赋权"需要主体参与的实际过程得以实现,那么,女性作为长期"失去"权力的弱势群体,究竟应该以何种方式重新获得权力进而实现自身权利? 国际社会为此进行了长期探索。尤其是联合国自成立以来,一直为

---

① Carr E S. Rethinking empowerment theory using a feminist lens: The importance of process[J]. Affilia, 2003, 18(1):8-20.

② Rappapon J. Studies in empowerment: Introduction to the issue[J]. Prevention in Human Services, 1984, 3(2-3):1-7.

③ Zimmerman M. Psychological empowerment: Issues and illustrations[J]. American Journal of Community Psychology, 1995, 23 (5):581-598.

之付出努力,从法规与政策层面为女性赋权构建制度框架,进而提供必不可少的制度保障。从这个角度看,女性赋权进程的开始可以追溯到 1945 年颁布的《联合国宪章》(Charter of the United Nations),其第一条就明确提出"发展国际以尊重人民平等权利及自决原则为根据之友好关系……且不分种族、性别、语言或宗教"①,将性别平等与种族平等、宗教平等视为普遍人权的核心。自此,全球范围内的女性赋权经历了三个阶段,即以普遍人权为基础的形式赋权,以女权为基础的实质赋权,以及以两性平权为基础的多元群体赋权。

首先,是以普遍人权为基础的形式赋权。为有效实施《联合国宪章》的核心目标,联合国于 1946 年设立了人权委员会(Commission on Human Rights),负责处理联合国内一切有关人权事项;同年,联合国安理会还设立了妇女地位委员会(Commission on the Status of Women,简称妇地会)作为联合国经济与社会理事会的执行委员会,就改善女性在政治、经济、社会、教育和法律等方面的权利向理事会提出建议和报告。作为联合国较早设立的职能委员会,人权委员会和妇女地位委员会负有改善女性地位和防止性别歧视的职责,这些机构的设置为以后强调性别平等提供了制度性保障。

正是在妇地会的促进下,联合国大会于 1948 年颁布《世界人权宣言》(Universal Declaration of Human Rights),其中采用了性别中立的"human rights"代替以男性为中心的"men's rights",把女性的人权包括在普遍人权之中,并重申包括性别平等在内的普遍权利的平等。② 随后通过了《公民权利及政治权利国际公约》(International Covenant on Civil and Political Rights)和《经济、社会及文化权利国际公约》(International Covenant on Economic, Social and Cultural Rights)。其中,前者以单独的条文明确提出女性与男性拥有平等的权利,声明"本盟约缔约国承允确保本盟约所载一切公民及政治权利之享受,男女权利,一律平等"③;后者明确规定"本盟约缔

---

① 联合国.联合国宪章[EB/OL]. (1945-06-26)[2023-02-01]. https://www.un.org/zh/about-us/un-charter/full-text.

② 联合国.世界人权宣言[EB/OL]. (1948-12-10)[2023-02-01]. https://www.un.org/en/about-us/universal-declaration-of-human-rights.

③ 联合国.公民权利及政治权利国际公约[EB/OL]. (1966-12-16)[2023-02-01]. https://www.un.org/zh/node/182157.

约国承允确保本盟约所载一切经济社会文化权利之享受,男女权利一律平等",同时,它要求缔约国"保证妇女之工作条件不得次于男子,且应同工同酬"。①

至此,《世界人权宣言》《公民权利及政治权利国际公约》《经济、社会及文化权利国际公约》及两个任择议定书(optional protocol),共五个文件一起被称为"国际人权宪章",构成联合国最初的人权框架。② 从"国际人权宪章"对性别平等的原则性规定中可以看出,人权议程中女性问题的提出,正是得益于联合国从不同层面对女性权利的倡导与规定,尤其是以"human rights"替代"men's rights",首次将女人还原为"人",进而各国开始意识到保护女性的平等权利和地位是基本的责任,为女性权利发展提供了最基本的人权基础与制度依据,也为女性赋权打开切入口。

然而,普遍人权框架下的女性赋权在实施中往往因其过于笼统而掩盖了女性的具体权利要求,因而,在各国实际赋权过程中,女性权利长期被男性所"代表",导致女性赋权过程中的自主参与被忽略,各国男权主导的赋权职责习惯于由男性代表将权利"给予"妇女,很容易忽视女性独特的生活经历及其需求,使得赋权依然停留于形式层面,而非实质赋权。

其次,是以"女权"为基础的实质赋权。为了确保更具体的赋权规约的提出与制定,联合国需要对人权进行更详细的区分与提炼。为此,针对女性在历史与现实中实际处于不平等地位的现实,联合国陆续通过了妇地会起草的《妇女政治权利公约》(1952 年)、《已婚妇女国籍公约》(1957 年)、《关于婚姻的同意、结婚最低年龄及婚姻登记的公约》(1962 年)、《关于婚姻的同意、结婚最低年龄及婚姻登记的建议(书)》(1965 年)等一系列维护婚姻与家庭平等权利的公约。这些公约与建议正式提出了源于性别不平等而导致的女性权利问题,并开始将女性的权利独立出来,以保障女性在国家与家庭

---

① 联合国.经济、社会及文化权利国际公约[EB/OL]. (1966-12-16)[2023-02-01]. https://www.un.org/zh/node/182159.

② 任择议定书指附于正式条约之后的非强制性加入的国家规约,即 1966 年的《公民权利及政治权利国际公约任择议定书》(Optional Protocol to the Covenant on Civil and Political Rights)和 1989 年的《旨在废除死刑的〈公民权利和政治权利国际公约〉第二任择议定书》(Second Optional Protocol to the Covenant on Civil and Political Rights, Aiming at the Abolition of Death Penalty)。

关系中的平等地位。自此,性别平等不再是抽象原则,而是作为迫切需要解决的具体问题进入公众视野。这同时也表明,国际人权公约中抽象的男女平等表述已经不能适应现实要求,性别平等需要更加明确而系统的阐述与政策资源。

为了把男女平等的国际标准融合到一个国际文书中,1967 年联合国通过了妇地会起草的《消除对妇女歧视宣言》(The Elimination of Discrimination against Women Declaration,简称《消歧宣言》),旨在阻止所有对女性的歧视性行为。该宣言将性别歧视界定为对女性平等权利的限制,指出"对妇女的歧视,其作用为否认或限制妇女与男子平等之权利,实属根本不公平且构成侵犯人格尊严的罪行"。《消歧宣言》除了持续强调女性在国籍、婚姻家庭方面的平等权利,还主张女性在教育和经济社会生活方面与男性平等的权利,并且强调这些权利不受女性婚否的限制。[①] 随后,在第一次世界妇女大会的呼吁下,联合国于 1979 年通过了以《消歧宣言》为蓝本起草的《消除对妇女一切形式歧视公约》(The Convention on the Elimination of All Forms of Discrimination against Women,CEDAW,简称《消歧公约》)[②],首次对"歧视"进行明确定义:"'对妇女的歧视'一词指基于性别而作的任何区别、排斥或限制,其影响或其目的均足以妨碍或否认妇女不论已婚未婚在男女平等的基础上认识、享有或行使在政治、经济、社会、文化、公民或任何其他方面的人权和基本自由。"[③]《消歧公约》进一步明确并列举了女性在政治和公共事务、教育、就业、保健、社会经济生活、婚姻家庭关系等方面所涉及的具体的平等权利。尤为重要的是,这一表述将妇女的平等权利从抽象的平等原则中独立出来,被明确地界定,从而形成系统的妇女权利框架。随后,联合国又在 1993 年第二次世界人权大会通过的《维也纳宣言和行动纲领》(Vienna Declaration and Program of Action,简称《维也

---

① 联合国. 消除对妇女歧视宣言[EB/OL]. (1967-11-07)[2023-02-01]. https://www. un. org/zh/documents/treaty/A-RES-2263%28XXII%29.

② 在第一次世界妇女大会的呼吁下,妇地会在《消除对妇女歧视宣言》的基础上起草了第一部关于消除对妇女歧视的有约束力的公约——《消除对妇女一切形式歧视公约》,并于 1979 年在联合国大会通过,1981 年正式生效。

③ 联合国. 消除对妇女一切形式歧视公约[EB/OL]. (1979-12-18)[2023-02-01]. https://www. un. org/zh/documents/treaty/A-RES-34-180.

纳宣言》)中和 1995 年在北京举行的联合国第四次世界妇女大会上多次明确"妇女的权利就是人权",再次巩固了妇女人权框架在普遍人权中不可或缺的地位。

如果说,《消歧宣言》和《消歧公约》还只是委婉地将对女性的歧视视为侵犯人权,那么,1993 年第二次世界人权大会通过的《维也纳宣言》则明确提出了"妇女和女童的人权是普遍人权当中不可剥夺和不可分割的一个完整部分"。随后,1995 年于北京举行的联合国第四次世界妇女大会在《第四次世界妇女大会北京宣言》(以下简称《北京宣言》)中重申并且再一次明确"妇女的权利就是人权",规定各国对女性和儿童权利的保护责任。作为对《消歧公约》的补充,《北京宣言》强调女性的身体自主权,明确确认和重申所有女性对其健康的所有方面,特别是其自身生育都拥有自主权。自此,"妇女权利是人权"(女权即人权)已成为没有争议的国际共识。此后,保障女性不受一切形式的侵害成为国际社会共同承认和关注的人权问题,也是各国义不容辞的责任。

但是,"妇女"或"女性"仍然是一个笼统的概念,以至于不同阶层、不同种族、不同文化背景和不同偏好的女性权利被忽视了,"妇女权利"的提出只是基于简单的两性区分,对于更多元群体的权利仍然缺乏关注,特别是并没有将处于弱势地位的少数群体权利考虑在内。因此,当作为多数的女性群体的赋权受到关注之后,少数群体的赋权需要更特殊的权力认同才能得到保障。

最后,是以"性别平权"为基础的多元权利共享。为了拓展和完善"妇女权利"基础的赋权内涵,联合国采纳了由瑞典提出的性别意识主流化战略(gender mainstreaming)①,以进一步拓展女性赋权的包容性,扩大女性赋权的视野与范围。为此,1995 年联合国第四次世界妇女大会正式提出"性别意识主流化"战略,倡导各国政府的政策在各个环节和各个层面需要强调女性参与和性别敏感,要求"必须在妇女充分参加下,设计、执行和监测在所有各级实施的、有利于赋予妇女权力和提高妇女地位的切实有效而且相辅相

---

① 齐琳.瑞典社会性别主流化模式初探[J].中华女子学院学报,2008(3):74-77.

成的对性别问题敏感的政策和方案"①。会议的《行动纲领》特别强调将性别意识纳入一切关涉女性权益的政策和战略,并提出"必须加紧努力,将所有妇女和女童的平等地位和人权问题纳入联合国整个系统的活动主流"②。

在此基础上,联合国于 1997 年 6 月明确将"社会性别主流化"确定为提高两性平等的全球性策略,并明确界定:所谓社会性别主流化是指在各个领域和各个层面上评估所有有计划的行动(包括立法、政策、方案)对男女双方的不同含义。作为一种策略方法,它使男女双方的关注和经验成为设计、实施、监督和评判政治、经济和社会领域所有政策方案的有机组成部分,从而使男女双方受益均等,不再有不平等发生。纳入主流的最终目标是实现男女平等。由此,"社会性别主流化"概念被明确并在国际范围内进行推广,标志着联合国对性别平等以及相关政策的关注从"女性"转变为"性别"概念。

与此相应,国际政策对于性别平等和女性权利的理解进一步拓展,开始重视性别平等与其他不平等之间的联系。1995 年在北京召开的联合国第四次世界妇女大会不仅明确了"女权即人权",更强调了不同女性群体的平等关系,打破作为权利主体的"女性"的单一身份,提出"加强努力以确保在权力赋予和地位提高方面由于种族、年龄、语言、族裔、文化、宗教或残疾或由于是土著人民而面对重重障碍的所有妇女和女孩平等享有一切人权和基本自由";"包括农村地区"的妇女"能平等地获得生产资源、机会和公共服务"③,以及对残疾女性基本人权和自由的保障④。随后,又把老年女性和不同性倾向的女性纳入女性人权保障框架。⑤ 随着更多少数群体的权利得到重视,性别平等政策也进一步多元化。

为了在各国的具体政策中体现这一宗旨,《行动纲领》明确提出要将女

---

① 联合国.北京宣言[EB/OL].(1995-09-15)[2023-02-01].https://www.un.org/zh/documents/treaty/A-CONF-177-20-REV.1.

② 联合国大会.第四次世界妇女大会《行动纲领》[EB/OL].(2017-05-23)[2023-02-01].https://www.nwccw.gov.cn/2017-05/23/content_157555.htm.

③ 联合国.北京宣言[EB/OL].(1995-09-15)[2023-02-01].https://www.un.org/zh/documents/treaty/A-CONF-177-20-REV.1.

④ 联合国.残疾人权利公约[EB/OL].(2014-04-22)[2023-02-01].https://www.un.org/disabilities/documents/COP/COP7/CRPD.CSP.2014.2.C.pdf.

⑤ 柯倩婷.中国妇女发展 20 年:性别公正视角下的政策研究[M].北京:社会科学文献出版社,2015:88.

性权益纳入主流政策制定中,倡导各国应"在所有立法与政策中纳入性别观点"①;以"确保在作出政策决定以前,进行一次关于这些决定对妇女和男子各有什么影响的分析"②。更为重要的是,为确保支持或加强促进两性平等和提高妇女地位的政策和措施取得成功,应倡导在社会所有领域的一般政策中纳入性别观点,执行积极的措施,并在各个层面都能获得适当的体制和财政支持,通过增加财政预算保证女性健康及特殊保健项目的实施。本着这一宗旨,联合国将促进女性的经济权利和独立,将女性获得工作机会并控制经济资源作为女性赋权的一项重要指标,倡导各国政府应当"在适当级别上,促进更公开和透明的预算程序"③;"在制订宏观和微观经济和社会政策过程中利用性别影响分析,以期监测此类影响,如出现有害影响则修订这种政策"④。

这就要求女性平等地享有参与本国公共管理的权利。换言之,赋权予女性,独立自主地改善女性的社会、经济和政治地位是可持续发展必不可少的前提条件。能否公平地分配权力和决策取决于政府能否将性别意识纳入主流,也有赖于其他行动者在政策制定和方案执行中能否进行性别统计与分析。决策的平等参与是为妇女赋权的基本指标。为了将这一目标落实在各国的决策过程中,真正体现女性在决策参与中的地位和作用,2014 年 9 月 20 日,联合国启动了一项名为"男性促进女性权利"(HeForShe,又名"他为她")的全球倡导运动,旨在动员广大男性参与到争取女性权利的行动中。⑤ 至此,女性在政治和经济领域的决策权不再是女性单独关注的议题,而是所有人的共同责任。同时,这一倡议突破了单纯的

---

① 联合国大会.第四次世界妇女大会《行动纲领》[EB/OL].(2017-05-23)[2023-02-01]. https://www.nwccw.gov.cn/2017-05/23/content_157555.htm.

② 联合国大会.第四次世界妇女大会《行动纲领》[EB/OL].(2017-05-23)[2023-02-01]. https://www.nwccw.gov.cn/2017-05/23/content_157555.htm.

③ 联合国大会.第四次世界妇女大会《行动纲领》[EB/OL].(2017-05-23)[2023-02-01]. https://www.nwccw.gov.cn/2017-05/23/content_157555.htm.

④ 联合国大会.第四次世界妇女大会《行动纲领》[EB/OL].(2017-05-23)[2023-02-01]. https://www.nwccw.gov.cn/2017-05/23/content_157555.htm.

⑤ 联合国."男性促进女性权利"——联合国参与性别平等团结运动[EB/OL].(2023-04-20)[2023-05-01]. https://www.unesco.org/zh/articles/nanxingcujinnuxingquanli-lianheguocanyuxingbiepingdengtuanjieyundong? hub=701.

性别二元结构对妇女权利的阈限。

综上所述,联合国成立以来,对性别平等与女性赋权的政策经历了从模糊到明确,从边缘到主流的过程。相应地,女性赋权的实践也经历了从无到有,从简单的公/私领域分界到包容更多少数群体权利与多元需求的过程。各国政府意识到,为女性赋权并不仅仅局限于为女性提供福利,而是使得女性有平等的机会、以更多元的途径在平等参与中获得权利。因此,政府的政策使命也不再局限于单纯的保护妇女,而是追求更具包容性的政策目标,进而使得人权理论向性别平权理论转换,对妇女的赋权也发展出了更丰富的创举。例如,长期以来由男性主导的财政预算决策开始经历变革,在全球范围内掀起女性参与政府财政预算的创新行动,成为提高女性社会地位的重要保障。在此基础上,性别预算应运而生,并且自诞生之始便得到联合国的认可与推动,成为赋权予女性参与重大决策的标志性实践,至今已在全球100多个国家和地区持续实施。

三、女性赋权进程中的性别预算

自1995年联合国第四次世界妇女大会以来,各国政府主动回应《行动纲领》倡议,将性别平等承诺及其实施融入全球化进程之中,女性赋权被纳入各国政府的战略目标。与此同时,各国政府尝试各种措施,为女性赋权提供机会。例如,提出"比例制"以保障女性平等参与决策机构等;又如,尝试从资源分配的源头,让女性参与到政府财政预算决策中,从实质上为女性赋权,将被剥夺的权利还给女性。近年来,性别预算在全球范围的实施,正是各国政府从源头为女性赋权的重要尝试。自2005年始,中国政府也加入了这一行列,以性别预算作为女性赋权的重要途径。

1984年,性别预算始于澳大利亚。最初,澳大利亚以"女性预算"(women's budget)或是"女性预算说明"(women's budget statements)的方式对政府预算项目进行审计,以评估其对妇女和女孩产生的影响。[①] 后来,该概念被误解为只关注女性利益,忽视男性利益。为回应这种误读,黛比·

----

① 从20世纪80年代到90年代,澳大利亚州政府和地方政府多次实施了女性预算。

布兰戴尔(Debbie Budlender)提出,用"性别预算"(gender budget)替代"女性预算",将预算审议拓展到对两性受益效果的评估,而不仅仅面向女性。[①]"性别预算"是从性别角度出发评估政府支出及其影响,将性别意识融入预算决策,促进资源更有效地配置和利用,以达到性别平等的目的。更重要的是,它可以激发女性参与的积极性。[②]

2000 年,秘鲁埃尔·萨尔瓦多市(Villa El Salvador,以下简称 VES)实施了参与式预算。市政府认为性别是本市参与式预算和发展战略的一个关键部分,因此对参与代表实行了性别配额制,即要求每登记一名男性参与者就要对应有一名女性参与者。这一举措意在保证女性在参与式预算中的平等参与,并把它作为女性赋权的必要条件。紧接着,联合国妇女发展基金会(United Nations Development Fund for Women,UNIFEM)于 2001 年 3 月在厄瓜多尔首都基多举办了"参与式性别敏感预算"研讨会。会后,其将参会者分成六个团队,在多国推广性别预算,目的是在南美的参与式预算基础上,融入性别分析,将性别分析和参与式预算结合起来。[③]

实践的推进使得"性别预算"的内涵日益拓展与完善,并越来越富有女性赋权的特质。国际社会普遍意识到,性别预算并不是将政府资金在男女两性之间各分一半,而是从性别角度审视整个政府预算,评估女性和男性的不同需求,以确定在资源稀缺的情况下如何、何时帮助那些最弱势的人。[④]自 1995 年联合国第四次世界妇女大会呼吁"将性别意识融入政策与项目预算决策"以来,该理念得以广泛传播,各国的实践者越来越多地采纳并实施性别预算,并通过女性的平等参与为女性赋权。随之,参与式性别预算所蕴含的赋权途径与宗旨也日益彰显。

---

① Budlender D. The women's budget [J]. Agenda, 1997, 13(33):37-42.

② Rusimbi M, et al. Checklist for mainstreaming gender into the government budget [R]. Tanzania: TGNP/Community Agency for Social, 2000.

③ Pearl R. The Andean Region: A multi-country programme [M]//Budlender D, Hewitt G. Gender Budget Make More Cents: Country Studies and Good Practice. London: The Commonwealth Secretariat, 2002: 39.

④ Budlender D, Hewitt G. Engendering Budgets: A Practitioners' Guide to Understanding and Implementing Gender-responsive Budgets [M]. London: The Commonwealth Secretariat, 2003: 90-101.

全球范围的性别预算实践对中国产生了重要影响。得益于 1995 年联合国第四次世界妇女大会,将性别意识纳入决策主流已成为我国政府的政治承诺与实践使命。当中国向全世界宣告"男女平等"是我们的基本国策之时,《中华人民共和国宪法》(以下简称《宪法》)提出的"男女平等"条款已不再是一国之内的目标,而是成为对全球的政治承诺。其时,正是我国改革开放以来性别平等问题最凸显的时期,政府以开放的态度和全球化思维应对新的性别平等问题,诉诸各种法规政策,从制度层面为性别平等寻求有效途径。在此背景下,各级政府以各种创新形式回应这一趋势,探索多种途径为性别平等提供制度与政策支持,进而通过女性的平等参与促进公平的资源分配,补偿女性资源的缺失,从实质上为女性赋权,提高女性平等拥有资源的机会。性别预算的倡导与实施正是这种努力的结果,它使得女性赋权从单纯的理论认同和《宪法》原则拓展到具体的行动层面,为男女平等赋权开拓了一条全新途径,也为全球性的性别预算实践提供了中国经验。

四、性别预算概念演变

现实中,性别预算作为外来概念与实践,在中国至今仍未普及,甚至对大多数人来说,依然是陌生的新生事物。事实上,近 30 年来,在理论研究和实践发展的推动下,性别预算的内涵不断丰富,且诞生了一系列相似的概念,但对这些概念的系统的理论辨析仍是空白。综观国内有关性别预算的研究文献,对"性别预算"相关概念的理解至今没有定论。尤其是,当人们在使用相关概念时,似乎并没有将一些相似概念界分清楚,在很多情况下将含义相异的概念互换使用,例如,目前人们比较熟悉的"女性预算""性别预算""参与式性别预算"和"性别参与预算"等概念,它们之间究竟存在怎样的差别和共同点? 这些相似的概念又蕴含着怎样的实际诉求? 由于性别预算在国内还是新鲜事物,在概念的使用上仍然存在一些混乱,因此,有必要梳理这些基本概念的由来,并界定它们所指的确切含义,这不仅可以为进一步的研究提供相关的学理资源,而且也有助于梳理和理解全球范围内性别预算实践的发展,进而帮助我们理解我国性别预算的发展及其演变。

概念一：**女性预算**。"女性预算"（women's budget）可以说是性别预算的雏形。在国际上，"女性预算"作为性别预算的雏形，初期专指审查政府部门政策和预算支出对女性的影响，后被扩展为审查政府预算支出对男女两性的不同影响。在中国语境中，这一概念一直被翻译成"妇女预算"。这一翻译并不准确，根据笔者的理解，译成"女性预算"似乎更为贴切。根据《现代汉语词典》的解释，"妇女"意指成年女子，而女性则是指与男性相对的人类两种性别之一，包括女童。因此将其译为"女性预算"更为恰当，也更符合性别预算的真实含义。从概念的起源看，"女性预算"最早出现于澳大利亚，随后其内涵和外延在南非的实践中得以扩展，逐步接近于"性别预算"的含义。

澳大利亚是第一个开展女性预算的国家，其联邦政府于1984—1996年实施了关于预算对妇女和女童影响的评估。澳大利亚政府实施的评估确立了一种模式：每个政府部门都要审计各自在妇女和女童方面的工作成绩，这覆盖了政府所有的预算支出，而不仅仅是直接分配给妇女和女童的支出。① 但是，他们并没有审查预算对男性和男童的影响，因此这项实践最初被命名为"女性预算"（women's budget）。此时的"女性预算"意指审查各个政府部门的政策和预算支出对女性（包括妇女和女童）的影响。

随后，南非于1995年也开始实施"女性预算"。其项目起源于1994年非洲人国民大会上的"将女性纳入议程"会议，会议一致认为，新的民主政府应当确保所有的政府部门审查其规划对女性的影响。据此可以看出，南非的"女性预算"与澳大利亚的做法大致相同。从1995年至1998年，南非的"女性预算"由评估某些部门的预算扩展至所有的预算项目。② 当时，在女性预算受到政府内外女性欢迎的同时，也出现了一些反对意见和混淆观点，一些人认为"女性预算"是要为女性制定单独的预算。对此，黛比·布兰戴尔做出解释，明确指出"女性预算"并不是针对女性的单独预算，相反，它强调必须审查政府预算的每个项目对男性和女性的不同影响。事实上，预算

① Budlender D, Sharp R, Allen K. How to Do a Gender-Sensitive Budget Analysis: Contemporary Research and Practice[M]. London: The Commonwealth Secretariat, 1998: 9-10.

② Valodia I. Engendering the public sector: An example from the women's budget initiative in South Africa[J]. Journal of International Development, 1998, 10(7): 943-955.

项目对男性和女性存在不同影响是完全有可能的,因为女性和男性在经济和社会中占有不同的地位,并扮演不同的角色,且由于她们的经济和社会地位以及角色,即便是女性之间也存在差异。"女性预算"承认这些差异,并关注那些最需要政府服务的群体。① 由此,黛比·布兰戴尔赋予了"女性预算"新的含义,即承认男女两性之间以及各性别群体内部存在差异,在此基础上,审查政府预算所有项目对男性和女性的不同影响,并致力于满足最需要政府服务的群体。这一"女性预算"的新内涵与随后的"性别预算"已经相差无几,并且实际上超越了"女性预算"这一称谓的字面意思。

概念二:性别预算。20 世纪 90 年代后期,越来越多的国家实施了提高政府预算性别敏感性的试点。人们普遍认识到"女性预算"不是单独为女性或男性制定预算,并开始强调将性别作为分析的一个类别,试图根据预算对男性和女性的不同影响,将政府的主流预算精细化②,以克服将"女性预算"曲解为"单独为女性制定预算"的趋势。从这个意义上说,"性别预算"(gender budget)在继承"女性预算"内涵的基础上,其内容得以拓展,涵盖了预算周期的全过程,并将预算支出和预算收入包含其中。

与"性别预算"同时出现的还有"性别敏感预算"(gender sensitive budget,以下简称 GSB)、"性别回应预算"(gender responsive budget,以下简称 GRB)等名称。如海伦娜·霍夫鲍尔(Helena Hofbauer)将"性别敏感预算"解释为"根据对女性和男性以及不同的男性/女性群体的影响,在认定社会深层的性别关系的基础上,分解政府主流预算的一种尝试。这是一个过程,即从性别视角评价政府支出及其影响,将性别意识融入预算的各个方面,促进更有效的资源利用和分配,以达到性别平等,最后但绝非最不重要的是鼓励女性的积极参与"③。再如黛比·布兰戴尔将"性别回应预算"解释为"分析政府预算对妇女和男人、女孩和男孩的影响,实际上是一种性别

① Budlender D. The women's budget [J]. Agenda, 1997,13(33):37-42.

② Budlender D, Sharp R, Allen K. How to Do a Gender-Sensitive Budget Analysis: Contemporary Research and Practice[M]. London: The Commonwealth Secretariat,1998:9-10; Sharp R, Broomhill R. Budgeting for equality: The Australian experience[J]. Feminist Economics, 2002, 8(1):25-47.

③ Hofbauer H. Gender-Sensitive budget analysis: A tool to promote women's rights [J]. Canadian Journal of Women & the Law, 2002, 14(1):99.

视角下的政策分析。GRB 不仅关注预算中的数字,而且尽可能关注数字背后的政策和计划,以及在理想情况下关注执行政策和计划时会发生什么。性别分析应引起计划、政策和相关预算的变化,这些分配给计划和政策的预算会使它们更好地满足社会中妇女和男人、女孩和男孩的不同需求"①。

尽管学者对这些名称的界定略有差异,但它们所代表的含义基本相同,并且经常被互换使用,这在国外的一些较权威的著作中得到印证。如 2001 年 10 月,比利时政府、联合国妇女发展基金会、经济合作与发展组织、北欧部长理事会、英联邦秘书处和国际发展研究中心在布鲁塞尔联合召开了"推进性别预算——加强经济和财政管理"国际会议,旨在呼吁至 2015 年全球所有国家实施性别预算。其会议论文集《性别预算:实际实施》(*Gender Budgeting:Practical Implementation*)就混用了"性别预算"和"性别回应预算"两词。再如黛比·布兰戴尔在《性别预算:理解和实施性别预算的实践者指南》(*Engendering Budgets:A Practitioner's Guide to Understanding and Implementing Gender-Responsive Budgets*)一书中写道:"性别回应预算还有其他一些名字,也有人称之为'女性预算''性别敏感预算''性别预算'和'实用性别预算分析'等。本书用'性别回应预算'指所有这些活动。"②此外,伊曼纽尔·博特拉尔(Emmanuel Botlhale)也提出,"诸如'性别敏感预算''性别回应预算''性别预算''女性预算'等名词是可以相提并论的,因为它们都建立在同一哲学原理基础上"③。

近年来,随着理论的发展和实践的探索,人们对性别预算的理解逐渐全面而深入,由此不断扩展了性别预算的内涵和边界。如 1997 年,黛比·布兰戴尔将"性别预算"(当时被称作"女性预算")界定为"审查政府预算支出对男性和女性的不同影响,并致力于满足最需要政府服务的群体的需

① Budlender D. Expectations versus realities in gender-responsive budgeting initiatives[R]. Gape Town:UNRISD, 2005:4-30.

② Budlender D, Hewitt G. Engendering Budgets:A Practitioners' Guide to Understanding and Implementing Gender-responsive Budgets[M]. London:The Commonwealth Secretariat,2003:90-101.

③ Botlhalea E. Gender-responsive budgeting:The case for Botswana[J]. Development Southern Africa,2011,28(1):61-74.

求"①;在2003年的文章中,其将审查内容扩展到"政府的预算收入和支出"②;而在2005年,则提出"不仅要关注预算中的数字,还应尽可能关注数字背后的政策和规划,且应引起政策、规划和相关预算的变化"③。归结起来,在理论与实践的推动下,性别预算内涵的扩展主要体现在以下几个方面。

第一,性别预算应涵盖预算周期的全过程。早期的研究大多认为,性别预算的核心点即是"分析和评估政府预算对男女两性的不同影响",即重在预算周期的评估阶段。而希拉·奎恩(Sheila Quinn)则认为,性别预算的最终目标是将性别敏感的方法应用于预算过程的所有方面。在其规划的"性别预算三阶段"(the three stages of gender budgeting)中,其第三阶段就是将"性别"融入所有的预算过程中。她指出,性别预算并不仅与预算内容有关,也与制定预算所涉及的过程有关,即如何做出预算决策、预算基于什么假设、谁做预算决策、谁影响决策以及谁被排除在影响范围之外等。④

在实践方面,西班牙的安达卢西亚自治区进行了此方面的尝试。2007年10月,安达卢西亚的预算性别影响委员会公布了其第三次年度报告。此文件预示了该地区的性别预算工作机构的两个主要变化:一是计划将性别视角纳入预算制定过程中,而不仅仅是在评估阶段;二是建立一个常设秘书处,以使委员会在推进激励、管理和协调机制中有更大的灵活性。⑤

第二,性别预算的内容不仅涉及支出,还包括预算收入。尼昌费·卡加塔(Nilufer Cagatay)、日图·德万(Ritu Dewan)、海伦娜·霍夫鲍尔等一些学者界定的"性别预算"仅涵盖了政府的预算支出方面。为了弥补支出导向的性别预算分析新方案之不足,并更好地理解征收税费可能产生的性别影

---

① Budlender D. The women's budget [J]. Agenda, 1997,13(33):37-42.

② Budlender D, Hewitt G. Engendering Budgets: A Practitioners' Guide to Understanding and Implementing Gender-responsive Budgets[M]. London: The Commonwealth Secretariat, 2003: 90-101.

③ Budlender D. Expectations versus realities in gender-responsive budgeting initiatives[R]. Cape Town: UNRISD, 2005: 4-30.

④ Quinn S. Gender budgeting: Practical implementation (Handbook) [R]. Strasbourg: Council of Europe, 2009: 16-20.

⑤ Quinn S. Gender budgeting: Practical implementation (Handbook) [R]. Strasbourg: Council of Europe, 2009: 16-20.

响,盖伊·休伊特(Guy Hewitt)等学者主张将性别预算拓展到预算收入方面,提出应特别关注直接税、间接税、使用费、其他收入等几种收入类型。

在实践方面,尽管多数国家的性别预算工作都将重点放在预算支出方面,但也有少数国家关注了预算收入。英国最先关注到税收、国有资产使用收益等公共预算收入对于推动性别平等的重要作用。由于针对税收和福利的行动较少,而且多针对个人的税收和福利更易于识别性别影响,因此英国的性别预算主要针对税收和福利,而不是预算支出的性别影响,然而这促使政府对所有形式的税收和支出做出承诺。[①] 此外,奥地利从性别视角对其税务制度进行了相关研究;比利时专门成立专家委员会就个人所得税申报方面的直接或间接的性别歧视问题起草报告;西班牙在有关社会性别平等的公共政策中列入了分析公共税收、税率和价格的有关内容。[②]

第三,性别预算不仅是分析,更重要的是按两性平等的要求重构预算收入和支出。朗达·夏普(Rhonda Sharp)和雷·布鲁姆希尔(Ray Broomhill)提出的性别预算目标之一就是"改进政府政策和预算,以提高女性的经济社会地位,并促进两性平等"[③]。即便如此,绝大多数学者在界定性别预算时,并没有提及这一点。而黛比·布兰戴尔则强调,"理想中的性别回应预算,尤其是那些由政府开展的性别预算,并不会以分析结束。相反,分析应当引起计划、政策和相关预算的变化,这些分配给计划和政策的预算会使它们更好地满足社会中有关妇女和男人、女孩和男孩的不同需求"[④]。

在实践方面,过去那些专注于提高对"社会性别融入预算"的认识(性别预算分析)的实践,其主要的经验教训即是 GRB 的目标应当最终聚焦于改变预算和政策。基于此认识,南澳大利亚大学的顾问团队在马绍尔群岛共

① Donna St. H. United Kingdom: A focus on taxes and benefits[M]//Budlender D, Hewitt G. Gender Budgets Make More Cents: Country Studies and Good Practice. London: The Commonwealth Secretariat, 2002: 171-192.

② 联合国前秘书长潘基文曾提出,将两性平等观点纳入制定、执行和评价国家政策和方案主流的进展,尤其注重为两性平等和赋权妇女筹措资金。

③ Sharp R, Broomhill R. Budgeting for equality: The Australian experience [J]. Feminist Economics, 2002, 8(1):25-47.

④ Budlender D. Expectations versus realities in gender-responsive budgeting initiatives[Z]. South Africa: UNRISD, 2005: 4-30.

和国开展了一项试点项目。该项目的创新点之一是利用过去实践的教训,建立针对预算制定过程的途径,而不是将性别分析作为目的。本质上,它寻求在政府部委和非政府组织之间建立一个过程,将对性别的理解与部委的政策和项目工作及其预算联系起来。该项目分为两个阶段:第一阶段由顾问团队运用知识和经验,研究和借鉴国际最佳实践;第二阶段是在总体的概念框架内,建立基于该国特定国情的性别回应模型。①

综上,可以将"性别预算"理解为:性别预算是一种实现性别主流化和性别平等的重要工具,其内容是从性别角度出发分析政府预算对男女两性的不同影响,关注预算背后的政策和规划的实施效果,促进政府改进政策、规划及其预算,以更好地满足两性的不同需求。

概念三:参与式性别预算。根据所搜集到的资料,"参与式性别预算"(participatory gender budget)最早以"参与式性别敏感预算"(participatory gender sensitive budgets)的名称出现于 2001 年。为了在安第斯地区发起新的性别预算行动,联合国妇女发展基金会于 2001 年 3 月在基多(厄瓜多尔首都)举办了一场关于"参与式性别敏感预算"的研讨会,参与者不仅探究了性别预算分析的经验和框架,而且讨论了性别分析和参与式市政预算交叉的可能性。随后参会者分成六个团队,在多国推广性别预算。UNIFEM 试图将此项目建立在南美现有的参与式预算基础上,但这些团队主要对各自地区的预算进行了性别分析,并没有真正将性别分析和参与式预算结合起来。正如 UNIFEM 所总结的,项目中的一个重大挑战是将所有的基本要素集合到行动中来,特别是政治意愿、社会参与,以及性别和预算方面的专业知识。②

此后,伊莱恩·扎克曼(Elaine Zuckerman)在其文章中提到了参与式性别预算新方案(participatory gender budget initiatives)的步骤。她指出,参与式性别预算尽管很难实施,却是非常有意义的,它强调市民有权利参与

---

① Sharp R,Vas Dev S. Bridging gap between gender analysis and gender-responsive budgets:Key lessons from a pilot project in the Republic of The Marshall Islands [Z]. Hawke Research Institute Working Paper Series No. 25,2004:2-6.

② Pearl R. The Andean region:A multi-country programme [M]//Budlender D, Hewitt G. Gender Budget Make More Cents:Country Studies and Good Practice. London: The Commonwealth Secretariat,2002:39.

影响他们生活和公共资源平等获取权的决策。理想的预算举措,包括性别预算,应当是参与式的。① 但其在论及实施步骤时,又与一般的性别预算无异,实际上并没有体现"参与"的要素(见图1.1)。

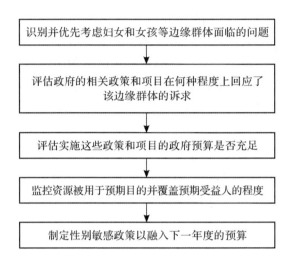

图 1.1 伊莱恩·扎克曼的参与式性别预算步骤

相比之下,凯姿娅·拉文(Kezia Lavan)提出的"性别敏感参与预算"(gender-sensitive participatory budgeting)是名实相符的。她强调参与主体的性别比需要平衡,如果存在不平衡,则考虑采用性别配额制等机制来解决。更重要的是,她将性别预算融入了参与式预算前后的整个过程中,即在参与式预算开始前,要收集分性别数据并对预算进行性别分析;在参与式预算过程中,对男女两性开展有关性别问题的能力建设,并在论坛中加入"女性或性别平等"的主题;在参与式预算之后,要从性别视角评估参与式预算过程对性别的包容程度②(见图1.2)。

这一模型尽管实现了参与式预算和性别预算全过程的融合,但仅是理论上的构想,并没有付诸实践去检验其可行性,而且在关键阶段即参与式预算过程中,仅仅是加入有关性别的主题论坛,并没有详细阐明在这一论坛中

---

① Zuckerman E. An Introduction to Gender Budget Initiatives[M]. Washington, D. C.: Gender Action, 2005: 2.

② Lavan K. Discussion Paper: Towards Gender-Sensitive Participatory Budgeting[Z]. Manchester: Participatory Budgeting Unit, 2006: 10-11.

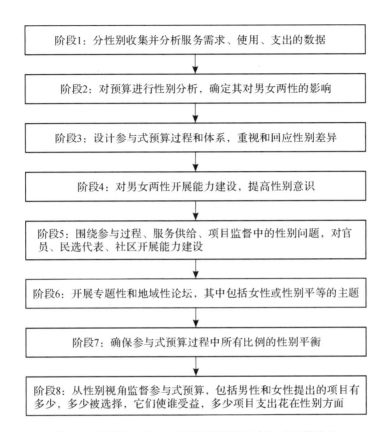

图 1.2　凯姿娅·拉文的有性别意识的参与式预算步骤

如何利用参与式预算前的分性别数据和性别分析结果、是否从性别视角审议政府预算，因此也就无法判断通过这种有性别意识的参与式预算，能在多大程度上推动政府预算满足男女两性的不同需求。

概念四：性别参与预算。"性别参与预算"（gender participatory budgeting）一词是瓦莱丽·杜克特（Valérie Duquette）在评估 VES 参与式预算包容性别的程度时提出的。VES 于 2000 年实施了参与式预算，所在地区是国家试点市之一。为实施参与式预算，VES 被划分成 9 个区域，每个区域都有自己的特殊性。市政府认为性别是本市参与式预算和发展战略的一个关键部分，因此对参与代表实行了性别配额制，即要求每登记一名男性参与者就同时也要有一名女性参与者。然而，瓦莱丽·杜克特的研究发现，这一标准并没有保证参与者中男女各占一半，即配额制不能保证平等地登记和出席研讨会，而这是配额制的最终目的。同时，这一性别平等的标准也没有确保两性参与者有平等的发言权和影响协商过程的机会。此外,两性在参与过程中表达的需求并没有代表性别利益,或者说是"来自社会关系和性别定位"的利益。在资源有限、每个地区只有一到两个优先项目的情况下,性别在协商中是缺失的。①

针对这些问题,瓦莱丽·杜克特提出了"性别参与预算"的概念。在与"性别预算"的对照下,瓦莱丽·杜克特界定了这一概念。首先,她指出,性别主流化通常通过两种策略来实施——"性别关注的制度化"(institutionalization of gender concerns)和"性别赋权"(gender empowerment)。性别预算关注性别主流化的第一个策略,即"性别关注的制度化";而"性别参与预算"应当关注性别主流化的第二个策略,即"性别赋权"。其次,她认为,性别预算研究性别视角下政府政策和规划的不同影响,以及男性和女性在决策中的参与;它要求建立指标并开展研究以理解政策方案对两性的非中立性质,以及开发政策项目去回应预算的分性别影响。性别预算也倡导女性参与预算决策。而性别参与预算的目标应当包括男女两性的政治平等、自主和免于控制。性别参与预算因此可以作为一种工具,赋予男性和女性权利以及鼓励他们重视各自的社会视角、需求和需要。性别参与预算旨在产生这样的领导者:他们重视平等参与和代表,以及基于承认多元身份和观点之间差异的政治平等。②

瓦莱丽·杜克特还指出,通过参与式预算优先化方案和项目对性别的影响,成为一个次要的目标,但仍然是性别参与预算的重要部分。③ 这一观点恰恰是"性别参与预算"和"参与式性别预算"的区别所在。瓦莱丽·杜克特提出的性别参与预算,在"两性参与者的性别代表性和政治平等"与"性别

---

① Duquette V. Full-fledged gender inclusion in participatory budgeting in Villa El Salvador:Participation, representation and political equality[D]. Vancouver:University of British Columbia, 2010:31-90.

② Duquette V. Full-fledged gender inclusion in participatory budgeting in Villa El Salvador:Participation, representation and political equality[D]. Vancouver:University of British Columbia, 2010:31-33.

③ Duquette V. Full-fledged gender inclusion in participatory budgeting in Villa El Salvador:Participation, representation and political equality[D]. Vancouver:University of British Columbia, 2010:31-90.

要素融入协商过程"之间分出了主次,前者居于优先地位。而笔者所理解的
"参与式性别预算",与瓦莱丽·杜克特的观点恰恰相反,在相对弱势的女性
群体被充分代表的情况下,协商过程中性别要素的体现和性别利益的表达
更为重要。

　　总结上述性别预算概念的发展历程可以发现,从女性预算、性别预算、
参与式性别预算到性别参与预算,概念的发展往往依托于理论与实践的发
展,且相互之间存在一定的传承关系,而非相互孤立。我们可以从上述分析
中梳理出两条线索,以便更清晰地理解这些概念之间的相互关联。

　　首先是时间线索。从最初的"女性预算"到"性别参与预算",每一个概
念的产生与发展有其特定的背景与内涵,相互之间在时间序列上存在着传
承关系,如图 1.3 所示。

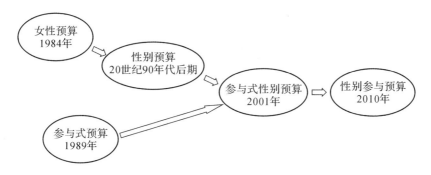

图 1.3 "性别预算"相关概念发展时间线索

"女性预算"的概念诞生于 1984 年,澳大利亚首次开展了"女性预算";
其后,在南非的实践中,黛比·布兰戴尔赋予了"女性预算"新的含义,这一
新内涵与"性别预算"已相差无几。因此,在 20 世纪 90 年代后期,人们逐渐
以"性别预算"代替"女性预算",同时出现的还有"性别敏感预算""性别回应
预算"等名称,这些名称所代表的含义基本相同,并经常被互换使用。2001
年,"性别预算"与同样关注财政预算领域的"参与式预算①"产生了首次"互

---

　　① 参与式预算诞生于巴西的阿雷格里港市。20 世纪 80 年代,为了让民众参与城市
预算的讨论,当地社区组织成立了阿雷格里港市邻里协会联盟,随后工党加入这一联盟,并
共同提出了参与式预算过程的想法。工党在赢得市长选举以后,从 1989 年开始了参与式预
算实践,这一实践直到 1990 年才被正式称为"参与式预算",并逐步取得良好的效果。

动"，学者们探讨了性别分析和参与式市政预算交叉的可能性，提出了"参与式性别预算"的概念，这一概念主要强调"协商过程中性别要素的体现和性别利益的表达"，然而至今仅有极少数学者提及或研究这一领域。2010年，"性别预算"与"参与式预算"再次"互动"，性别意识拓展到了整个参与式预算领域，形成了"性别参与预算"。它应当是"试图在参与式预算中包容性别要素"的产物，强调参与式预算中不仅要有男女两性的平等参与，而且也应有相应的性别代表性和政治平等，尽管它并没有实际解决协商过程中的性别缺失问题。同时，这一概念是在与"性别预算"对照下提出并界定的，因此，也是对"性别预算"的拓展。

其次是内容传承线索。上述关于概念的时间序列中出现的若干概念，在内容上也存在着千丝万缕的关联，如图1.4所示。

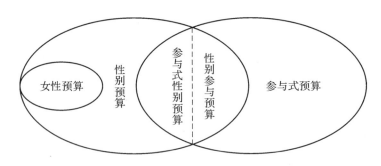

图 1.4 "性别预算"相关概念的内容关联

第一，"女性预算"可以看作是"性别预算"的最初形态。从"女性预算"的最初定义看，无论是诞生初期的"审查各个政府部门政策和预算支出对女性的影响"，还是扩展后的"审查政府预算所有项目对男性和女性的不同影响"，都不足以与被不断丰富和完善的"性别预算"概念相提并论。在扩展后的"女性预算"概念的基础上，"性别预算"不断加入新的内容：性别预算应涵盖预算周期的全过程；其内容不仅涉及支出，还要包括预算收入；性别预算不仅是分析，更重要的是按两性平等的要求重构预算收入和支出。

第二，性别预算和参与式预算交叉产生的两个概念——"参与式性别预算"和"性别参与预算"——从字面上看，两者没有太大区别，其实际内容却是各有偏重。从图1.4中可以看出，"参与式性别预算"强调的是性别预算中的两性平等目标,更侧重于"协商过程中性别要素的体现和性别利益的表达",而"参与"则是达到这种目标的途径和方法,即在两性平等参与的基础上,达到"性别预算"的目的。笔者曾将"参与式性别预算"界定为"民意代表从性别视角出发,对政府预算草案进行审议,分析政府预算对男女两性的不同影响,关注预算背后的政策和规划的实施效果,促进政府改进政策、规划及其预算,以更好地满足两性的不同需求"①。而"性别参与预算"强调的是参与式预算中"两性参与者的性别代表性和政治平等","参与式预算中的优先方案和项目对性别的影响"则成为一个次要目标。

总之,不论是在时间上还是内容上,从"女性预算"到"性别参与预算",概念的传承反映实践发展和完善的过程。"女性预算"作为性别预算的雏形,初期专指审查政府部门的政策和预算支出对女性的影响,后被扩展为审查政府预算支出对男女两性的不同影响。"性别预算"在继承"女性预算"内涵的基础上,其内容得以拓展,涵盖了预算周期的全过程,并将预算支出和预算收入包含其中。随后出现了"性别预算"和"参与式预算"的两次"互动",分别产生了"参与式性别预算"和"性别参与预算"这两个概念。

五、性别预算与女性赋权的契合

那么,女性赋权与性别预算之间究竟存在着怎样的关联?尤其是本书将关注的参与式性别预算对女性赋权具有怎样的影响?从性别预算的理论与实践看,女性赋权和参与式性别预算存在着不可分割的共通性,这种共通性表明两者之间存在着某些契合点。

首先,被赋权者必须在决策制定过程中拥有平等的参与权,能够作为行动主体行使自己的权力,而非单纯的接受者。参与式性别预算鼓励女性参与性别预算协商,为长期被剥夺权力的女性提供平等的机会,就与她们生活相关的重大问题进行协商和决策。

其次,赋权要求行动主体具备行使职责的能力。参与式性别预算在为

① 郭夏娟,吕晓敏.参与式性别预算:来自温岭的探索[J].妇女研究论丛,2012(1):33-41.

女性提供平等机会的同时,为女性参与者提供多样化的培训课程,以及持续地参与协商审议,进而提高参与能力。尤其是预算本身是一个循环往复的过程,女性在这种持续性参与中,有机会与男性平等地学习审议技能、提出观点与诉求、参与预算讨论与辩论,使得女性的主体能动性得以培育与发展。这一能动的过程,可以充分激发女性长期被压抑的潜能,使之在持续的参与过程中得到良好的训练与发展。

最后,女性赋权最终寻求的是社会资源在两性之间的平等分配,随之实现女性权利。参与式性别预算呼吁在两性之间公平分配资源和福利,最大限度地使用公共资源。不论是发达国家还是发展中国家都视之为两性公平对待的有效保障,也成为女性赋权的有效途径,其目标是让男性和女性拥有平等与自主的政治地位,赋权理论所倡导的目标同样体现了这一核心价值。

正是参与式性别预算与女性赋权之间的这种关联,引发了我们对女性赋权与女性参与问题的思考,并试图寻找女性是否有能力通过自主参与为自己赋权的答案。长期以来,人们普遍认为女性参与公共决策的能力不如男性,因此,为节省成本或提高效率,女性赋权完全可以由男性代表,女性不必亲自参与。曾几何时,由男性"代表"女性做决定已成为不言自明的公理。新中国成立初期,男性发起并主导的妇女解放运动将中国女性从家庭中解放出来,进入公共的社会领域,即是有力的证明;又如,从《宪法》保障妇女权益条款的制定,到各种男女平等政策的提出与实施,男性主导的权力倡导为女性的平等参与发声呼吁,也是毋庸置疑的证据。但是,缺乏女性主动参与的"代表",在女性获得某些政策成果的同时,能否真正构建出普遍认同的性别平等公共话语体系呢?答案似乎是否定的。审视当今社会流行的各种男女分离的性别话语,便可知道,在女性获得更多机会参与社会并做出更大贡献的同时,男女性别角色与责任的标准仍然走不出"男主女从"的定律。

这从一个侧面揭示,仅仅由男性代表女性权益是不够的,缺乏过程的结果并不可靠。但问题是,怎样才能将女性的自主行动与赋权目标结合起来,并更有说服力地证明由女性参与的自主赋权能更好地提升女性素质,并在此过程中得到权利的保障?这仍是有待深入探讨的课题。为此,本书试图以参与式性别预算为出发点,依托浙江省温岭市的参与式预算实践,对"嵌入"在参与式预算中的性别预算进行梳理与研讨,发掘长期被掩盖的女性参政潜力,观察在持续的预算审议中女性参与能力的提升,考察参与式性别预算的成果以及赋权成效,据此探讨参与式性别预算是怎样促进女性政治潜能的发展并提升女性现实参政能力,进而揭示女性是怎样在参与过程中培育自主赋权能力的。

温岭的参与式性别预算为女性赋权的实践探索至今仍然在不断拓展与完善中,其独特的运行模式也将在实践中持续深化,如何为女性的全面赋权开拓创新途径也仍然是温岭市人大和党政领导干部的新课题。因此,本书所展现的内容也仅仅是当地政府贯彻落实男女平等基本国策的阶段性成果。作为对这一实践及其成效的理论探索,本书无意于建构一个完整的女性赋权理论体系,而只是对十多年来跟踪温岭实践过程中的所见所闻进行记录,试图从理论上做些思考,力求提炼出适合当今具有中国特色的制度背景下行之有效的女性赋权途径,进而回应全球化背景下对中国女性赋权的困惑与质疑,或许可从某种程度上提供具有中国特色的女性赋权经验。

基于这一思考,本章回顾了全球范围内的女性赋权与性别预算概貌,从国际社会为女性赋权的人权基础及其发展,到性别预算如何成为赋权女性的途径,进而对性别预算相关概念进行梳理与解释,以便理解女性赋权与性别预算之间的契合性,为后续各章的内容提供粗略的知识概貌;第二章梳理并分析在联合国女性赋权框架之下各国政府通过性别预算为女性赋权的历程,揭示出从最初的"女性预算"向"性别预算"发展的过程中,女性赋权也相应经历了"被动获得"到"主动参与"的过程。在众多女性赋权方式中,性别预算,尤其是参与式性别预算对女性的赋权不再将女性作为被动的"接受者",而是主动的"参与主体",从而为女性赋权开创了一种更具主体性的赋权路径。第三章对中国背景下参与式性别预算的起源与发展进行研讨,探讨中国政府是如何从最初的"结果赋权"向"过程赋权"转化的。在全球经济环境发生急骤变化之际,两性平等赋权也成为中国政府实施男女平等基本国策的实际行动。特别是联合国第四次世界妇女大会在北京召开之后,中国政府开始接受性别预算理念,尝试进行各种形式的实践探索。在各地政府的努力下,至今已出现多种形式的探索,为女性赋权开启了具有中国特色的创新路径,并且推进女性赋权的方式从重结果向重过程参与转变。第四章借鉴国际社会对女性参与数量代表30%的"临界规模"目标的实践探索与理论争论,考察温岭参与式性别预算女性"参与"优先的制度设计。通过温岭参与式预算对女性代表比例的制度设计,观察在创新的参与式性别预算实践中,女性的数量代表达到了何种程度,为进一步考察在平等参与下女性的参政能力提供基本的测量基础。第五章在温岭参与式预算审议中女性数量比例达到 30％"临界规模"的情况下,考察女性的自主代表"潜能"是否与男性相似,或者说是否如常识认定的那样缺乏自我代表能力。通过"控制性实验"检验当女性获得平等机会后,她们对公共事务的协商"潜能"是否真的低于男性,进而了解平等参与对女性赋权而言何等重要。第六章进一步考察女性获得数量上平等参与后的实际参政能力。如果说,温岭"控制性实验"中女性展示的只是特定民主场景中的"潜在"能力,具有某种程度的超现实性,那么,在历年的持续参与过程中,女性的"政治潜能"是否得到培育并发展了? 在历经十多年的参与式预算及平等参与后,尤其是女性的数量代表持续上升以后,其实际参政能力是否有了明显提升? 为回应这些疑问,笔者通过实地观察女性在审议过程中的表现,揭示其实际的能力赋权达到何种程度。第七章论述女性的能力赋权需要怎样的基本条件保障。温岭女性在参与式性别预算中的平等参与有助于提升她们的实际能力,但是,具体的个人能否获得这种能力又需要更具实质性意义的条件保障,如经济水平、社会资本、受教育程度与性别文化等。温岭女性在参与中实际能力的提升是否与这些条件相关呢? 第七章将对此进行探讨。第八章对参与式性别预算的赋权成效进行评估。如果说参与过程使女性获得了能力赋权,那么,其带来了怎样的赋权结果? 本书通过对历年参与式预算过程以及与女性权益关系密切的特殊项目受益人性别进行分析,揭示女性赋权的过程与结果如何在女性参与性别预算中得以统一,以及过程赋权产生了怎样的赋权结果,进而回应赋权过程与结果难以统一的观点。

六、参与式研究及其数据来源

既然女性赋权不仅仅呈现在结果中,更体现在主体的参与过程中,那么,研究者要考察女性是怎样在参与过程中得以赋权的,对研究素材的选取就不能仅限于静态的结果罗列,而是应该深入其参与活动,在过程与发展中观察赋权是如何实现的。对赋权的评估也不能简单根据历史统计数据做出判断,或者截取某案例的一个横断面,而是需要跟踪事件的发展过程,在动态进程中发现赋权是如何实现的。为达此目标,本书对温岭参与式性别预算案例的跟踪,并不是截取某一时间段的赋权行动与结果,而是从"参与式预算"启动之初,全程跟踪性别预算是如何在温岭参与式预算的背景中发端与发展、运行,以及实现赋权目标的。

为此,本书在广泛收集国内外文献资料的基础上,运用参与式研究方法,自 2005 年温岭启动参与式预算之初开始跟踪,从性别视角观察这一创新的民主协商途径对女性赋权的影响。为清晰有效地阐述参与式性别预算的不同阶段对女性赋权的影响,研究主要采用三组问卷调查数据,分别来自温岭参与式预算的不同阶段。2005—2009 年是初期阶段。之所以称这一时期为"初期",是因为政府在发起参与式预算之初,并没有清晰地意识到公民参与过程蕴含着"性别"问题,只是"直觉"到代表选择"应该"男女平等,这就是为什么 2005 年审议代表产生方式是"乒乓球摇号",奇数和偶数分别代表男性与女性,要求男女代表各占一半。第二阶段从 2010 年开始,在参与式预算的基础上,温峤镇率先启动"参与式性别预算",政府已经清晰地意识到需要在"无性别"参与式预算之外,增加具有明确性别意识的财政预算审议,以更好地吸引女性参与到审议过程中并充分表达其诉求。与此同时,新河等镇也拓展了参与式预算范围,开始实施性别预算审议。第三阶段始于 2015 年,参与式性别预算进一步拓展推广,泽国镇、石塘镇等也加入了性别预算行列。与三个阶段相对应,我们分别发放内容相关又各有区别的问卷进行调研,获得的三组数据分别反映各阶段女性赋权的不同侧面。①

众所周知,参与式研究的核心要义有二:一是研究对象的参与行为,其核心就是"赋权",即赋予参与者解决问题的决策权力和能力。参与者在充分掌握相关信息的基础上,分析自身面临的问题及问题的根源与影响,提出与自身利益相关的意见与建议,进而自主做出决策。二是研究者同样参与其中。笔者作为参与式性别预算的参与者,不是以专家学者的身份出现,而是作为学习者与协助者,与性别预算的组织者和参与者密切互动。因此,参与之初,我们首先全面了解了参与式预算的起源发展及具体措施、制度规则、运行机制,结合性别理论进行梳理分析,与审议代表一起参与到具体的预算审议活动中,除了每年性别预算审议期间的出席到场,还在会后对审议

---

① 三组数据的具体信息将分别在后续各章中详述。

代表进行访谈,以了解他们的感受、收获或者在参与中遇到的困难。特别是在第二阶段的参与式性别预算过程中,我们利用专业知识,理解与分析性别预算的内容、过程及其成效,提炼出参与式性别预算实践的运行框架,为大家了解女性赋权的运行机制提供丰富的经验知识。其次是作为协助者,笔者在学习参与式性别预算的实践经验基础上,运用性别预算相关知识,解析实践中出现的问题,分析其原因,思考改进措施,与组织者探讨完善与推进的方法与途径。例如,每年为各镇的性别预算代表进行性别预算的知识与方法培训,倡议并帮助在各镇组建性别预算监督小组,小组成员从性别预算代表中产生,协助组织者从"参与式预算"(简称"大预算")项目中提取与女性关系密切的项目和其他民生项目进行性别审议,包括通过问卷征集意见与建议等,以参与者的姿态加入性别预算过程中;为政府计生办向失独家庭发放问卷,了解他们的生活状况与需要,为政府出台相应政策提供依据;对成人教育的女性受益情况进行统计分析等,在为当地政府提供协助的同时,获得研究所需的第一手资料与数据。

与此同时,参与式研究也需要结合多种方式与政府和参与代表互动,具体包括:①对参与代表进行半结构化访谈;②每年对参与代表进行培训,举办讲座;③开展1987年以来性别预算乡镇的农函大培训受益者性别分析项目,以考察历年来农函大培训课程的开设是否为两性提供了平等的机会;④开展农函大课程设计的性别公平调查,共发放问卷1500份,调查结果供有关部门课程设计参考;⑤协助各性别预算的镇组建性别预算监督小组,以便对性别预算审议会提出的意见与建议进行跟踪监督,并收集女性的诉求和意见;⑥每年为开展性别预算的镇提供性别预算的前沿信息与实施建议,帮助推动并完善性别预算进程。作为协助者,笔者的参与为长达十余年不间断的跟踪观察与调研提供了便利,在与当地政府推动者与公众参与者的合作中,调研团队得以连贯地观察性别预算带来的效果,也使得研究本身成为参与的一部分。

第二章 从"被动获得"到"主动参与"：
性别预算的缘起及发展

联合国倡导女性赋权目标需要通过完善基本制度保障来实现，这些制度保障包括将女性纳入政治、经济及各项社会事务的决策之中。为此，在各国政府的努力下，各种切实有效的赋权途径应运而生，性别预算便是其中之一。从源头考察，性别预算（gender budget）始于1984年澳大利亚的"女性预算"（women's budget），此后拓展到欧洲、非洲，再到亚洲。不论政治制度与经济发展何等不同，全球范围内越来越多的国家、地区和组织加入社会性别预算的探索实践，至今已有100多个国家和地区参与其中。近年来，在性别预算实践与其他赋权途径的互动推进中，性别预算正在向更广和更深的层面发展。综观性别预算的发展历程，其大致经历了三个阶段：第一阶段是1984—1995年的"女性预算"时期，第二阶段是1995—2003年国际组织推动下的全球推广时期，第三阶段是2003年以来多样化探索发展时期。与此相应，女性赋权在这一进程中得以日益扩展与深入，并且从"被动获得"的结果赋权发展到由女性作为"主体参与"的过程赋权。

一、女性预算作为预算赋权的缘起

追溯性别预算发展史可以发现，女性预算从初创、推广到发展，再到多元化创新，并非一帆风顺。但是，这一过程的意义仍然重大。从性别视角审议和评估政府财政预算，使得普遍意义上的女权保障向更具体的层面深入发展，女性参与决策的进程也随之推进到对经济资源的控制权，女性的赋权从普遍转向具体。这一赋权过程始于1984年，澳大利亚工党取得大选胜利后，为兑现承诺，将"女性预算"项目引入联邦和州级政府预算，这是社会性别预算实践在全球范围内的首次尝试。澳大利亚国家性别平等机构——妇女地位办公室(Office of the Status of Women)——率先在联邦政府部门推行"女性预算项目"(Women's Budget Program),要求在制定税收和工业发展政策等经济政策时,考虑男女两性不同的性别分工和社会地位,以及政策可能对女性所产生的影响。① 这一创新开启了女性赋权的全新历程。

1985 年,女性预算在澳大利亚全面实施,建立了以满足女性需求为主旨的"女性预算报告"(women's budgeting statement)制度。该制度要求审查财政政策对女性的影响,编制对女性的承诺清单。该制度要求各部门在报告预算项目时,必须按照一定的编制格式,就各种开支对女性的影响做出说明。政府向社会公布预算报告时,必须同时公布女性预算摘要,具体说明政府预算中针对女性的重要措施。随后,澳大利亚政府通过无报酬劳动时间调查,分析女性无酬劳动的价值,进而为性别预算提供实证数据与性别政策依据。自 1987 年在悉尼进行首次尝试后,澳大利亚在全国范围内先后进行了三次大型无酬劳动时间调查,从更深层面揭示传统预算开支对女性劳动价值的忽视。② 女性预算在社会性别预算实践探索的初期发挥了巨大作用,政府官员从中认识到政策对女性的影响,进而提高了政府部门和财政预算对女性问题的敏感性,从而为女性的实际赋权打开空间。

经联合国推动,这一初期探索作为性别预算的雏形,首先被引入南非、加拿大和英国,并被命名为"女性预算",其实际内容主要是针对女性的预算。例如南非,1994 年大选之后,普里格斯·戈文德(Pregs Govenger)在南非预算辩论中指出了政府预算中的社会性别盲视问题,提出引入社会性别预算理念。非洲国民大会提出,新的民主政府应当确保所有政府部门审查其规划对女性的影响,并且提议"将女性纳入议程"③。得益于这一提议,1995 年在非政府组织的推动下,南非正式启动了"女性预算行动"④,成为第二个尝试进行性别预算的国家。

---

① 马蔡琛,等.社会性别预算:理论与实践[M].北京.经济科学出版社,2009:65.

② 马蔡琛,等.社会性别预算:理论与实践[M].北京.经济科学出版社,2009:66.

③ 鲍静,魏芃.全球视野下的社会性别预算:国外经验[J].中国行政管理,2015(3):26-31.

④ 主要由南非民主研究所(Institute for Democracy in South Africa, IDASA)、预算信息服务中心(Budget Information Service, BIS)等非政府组织推动。

随着实践的发展,南非"女性预算行动"的内容和角度都得到拓展。从内容看,由最初分析国民投票、公共部门就业和税收,到分析所有项目,进而拓展到地方政府、援助基金、收入等方面,不仅涉及社会领域,也涉及经济领域,超越了之前只涉及社会领域的传统,推进了性别意识进入经济政策的进程。同时,预算分析角度也得以拓展,澳大利亚的"女性预算"仅仅分析预算项目对女性的影响,对男性权益少有关注。南非虽然与澳大利亚使用同一概念,但其在实施中逐渐超越澳大利亚单一女性预算的含义,开始关注预算项目对男性和女性的不同影响。

同时,加拿大与英国也是较早加入"女性预算"行列的国家。1993 年,国际妇女争取和平与自由联盟(Women's International League for Peace and Freedom,WILPF)加拿大分支机构编制了一份该年度的女性预算,揭示军事支出和环境破坏间的关系,主张经济和社会安全是基本人权。虽然没有从性别视角进行预算分析,但其强调国防支出应该将社会公正和妇女需求考虑在内,从而使得性别公正得到政策支持。[①] 1994 年,加拿大政府委任一家名为"加拿大妇女地位咨询委员会"(The Canadian Advisory Council on the Status of Women,CACSW)的机构,学习和培训评估方法,以便对澳大利亚各部门的预算进行评估。实际上,尽管加拿大政府并没有正式宣布实施性别预算行动,但其开发的评估经济性别平等程度的指标对于理解和分析男女两性在劳动力市场的不平等地位具有重要价值。

英国的女性预算组织(Women's Budget Group)从 1989 年以来就一直十分活跃,就每项预算进行新闻发布,对政策议程中的性别问题和公共预算提出疑问。其重点在于改变不利于女性的税收和社会保障系统。1997 年劳工党上台后,女性预算团体进一步发挥作用,积极与财政部沟通,举办研讨会,促进女性预算的发展。[②]

在亚洲,菲律宾是较早开展女性预算的国家之一,尽管没有明确以"女

---

① Budlender D. A profile of country activities [M]//Budlender D, et al. Gender Budget Make Cents: Understanding Gender Responsive Budgets. London: The Commonwealth Secretariat, 2002: 147;马蔡琛,等. 社会性别预算:理论与实践[M]. 北京. 经济科学出版社,2009: 77.

② 马蔡琛,等. 社会性别预算:理论与实践[M]. 北京. 经济科学出版社,2009: 78.

性预算"命名,但其在实施中主要关注的对象在于女性权益,而非完整的两性关注。1992 年,菲律宾公布实施一项与社会性别预算相关的法案,即菲律宾共和国第 7192 号法案,明确要求每个政府部门至少将其预算的 5％用于性别与发展,并于 1996 年正式启动实施。① 菲律宾妇女地位委员会(National Commission on the Role of Filipino Women,NCRFW)率先响应,与一项支持妇女的运动紧密合作。一开始由于部分预算官员的抵制以及缺少监督和评估的能力与资源,其执行极其有限。但是,NCRFW 坚持开发性别分析工具,举办会议向各部门预算官员讲解概念和方法,并监控预算编制过程中的关键点,在学者和活动家的支持下,NCRFW 发布了 1995 年菲律宾女性预算,分析了 19 个政府部门针对男性和女性的预算拨款。有意义的是,菲律宾共和国第 7192 号法案规定,所有部门的工作人员,都在其配偶前 4 次生育后休 7 天的"父亲产假"。这项规定对于减少妇女的多项负担、推动男性参与家务劳动具有积极作用,属于和家庭生活相关的社会生活发展计划。②

不难看出,这一时期的性别预算使得女性赋权从抽象的倡导走向实质性行动,但在内容与范围上仍然有局限性,且部分国家的尝试仅针对女性的预算以及对女性权利的维护,并没有同等关注男性权益。同时,各国的实践处于孤立分散的状态,缺乏必要的平台进行经验交流。与此相应,通过预算评估为女性赋权仍然停留于政府或组织主导的被动赋权,而不是女性自主参与下的主动赋权。同时,各国探索的分散状态也不利于扩大性别预算作为赋权途径的影响力。

二、"性别"与"参与"的结合

最初以"女性预算"形式出现的赋权尝试,经过不断的探索与实践,进入

---

① Heyes M C. Institutionalizing a gender and development initiative in the Philippines [M]//Karen J. Gender Budget Initiatives: Strategies, Concepts and Experiences. New York: UNIFEM, 2002:140.

② 马蔡琛,等. 社会性别预算:理论与实践[M]. 北京.经济科学出版社,2009:96.

了全球范围内的推广与发展时期,尤其是在 1995—2003 年,得益于联合国第四次世界妇女大会的召开,性别预算开始成为全球范围内的赋权途径。在此期间,早期的"女性预算"逐渐被更具性别平等意味的"性别预算"替代,进而转向更重视女性主动参与的"参与式性别预算"。作为重要的推动契机,1995 年第四届世界妇女大会通过了《北京宣言》和《行动纲领》,提出在政策和方案的预算决定方面纳入性别观点,明确提出:各国政府应系统地审查妇女如何从公共部门开支收益;调整预算以确保男女平等利用公共部门开支;履行其他联合国首脑会议和专题会议做出的与性别有关的承诺。这是首次在国际会议上倡导性别预算。在会议的支持和推动下,各国对性别预算的兴趣日益增加。据此可以认为,第四届世界妇女大会成为全球推广与发展时间的开端。在这一时期,联合国妇女发展基金会、英联邦秘书处(The Commonwealth Secretariat)等国际组织积极开展理论研究,在世界范围内宣传并帮助开展性别预算实践,在性别预算的全球推广中发挥了重要作用,成为该时期的特色。在国际机构的推动下,实施性别预算的国家数量也迅速增长,2000 年大约有 42 个国家开展了性别预算[1],至 2003 年已增加到 60 余个(见表 2.1)。[2]

表 2.1 截至 2003 年全球开展性别预算的国家

非洲	美洲	亚洲	欧洲	大洋洲
博茨瓦纳*	巴巴多斯*	孟加拉国*	奥地利	澳大利亚*
肯尼亚*	伯利兹*	印度*	克罗地亚	斐济*
马拉维*	玻利维亚	韩国	法国	马绍尔群岛
毛里求斯*	巴西	菲律宾	德国	萨摩亚*
莫桑比克*	加拿大*	斯里兰卡*	爱尔兰	
纳米比亚*	智利	泰国	意大利	

① Budlender D. A profile of country activities [M]//Budlender D, et al. Gender Budget Make Cents: Understanding Gender Responsive Budgets. London: The Commonwealth Secretariat, 2002: 132-164.

② Budlender D, Hewitt G. Engendering Budgets: A Practitioners' Guide to Understanding and Implementing Gender-responsive Budgets[M]. London: The Commonwealth Secretariat, 2003: 90-101.

续表

非洲	美洲	亚洲	欧洲	大洋洲
卢旺达*	厄瓜多尔	越南	马其顿	
南非*	萨尔瓦多	马来西亚*	挪威	
坦桑尼亚*	墨西哥	尼泊尔	俄罗斯	
乌干达*	秘鲁	印度尼西亚	苏格兰	
赞比亚*	圣基茨和尼维斯*	巴基斯坦*	塞尔维亚和黑山	
津巴布韦	美国	阿富汗	西班牙	
尼日利亚*		以色列	瑞士	
摩洛哥		黎巴嫩	英国*	
斯威士兰*				
塞内加尔				
埃及				

注:带*的为截至 2003 年的英联邦成员国。

资料来源:Budlender D, Hewitt G. Engendering budgets: A practitioners' guide to understanding and implementing gender-responsive budgets[J]. New Gender Mainstreaming, 2003, 52(6):1-11.

作为英联邦成员国政府的主要协调机构,英联邦秘书处是性别预算的重要先驱,对英联邦国家的性别平等与社会性别预算实践的发起有着重要作用。早在 1995 年,其提出的"英联邦性别与发展行动计划"(The Commonwealth Plan of Action on Gender and Development)就包含了性别预算的内容,并致力于开发分析工具、方法和能力建设材料,确保所需的来自财政部和妇女事务部的政治承诺在不同国家实施试点方案并推广其实验成果,寻求支持性别预算的机构间合作。①

UNIFEM 一直以来致力于促进女性人权、经济安全和政治参与的创新项目和策略实施,并为此提供经济和技术支持。其性别预算工作开始于

---

① Hewitt G. The Commonwealth Secretariat: The role of external agencies[M]// Budlender D, Hewitt G. Gender Budget Make More Cents: Country Studies and Good Practice. London: The Commonwealth Secretariat. 2002:14.

1996年的南非实践,进而扩展到东非、东南亚、南亚、中美洲、安第斯地区等区域,成为联合国系统中性别预算工作的领先者。通过联合国系统,UNIFEM一直努力提高各国对性别预算作为一种加强国家经济治理工具的认知,并在南非和印度洋岛屿国家举办一系列性别预算区域研讨会。开始于2001年的全球项目"加强性别治理:对政府预算进行性别分析",则为拉丁美洲、非洲和亚太地区的性别预算提供了技术和财政上的支持。

此外,国际机构间也开展多种合作,以交流经验并共同支持性别预算发展。UNIFEM、英联邦秘书处和国际发展研究中心(The International Development Research Centre,以下简称IDRC)联手,从性别视角分析中央或地方预算,并将分析结果用于性别回应预算的制定。为呼吁到2015年全球所有国家实施性别预算,比利时政府、UNIFEM、经济合作与发展组织、北欧部长理事会、英联邦秘书处和IDRC于2001年10月在布鲁塞尔联合召开了"推进性别预算:强化经济和财政管理"国际会议,目的是分享经验,动员政治和财政支持,以满足政府和社会组织日益增长的性别预算需求。该会议正式用"性别预算"取代"女性预算",以避免可能产生的歧义,并呼吁至2015年全球所有国家实施社会性别预算实践。

与此同时,在实践中,国际社会也逐渐走出女性预算的局限,将性别预算与女性的主动参与相结合。随着性别预算在全球的迅速推广,一些国家和地区意识到女性赋权不应再简单地停留在结果的给予上,而是应该启迪女性的意识觉醒,使之投入性别预算实际行动中。于是,有的地区在参与式预算中融入性别视角,也有的直接将性别预算植入参与式预算之中,从而使早期单一的女性预算获得更广阔的制度支持与发展基础。在此基础上,性别预算与女性参与逐渐融合,发展出参与式性别预算。这一进程表现如下。

第一,一些地区的参与式预算催生出性别预算,而性别预算的植入反过来提高了参与式预算组织者的性别意识。20世纪90年代,拉美地区的一些地方开展参与式预算,市民得以在市镇投资优先性决策上发挥更大的作用。秘鲁和厄瓜多尔的妇女组织为了增强她们在这些过程中的声音,于2001年向UNIFEM寻求研究和培训方面的支持。在UNIFEM的支持下,VES开展了对预算的分析,开发新工具来研究预算支出模式、预算过程,以及女性无酬劳动对市政服务供给做出的贡献。2003年当选的VES市长做出承诺,将其中一些成果和建议纳入参与式预算的改革过程中,当地的非政府组织也同意在对参与式预算委员会开展的培训中融入性别视角。①

第二,一些国家通过性别预算弥补其参与式预算的不足,完善参与式预算周期。巴西是最早实施参与式预算的国家,然而,最初其总体预算分配和公共支出监督中并没有引入社会参与机制。作为巴西最早成立的女性组织之一,女性工作研究和咨询中心(Centro Feminista de Estudose Assessoria,以下简称 CFEMEA)于 1995 年开始审查影响女性的预算项目。在意识到女性预算分配和女性权利的增多并不会直接推动项目的实施以后,CFEMEA 决定改变策略,从关注预算起草转变成关注预算执行和项目实施。例如,CFEMEA 对反家庭暴力法实施的调查发现,联邦预算缺乏对家庭暴力收容所资金的细分,致使州政府将这些资金分配到其他领域。②由此,性别预算在一定程度上延长了参与式预算周期,促进了预算支出监督阶段的社会参与。

第三,一些国家尝试将性别因素融入参与式预算中,尽管这不是性别预算和参与式预算的直接互动,但作为"性别""参与"与预算的融合,对参与式性别预算来说也是一种有益探索。VES 于 2000 年开始实施参与式预算,市政府认为性别是参与式预算和本市发展战略的一个关键部分,因此对参与代表实行性别配额制,即要求每登记一名男性参与者就要同时有一名女性参与者。这带来了代表登记和出席方面相对的性别平等,以及一定程度的群体代表性。然而,男性和女性在参与过程中表达的诉求并不必然代表性别利益,或者说"来自社会关系和性别定位"的利益。在资源有限、每个地区只有一到两个优先项目的情况下,性别意识/敏感度在协商中往往是缺失的。实际上,尽管推动参与式预算的市政府和非政府组织关注性别平等,但少有参与者在协商过程中提及性别问题。③

---

① Elson D. Engendering government budgets in the context of globalization(s)[J]. International Feminist Journal of Politics,2004,6(4):623-642.

② Sugiyama N B. Gendered budget work in the Americas:Selected country experiences[Z]. Working Paper of University of Texas at Austin,2002:14.

③ Duquette V. Full-fledged gender inclusion in participatory budgeting in Villa El Salvador:Participation,representation and political Equality[D]. Vancouver:University of British Columbia,2010:87-90.

总之,除了一些国家的自发性实践①,国际组织推动了全球推广过程,其开展的理论研究、实践推广,以及技术和财政支持都直接或间接地促进了各国性别预算发展。同时,全球范围内的倡导和实施也催生出性别预算与参与式预算的有益互动,性别意识越来越多地融入主流决策过程。性别预算丰富多彩的实践,也使得其内容从单一的女性关怀发展到多维度的制度与政策关怀,从而加速性别意识主流化进程。

三、性别意识导向决策的多样化趋势

与强调女性参与的过程赋权相对应,2003 年以来,性别预算在全球进一步推广发展,至今已有 100 多个国家与地区实施性别预算。这一时期更为突出的特点是性别预算具有多样化的发展路径:有的致力于服务更多国际组织的目标实现;有的努力实现更高层次的国际正义目标;更多的则与其他发展议题相结合以探索新的实施模式。通过多种路径与形式的探索,性别预算在全球范围内呈现出多姿多彩的风貌,各国根据国情与制度开发出名目繁多的实践途径与实施工具,在追求性别平等目标的过程中创造出丰富的成果与经验。这些成果和经验不仅包括实质性的平等目标之实现,而且将赋权结果与过程融为一体,超越单一结果赋权方式并拓展了多元赋权途径。

从途径看,这一时期有更多的国际组织将性别预算用于实现本组织的目标任务。例如,世界银行的公共支出评估和减贫战略文件中包括了性别平等议题;在公共财政、财政分权化、减贫项目的框架下,世界银行还致力于确定性别预算的特定角色。又如,联合国开发计划署从参与式预算角度关注性别预算,研究性别预算提高政府治理能力的潜在功能。2004 年,联合国开发计划署支持了 35 个国家的性别预算分析。再如,联合国人口基金会(United Nations Population Fund，UNFPA)在曼谷的国家支援小组于

---

① Hewitt G. The Commonwealth Secretariat：The role of external agencies[M]//Budlender D, et al. Gender Budget Make More Cents：Country Studies and Good Practice. London：The Commonwealth Secretariat，2002：13-22.

2005 年 11 月在曼谷举办了由国家代表和项目负责人参加的社会性别预算项目培训研讨会,以期扩大社会性别预算在东南亚地区的影响力,进而促进生育健康、人口和家庭发展。亚洲开发银行(Asian Development Bank, ADB)、北欧部长委员会(Nordic Council of Ministers)、荷兰大使馆(Netherlands Embassy)、欧洲妇女游说团(European Women's Lobby, EWL)等组织,也从不同方面参与或支持了性别预算。①

一些性别预算实践不仅对预算进行性别分析,而且开始追求更高层次的目标。从 2005 年起,UNIFEM 在摩洛哥、塞内加尔、莫桑比克、厄瓜多尔开展项目,寻求转变预算执行过程和政策,以使其更好地回应性别平等原则,旨在使女性优先事项的资源分配产生实质性变化。该项目已取得了成果:四国预算过程和政策反映了性别平等原则,在国家计划的预算拨款中体现贫困和被排斥妇女问题的优先地位,并且对预算项目资金分配实现的结果进行分性别统计与分析,为女性提供资金的资助,从而使女性的赋权得以保障。UNIFEM 在莫桑比克和塞内加尔的项目还致力于将性别预算置于主流财政政策框架及国家规划、计划、预算的编制和监督过程中。该项目主要参与了两国减贫战略文件的制定和审查过程,包括提高预算过程中关键行动者有效回应女性优先事项的能力,以及设计预算监督程序并支持社会团体参与。

一些国家探索将性别预算与其他发展议题相结合,参与式性别预算便是其中之一。2007 年,奥地利启动绩效预算改革,将性别预算纳入其中,这一新的预算编制原则被写进奥地利宪法,即联邦预算的管理要坚持绩效导向原则,特别是要考虑男性和女性的有效平等(这意味着性别预算),透明、有效和尽可能准确地报告联邦预算财务状况的目标。② 除此之外,这一时期还出现了以"参与式性别预算"命名的实践。例如,加纳虽然没有明确地将其改革称为性别预算,但其预算过程的参与特征十分明显,它鼓励纳税人和贸易协会参与费用定价决议的协商。因而尼古拉斯·亚当泰(Nicholas Adamtey)认为,加纳存在一定形式的参与式预算,但其能否被称作参与式

---

① 马蔡琛,等.社会性别预算:理论与实践[M].北京.经济科学出版社,2009:61-62.

② Klatzer E. The integration of gender budgeting in performance-based budgeting [R]. Bilbao:Watch Group, 2008:17.

性别预算则是另一个问题。① 尽管如此,加纳政府的初衷正是有意探索参与式性别预算途径。②

进入 21 世纪,更多国家加入性别预算行列,在前期欧洲与非洲实践的基础上,许多亚洲国家和地区也越来越多地加入其中。例如,俄罗斯、韩国、印度、中国、印度尼西亚、马来西亚等国先后启动性别预算,以便从更深层面为女性赋权。这一时期各国在启动性别预算时,其形式与路径更注重本国的制度与社会条件,对性别预算的理解不拘泥于传统的预算本身,而是日渐宽泛与多元,将性别角度植入各种政策和预算项目的评估之中,从而使性别预算成为一个更广泛的赋权概念。

同时,各国性别预算的发展更加注重女性参与或主动赋权的过程,女性赋权的途径与方式也趋于多样化。例如,2004 年 4 月,由 UNIFEM 启动的"社会性别预算在俄罗斯"(Gender Budget in Russia)项目,其宗旨就是提高女性在政府决策和公共预算分配中的参与度,与政府"权力下放"改革同时进行。该项目的主要特点是"立法保障",即通过立法规定提高妇女最低工资、福利保障、产假等女性基本权利。在印度,随着 1992 年宪法第 73 条、74条修正案将权力下放给村级治理机构,以及规定村组织权力机构潘查亚特(Panchayat)中必须有 1/3 是女性,女性在治理机构中的地位得以提升,并且参与决策与治理的机会被赋予女性,使得女性可以平等地与男性共同参与村庄治理。正因如此,印度的性别预算不同于其他国家的做法,不是简单关注预算本身,而是从预算过程的权力参与着手,将女性的诉求纳入决策过程,通过赋权女性参与决策与管理过程,使得预算项目体现女性特有的需求。

还有一些亚洲国家则从各自面临的问题入手,启动开创性的探索。印度尼西亚面对教育中性别差异大、议会中女性政治代表比例低、孕产妇死亡率高等问题,于 2010 年颁布总统令,将性别平等纳入发展主流。2012 年,由国家发展计划署、女性赋权部、财政部和内政部组成的协调小组发布印度

---

① Adamtey N. Participatory gender budgeting in Ghana[Z]. Compilation of PB Experiences from Team Members,2009:42.

② 马蔡琛,等.社会性别预算改革:方法、案例及应用[M].北京.经济科学出版社,2014:31-33.

尼西亚国家性别预算战略。目前已有约25个部委采用了性别预算的方法，其中民间团体在倡导性别预算上做出了重要贡献。以日惹特别行政区为例，其由省长、市长和议员推动性别预算的政策和立法。同时，非政府组织、学术界、社区组织、女性团体作为关键参与者，一方面向政府施压，要求给出性别平等的政治承诺；另一方面帮助政府提高性别敏感性，加强相关能力建设。这些不同的参与主体又运用多重治理工具：政府根据性别平等指标进行绩效考核；学术界采用定量分析法和定性分析法以及哈佛分析法等方法，围绕性别平等开展研究；社区组织开展性别平等培训和讲座；女性团体和其他非政府组织开展参与式性别审计等。

与此同时，马来西亚的槟城于2011年由州政府出资成立了槟城女性发展局，旨在将性别平等纳入各类政策和项目中，通过公平地重新分配资源，实现女性代表比例的提升、女性多元身份的转变、实质性性别平等以及良好的社会治理。自2012年起，槟城女性发展局与槟城市政局及威省市政局合作，开展了为期三年的经济房改造试点项目。该项目采用问卷调查，广泛听取意见，由居民投票，最后由政府计划并实施的模式，参与者涵盖了居民、居民委员会、市政局等多个主体，不仅根据居民自身需求改善居住环境，更鼓励居民参与倡导性别平等的意识。

至此不难看出，随着全球范围内的女性预算向性别预算进而向参与式性别预算演进，女性赋权在实际行动层面得以持续发展与深化，对女性赋权的追求也从单一的保护女性权利向两性平等赋权方向发展，赋权方式也从赐予性的被动给予转变为女性获得平等参与机会并作为主体在参与中自主赋权，从而真正实现两性平等的赋权目标。

四、赋权途径的变迁及其驱动机制

那么，是什么原因驱使全球性的性别预算成为女性自主赋权的契机呢？众所周知，社会性别预算虽然成为许多国家和地区的共同实践，但是，各国所选择的路径各不相同，甚至大相径庭。这在很大程度上取决于特定国家的经济政治发展水平，也取决于其行政体制特征。换言之，不同国家实施性别预算的驱动力存在很大差异，各国以何种方式启动性别预算，往往直接取决于其经济发展、政治与行政体制的变迁。①　如澳大利亚、英国、加拿大等经济发达国家，对于公共治理的要求不只局限于对社会基本需求的满足，而是更进一步要求照顾到不同群体，尤其是不同性别群体的不同需求。这些国家社会性别预算实践的发起便是内生于改革传统公共行政制度的需要。相应地，在大部分非洲和南美洲等经济欠发达地区，由于其实践主要依托于外部机构的捐助与支持，因此，实践的内容和主题很大程度上受制于外部因素。然而在印度、中国、俄罗斯、巴西等新兴经济体国家，社会性别预算实践的激发呈现出内外驱动的双重效应：一方面，相关国际会议和组织发挥了外部激发和支持作用；另一方面，经济发展所带来的政治体制改革，从内部创造了现实可能性。

第一类是内生性驱动。从性别预算发生与发展进程来看，澳大利亚和巴西的实践均产生于国家大选这一国家政治环境的变化。这种驱动力往往来自国内政治环境以及行政体制变革，如竞选中的政治承诺以及行政改革带来的相对宽松的氛围，从而为社会性别预算实践创造条件，形成内在驱动力促成性别预算的创新实践。首先启动的澳大利亚的社会性别预算便是在国内政党竞选基础上孕育而生的。澳大利亚工党在大选获胜后，为实现在1983年选举时许下的对妇女更具回应性的政治承诺，成立了"妇女地位秘书工作小组"（Secretaries' Taskforce on the Status of Women）。该小组认为，有关妇女地位的部门间合作需要更高层级的指导才能更具效率。因此，选举后第二年，澳大利亚政府在联邦政府层面开始推行"妇女预算项目"，要求所有部门不仅要在提交的预算中，加入关于现有政策对两性影响的说明，还要以满足妇女需求为目标，改进部门工作。②

在巴西，1988年工党在大选中获胜后，便开启了对预算决策过程的革新，于1990年率先在阿雷格里港市实行参与式预算，随后将性别敏感因素引入其中。通过参与式预算"自下而上"的预算决策路径，男女两性都可以

---

① 马蔡琛，等.中国社会性别预算改革：方法、案例及应用[M].北京.经济科学出版社，2014：53.

② Sawer M. Australia：The Mandarin approach to gender budgets[M]//Budlender D, et al. Gender Budgets Make More Cents：Country Studies and Good Practice. London：The Commonwealth Secretariat，2002：45-47.

直接参与到公共预算的决策过程中,共同决定资源配置结构。尽管参与式预算的直接目标并非社会性别问题,并且"自下而上"的预算决策方式必然需要花费长时间培养女性的参与能力,但这种参与式预算不仅为向女性赋权提供有力支持,还有利于提高女性参与的积极性,促进两性在决策中的平等对话。

就内生性驱动力而言,尽管中国、俄罗斯与印度等国都受到联合国倡导与众多国际会议与国际组织的影响,但其性别预算实践的启动与内部经济、政治与政府行政体制改革中"权力下放"的进程相一致。在中国,经济领域的改革开放不仅带来经济领域的巨大变革,而且在政治与行政体制改革方面也提出新的要求,推动社会治理体制与方式的转型,公众参与成为新型治理模式的重要标志。在这种背景下,女性在重大社会事务中的参与成为检验国家和政府履行责任的试金石。尤其在财政预算制度改革中,将女性参与纳入其中成为国家财政预算制度改革的重要突破,参与式性别预算正是在这一重要的制度背景下应运而生的。

在俄罗斯,"权力下放"既存在于俄罗斯联邦政府,也存在于诸如科米共和国(Komi Republic)的次级联邦政府。通过这种行政体制改革,俄罗斯试图让更多的民间社团,尤其是女性非政府组织,参与到公共预算的分配制定中,从而提升妇女在政府决策过程中的地位,以预算调整带动社会关系的转变,从而使权力在两性中更合理地分配。①

在印度,随着村级机构(Panchayat Raj Institution)作为地方自治政府在宪法中得到承认,更多的权力被下放到这一基层政府。女性在这一层级的政府中的占比最大,达到总人数的1/3。权力下放使得女性在基层政府的参与中获得更多可利用的空间,从而能更有效地反映两性不同的性别需求。此外,财政权力下放也对社会性别预算实践驱动及其作用起到了重要影响。在卡拉拉(Kerala)、卡纳塔克(Karnataka)、西孟加拉(West Bengal)三个城市的试点实践中,卡拉拉因其财政权力下放先于政府权力的下放,避免了有权力而无资金支持的尴尬,试点在三个城市中最为成功,率先由政府

---

① 马蔡琛,等.中国社会性别预算改革:方法、案例及应用[M].北京.经济科学出版社,2014:23.

引入性别因素。[①]

由此不难看出，性别预算从萌芽到产生，首先得益于国家特定的政治经济与行政环境。一国的政治经济与行政环境又往往与执政党的政治承诺与执政目标密切相关，尤其是随着1980年联合国《消除对妇女一切形式歧视公约》（Convention on the Elimination of All Forms of Discrimination Against Women，CEDAW）的颁布，各国政府自觉或不自觉地将性别平等作为施政目标之一，而性别预算正是将抽象的性别平等目标转化为具体政策的载体，成为各国主动探索实施的措施。

第二类是外在驱动。从性别预算在全球的实施进程来看，许多国家的社会性别预算得益于外在力量的驱动，这些驱动既来自国际组织的倡导与推广，也有重要的国际会议为性别预算推广起到重要的作用。

在诸多国际会议中，最重要的是1995年9月在北京召开的联合国第四次世界妇女大会，该会议对社会性别预算实践的推广具有里程碑意义。会上，189个联合国成员国代表一致通过了《北京宣言》和《行动纲领》，承诺从贫困、健康、教育、环境等多个关键领域采取措施，并尝试通过在预算中引入性别视角，提出"在处理提高妇女地位的机制问题时，各国政府和其他行动者应该提倡一项积极鲜明的政策，将性别观点纳入所有政策和方案的主流，以便在做出决定以前分析对妇女和男子各有什么影响"[②]。为此，《行动纲领》还倡导：各国政府应有系统地审查妇女如何从公共部门开支中受益；调整预算以确保男女平等利用公共部门开支；履行其他联合国首脑会议和专题会议做出的与性别有关的承诺。这是性别预算首次在国际会议上被倡导。在会议的支持和推动下，各国对性别预算的兴趣日益增加。得益于联合国第四次世界妇女大会的召开，紧随澳大利亚之后，南非、斯里兰卡、巴巴多斯、圣基茨和尼维斯、斐济群岛也开展了性别预算尝试。而后，斯里兰卡、肯尼亚、乌干达、坦桑尼亚、赞比亚、莫桑比克、马拉维等国家也先后加入其中。中国正是顺应国际趋势，在这一外在因素驱动下开始性别预算探索，并

---

① Lekha S C. Determining gender equity in fiscal federalism：Analytical issues and empirical evidence from India[J]. Economics，Management and Financial Markets，2011 (9)：112-135.

② 闫东玲.浅论社会性别主流化与社会性别预算[J].妇女研究论丛，2007(1)：10-15.

且产生显著变化与成效的国家之一。

另一个具有重要意义的会议是 2000 年 9 月的联合国千年峰会。会上签署的《千年宣言》将性别平等问题放在核心地位,要求各成员国"将促进性别平等和对妇女进行赋权作为抗击贫困、饥饿、疾病和激励可持续发展的有效方法"。在千年峰会的影响下,印度、尼泊尔、津巴布韦、毛里求斯、卢旺达、奥地利、德国、西班牙均于当年展开了性别预算实践。随后,墨西哥、秘鲁、比利时、韩国等国也相继发起了实践。尤其是随后三次性别预算方面的区域会议,对全球范围内推广性别预算起到了直接的推动作用。这三次会议包括:2000 年 7 月 10 日在印度首都新德里由 UNIFEM 发起召开的首次南亚区域会议,会议审视与社会性别相关的主要概念,支持印度与尼泊尔的性别预算工作;2001 年 10 月 15 日,在尼泊尔首都加德满都召开第二次性别预算地区会议,会议由 UNIFEM 南亚地区办公室(SARO)组织,总结和学习 2000 年来南亚地区开展性别预算的经验,并对未来发展路径进行探讨;第三次性别预算区域会议 2002 年 12 月 16 日至 17 日在尼泊尔首都加德满都召开,由 UNIFEM 南亚地区办公室筹办,并获得了尼泊尔妇女儿童和社会福利部的支持,会议的目标是促进社会预算的理念和经验在地区间的交流。[①]

2003 年以来,世界各地持续召开了对推进社会性别预算实践有积极推广作用的国际会议,其中包括:2005 年 2 月和 2010 年 3 月在美国纽约举行的"北京+10"和"北京+15",会议审计了《北京宣言》和《行动纲领》的落实情况;2011—2013 年分别在美国旧金山、俄罗斯圣彼得堡、印度尼西亚巴厘岛举办的"妇女与经济高峰会议",会议明确了妇女在经济参与、推动改革以及促进经济增长方面的作用;2014 年 2 月在马来西亚槟城举办的"社会性别预算亚洲地区论坛:制度变革与社区发展",会议交流分享了全球范围内的社会性别预算实践经验[②];2015 年于我国杭州浙江大学举行的"性别预算的行动与倡议"国际会议,世界各地的与会代表交流了各地性别预算的

---

① 马蔡琛,季仲赟,王丽. 社会性别反应预算的演进与启示:基于国际比较视角的考察[J]. 广东社会科学,2008(5):31-36.

② 马蔡琛,等. 中国社会性别预算改革:方法、案例及应用[M]. 北京:经济科学出版社,2014:14-53.

发展经验,并探讨如何进一步推进性别预算的持续深化。这些国际会议不但推动了各国实践经验的分享和学习,也为各国政府决策者、非政府组织、专家学者搭建了沟通平台,对催生新的实践、优化实践路径起到积极的作用。

在国际会议的持续召开与推动下,国际组织也在全球推广中扮演了重要角色。例如,1995 年英联邦秘书处提出的"英联邦性别与发展行动计划"就是旨在为政府建立一套可行的、针对预算支出的分析工具。在与"澳大利亚政府海外援助计划"(The Australian government's overseas aid program)的合作中,该组织还编制了指导应用性别分析工具的培训手册。①

同时,自 1996 年起,UNIFEM 便开始对南非的实践进行资助,之后逐步将范围扩展至东非、东南亚、南亚、南美地区。② 2001 年,UNIFEM、英联邦秘书处以及 IDRC 联合发起了"性别回应预算行动"(Gender Responsive Budget Initiative),以支持政府及社会组织对国家和地方预算的分析。

不难看出,随着各国政治经济的变迁,性别预算赋权途径日益丰富多样,其发展的每一阶段都折射出各国政府对性别平等的政治承诺与回应。其驱动力不仅源自各国政治经济发展的自身需要,而且得益于国际社会的推动与倡导,尤其是联合国主导的各种国际会议与其他国际组织的行动,对性别预算的全球推广起到强有力的推进作用。就驱动机制而言,不论是内驱型还是外驱型,抑或是内驱与外驱结合型,都体现了各国特定的政治制度与经济发展水平对性别平等目标的接纳与认可。例如,中国性别预算的引入便是内外驱动的结果,改革开放驱使政府融入全球范围的性别预算趋势,在联合国第四次世界妇女大会召开后,国家和政府主动响应联合国倡议,加入全球范围的女性赋权进程,并接受各种创新方式,包括性别预算以及扩大女性参与决策权的行动。参与式性别预算正是在这种背景下得以在中国发生与发展。

---

① Budlender D,Sharp R,Allen K. How to Do a Gender-Sensitive Budget Analysis:Contemporary Research and Practice[M]. London:The Commonwealth Secretariat,1998:9-10.

② Sugiyama N B. Gendered budget work in the Americas:Selected country experiences[Z]. Working Paper of University of Texas at Austin,2002:6.

五、性别预算赋权的立法保障

如上所述,由于不同的政治、经济和文化背景,各国在实施性别预算实践时都会从国情出发选择具体的方式与途径,因此,性别预算在各国的实践呈现出多样纷呈的特性。然而,综观各国性别预算的发展历程,依然可以发现某些共性。性别预算实施经验告诉我们,要使性别预算能有效为女性赋权,需要一些必不可少的条件作为保障,如国家的立法、性别统计、对支出与收入的共同关注、纳入国家发展宏观框架之中,以及女性的自主参与等。正是这些保障,使得性别预算对女性的赋权成为可能。

第一,以立法作为性别预算的保障,为女性赋权提供制度基础。不管是来自国际组织的推动,还是政府内部的政治意愿,抑或是来自社会的需求,一旦启动社会性别预算,如果缺乏有力的法律保障,便很可能沦为国际组织的偶发试验田,或者成为政府的短期绩效目标,或是社会的暂时浪潮,其可持续性、透明性和规范性往往不容乐观。因此,许多国家都会将社会性别预算纳入法制框架,以确保女性赋权具有基本的制度保障,并得以持续发展。例如,韩国政府非常重视从法律层面推进性别平等以及对性别预算的规范,以确保社会性别预算实践的执行力度。随着 20 世纪 80 年代末社会性别主流化在韩国的推行,韩国政府陆续出台多部与之相关的法律,其中典型的包括:1995 年出台的《妇女发展法案》、1997 年出台的《反家庭暴力特别法》、1999 年出台的《禁止男女差别法》、1989 年制定并先后两次修订的《男女雇佣平等法》,并在 2001 年的《国家财政法》中正式引入社会性别预算体系。[①] 这些法律不但明确而且更具有可操作性,为实践层面的执行提供了有力的理论和制度保障。

通过法治化为社会性别预算实践提供保障,不但可以强化政府促进性别平等的责任意识,也有助于揭示公共财政预算对两性的不同影响,以及政府对现行预算制度改革的决心,从而确保实践的持续稳定实施。女性赋权

---

① 马蔡琛,季仲赟. 社会性别预算的典型模式及其启示:基于澳大利亚、南非和韩国的考察[J]. 现代财经,2009(10):19-23.

只有拥有基本的制度资源，才能在利益分配中具有稳定的公正程序保障。正因如此，成功实施性别预算的国家，都重视国家层面的顶层制度设计，即立法的保障。

第二，以性别统计为分析基础，使女性赋权具有明确的方向。性别统计是通过建立具有性别意识的统计指标，进行分性别的数据统计，为政府财政预算性别敏感分析提供数据信息支持，是社会性别预算实践不可或缺的分析基础。联合国前秘书长佩雷斯·德奎利亚尔在联合国第一本性别统计出版物《1970—1990 年世界妇女状况：趋势与统计数据》的秘书长信中总结道，性别统计不仅是收集关于妇女状况的统计数据，而且还必须采取适当方式提供并解释这些数字，使全世界的决策者和人民都可以使用，并通过立法、发展战略和有效的援外活动来提高妇女地位。

然而，长期以来，性别统计并未引起各国政府的重视，全球范围内的性别统计都不尽如人意，因此难以利用统计资源发现财政资源使用中的性别问题。正如蒋永萍指出的，"1980 年以前，妇女统计数据基本上由妇女机构存储和提供，统计部门并未做出很大努力，无论是国家层面还是国际范围内都是如此"①。为改变这一状况，联合国致力于通过性别统计揭示两性在资源使用中的不平等现象，并为推进这一性别分析工具的应用做出努力。从1982 年起，联合国秘书处统计司与提高妇女地位国际研究与训练所就性别统计培训方案进行合作，以促进政策制定者和统计人员的对话和相互了解。1985 年在内罗毕召开的联合国第三次世界妇女大会将妇女发展战略总方针从妇女参与发展转变为两性与发展；超越了单纯从妇女出发的分析视角，从两性平等发展需要出发，承认男女各自的作用、男女之间的相互关系以及政策和方案对男女两性所产生的不同影响。在统计中，重点同样从关注妇女统计转变为注重两性统计，承认性别统计不仅适用于妇女（妇女的众多工作和贡献未被劳动和经济统计所涵盖，对妇女在资源、福利获取上的不同需求和限制未能给以充分的反映和关注），而且适用于认识男性在家庭中的作用。②

据此，全球范围内各种国际机构和国家统计部门投入努力，改变统计标

---

① 蒋永萍.性别统计：发展、局限与改进［J］.中国行政管理，2015(3)：21-25.

② 蒋永萍.性别统计：发展、局限与改进［J］.中国行政管理，2015(3)：21-25.

准、概念和方法,改善数据展示和发布的战略。其标志性成果包括:1993 年联合国出版了《1970—1990 年世界妇女状况:趋势与统计数据》,1995 年编辑出版了作为联合国第四次世界妇女大会正式文件的《1995 年世界妇女状况:趋势与统计数据》。在 UNIFEM 和国际性别统计专家的帮助下,一些发展中国家如博茨瓦纳、赞比亚、中国等也相继在学习培训的基础上,编辑出版了一种全新的统计资料手册《社会中的女人和男人》。[①]

这一开创性工作推进了各国从性别统计着手对公共预算进行性别分析的进程。例如,巴西在开启性别预算时,十分重视信息管理,对分性别数据信息进行统计,并将其视作扩大实践影响力的重要基础。在 20 世纪 80 年代末,巴西财政部就已经建立起用于财政管理的计算机网络系统[②],该系统涵盖了政府预算收支全周期的所有单位和环节,其所提供的全面、精准的数据,不但有利于对预算安排的实时监控,还有利于对数据进行进一步的性别分析,以便从性别平等的角度对预算做出更合理的调整。

在巴西国家社会经济研究所(National Institute for Socio-economic Research,INESC)和应用经济研究所(Institute for Applied Economic Research,IPEA)改进数据分析方法的基础上,巴西地理与统计研究所(Brazilian Institute of Geography and Statistics,IBGE)进一步开展对数据进行性别分解的工作。[③] 这种分性别统计数据以一种直观的方式,在宏观经济模型中展现出社会性别因素,作为性别分析的起始点,对后续的性别预算分析、性别预算绩效评估都有着不可替代的作用,为性别预算全过程提供科学依据和分析基础。

第三,从关注支出到关注收入,拓展女性赋权的范围。实施性别预算通常始于关注公共预算支出对女性的影响,分析预算项目支出是否在两性之间合理分配,并产生公平的效果。这是性别预算从无到有过程中的第一步。比如,一项对早期澳大利亚政府预算的分析显示,"一般性或主流预算支出"

---

① 蒋永萍.性别统计:发展、局限与改进[J].中国行政管理,2015(3):21-25.

② 马蔡琛,等.中国社会性别预算改革:方法、案例及应用[M].北京.经济科学出版社,2014:23;财政部财政监督考察团.巴西、委内瑞拉财政管理与财政监督的经验借鉴[J].财政监督,2008(17):68-71.

③ Raes F. What can we expect from gender sensitive budgets? Strategies in Brazil and in Chile in a comparative perspective[R]. UNIFEM,2006.

占到 26 个所选部门预算的 99% 以上,专门针对社区中妇女和女童的支出以及公共部门平等就业机会支出尽管具有战略性意义,但仅占所选部门不到 1% 的预算支出。① 又如朗达·夏普提出的三向分类法,也是确保对政府支出中专门针对性别的部分、相对没有针对性的部分,以及一般性支出的全面评估。为了更好地理解征收税费可能产生的性别影响,国外许多学者主张应该将性别预算拓展到预算收入方面,并提出应特别关注以下几种收入类型。②

(1)直接税(直接向纳税人征收,主要是个人所得税)。对直接税进行特定的性别分析可以从某种意义上揭示两性不平等的根源,例如两性间的一些不平等某种程度上来自税法或税收暗含的对两性的不同影响。计算直接税的性别影响需要按照性别分析纳税人的数据。通常个人所得税按照纳税单位进行评价,而纳税单位可能是家庭也可能是个人。当以家庭为纳税单位时,总的家庭收入必须分解到个体家庭成员,以便了解所得税对男性和女性的不同影响。

(2)间接税(不直接向个人征收的税费,如增值税、消费税等)。由于与商品和服务相联系,间接税看起来是性别中立的,但是鉴于女性和男性往往消费不同的产品和服务,而且基于家庭收入和支出管理与分配的方式,间接税对不同的性别有不同的影响。当然,在实践中,由于间接税并不是直接向个人征收的,所以确定它们的性别影响存在困难。

(3)使用费(专指 20 世纪 80—90 年代,世界银行和国际货币基金组织在许多发展中国家推行结构调整项目,建议发展中国家将包括卫生、教育等在内的基础社会服务市场化或部分市场化,使用者交费,即为使用费)。③ 鉴于

---

① Budlender D, Sharp R, Allen K. How to Do a Gender-Sensitive Budget Analysis: Contemporary Research and Practice[M]. London: The Commonwealth Secretariat, 1998: 9-10.

② Hewitt G, Mukhopadhyay T. Promoting gender equality through public expenditure[M]//Budlender D, et al. Gender Budget Make Cents: Understanding Gender Responsive Budgets. London: The Commonwealth Secretariat, 2002: 63-80; Bartle R J, Rubin M. Integrating gender into government budgets: A new perspective[J]. Public Administration Review, 2010, 65(3):259-272.

③ Budlender D, Hewitt G. Engendering Budgets: A Practitioners' Guide to Understanding and Implementing Gender-responsive Budgets[M]. London: The Commonwealth Secretariat, 2003: 90-104.

女性收入通常比男性低,可能会减少使用这些服务,这对她们的健康和福利带来负面影响,因此征收使用费并不是性别中立的。这就需要具备不同性别的付费数据,据此,对某些使用费的性别影响分析是可能的,尽管很耗时间。

(4)其他收入。这包括公司税、全球化的影响,特别是关税和贸易税的降低,债务危机以及偿还债务的财政流出等。此外,也可以审查其他收入可能的性别影响。

随着对预算收入的知识与认知的日益普及,各国政府逐渐将注意力拓展到预算收入的评估与审议上。如英国的女性预算组织(UK Women's Budget Group)有意识地将其研究重点转向相关的税收政策,南非、乌干达和坦桑尼亚也进行了税收分析。其中,英国就是特别关注税收及相关利益对性别的影响的国家之一。在每年的英国"预算日"(Budget Day),财政大臣主要围绕税收方法做细致的报告,进而粗略地介绍部门支出计划框架。与之相应的是,英国社会性别预算实践的推动者"妇女预算组织"也主要关注预算收入而非预算支出对于两性的不同影响。一方面,与预算支出所涉及的众多性别项目相比,预算收入的种类要少得多,更容易操作。另一方面,英国的很多税收直接作用于个人,因而更容易感知到其对于不同性别的影响。[①]

日本政府也积极配合全球范围内的性别预算对象转变。从 2002 年开始,日本国家性别平等委员会和性别平等局尝试对税收与社会保障制度的关系进行性别分析,以对本国养老金制度提出建议并进行改革。[②] 该分析发现,传统的养老金政策未能将单亲母亲家庭、单身女性家庭等群体的需要考虑在内。另外,女性在婚后如不选择成为全职家庭主妇,则无法享受养老金缴纳的减免优惠,这在很大程度上抑制了已婚女性的工作热情和工作能力,造成"男主外、女主内"的性别固化模式。[③]

---

① Hill D S. United Kingdom:A focus on taxes and benefits[M]//Budlender D, et al. Gender Budget Make More Cents: Country Studies and Good Practice. London: The Commonwealth Secretariat,2002:171-192.

② Osawa M. Japanese government approaches to gender equality since the Mid-1990s [J]. Asian Perspective. 2005,29 (1):157-173.

③ 鲍静,魏芃. 全球视野下的社会性别预算:国外经验[J]. 中国行政管理,2015(3):26-31.

第四,结合国家发展框架推进性别预算,使女性赋权具有可持续发展基础。探索社会性别预算如何得以持续发展是确保性别预算实践顺利实施必须思考的问题。综观国际上性别预算的实践可以发现,性别预算能够持续发展离不开一个重要的制度基础,这就是只有将性别预算与各国的独特国情及其发展框架相结合,嵌入在国家发展的宏观背景中,才能形成具有前瞻性、长效性的发展机制。成功实施性别预算的国家的经验告诉我们,这些国家能够成功地将性别预算融入国家发展框架中,使之成为国家治理的一部分从而得到有效的制度保障。

印度性别预算实践体现了与印度国家发展"五年计划"(Five Year Plan)结合的相互作用。[①]"第七个五年计划"首次对妇女直接受益项目的确立与监督机制予以特别关注。在"第八个五年计划"中,关注点由项目的发展转向对项目的赋权,首次从性别视角提出将一定数量的预算资金用于女性发展部门。"第九个五年计划"正式引入"女性团体计划"(Women's Component Plan,以下简称 WCP),明确规定将至少 30% 的基金或收益用于与女性相关的部门。"第十个五年计划"要求使 WCP 与性别预算相互补充,确保预防性措施以及实际行动的实施。"第十一个五年计划"指出,应坚持性别预算,为女性在经济、政治、社会方面的赋权创造条件。

从各国经验来看,其多采用与国家发展框架相嵌合的模式,随着国家计划的分阶段推行,性别预算实践也随之稳步推进。一方面,由于与国家发展方向相一致,社会性别预算实践获得了国家层面的合法性,确保了开展的稳定性。另一方面,性别预算实践的开展加深了国家对自身政策性别影响的认识,进而在后续的国家发展规划中加大对性别预算的支持与投入。

第五,将性别预算与女性参与相结合。性别预算对女性的赋权固然需要在预算资金的数量分配中体现两性平等,需要实实在在地落实到对结果的追求中,但更重要的是,性别预算应该动员女性作为主体参与其中,以有效表达女性的需求,在参与中行使主体的权利。国外性别预算发展历程表明,最初由政府驱动的性别预算对女性的关照,实质上是一种被动赋权,即女性是作为"接受者"从政府主体的行动中获得权利,而不是作为主体行动

---

① 鲍静,魏芃.全球视野下的社会性别预算:国外经验[J].中国行政管理,2015(3):26-31.

获得赋权。随着性别预算实践的发展以及性别预算理念与理论的完善,性别预算行动越来越自觉地与女性的主动参与相结合,让女性作为主体参与到自我赋权的过程中。

这可以从一些国家和地区的探索性尝试中得到证实。VES 的探索便是一例。当地政府正是在有意识地将两者相结合的过程中,使性别预算融入参与式预算之中,提升了组织者的性别意识。又如,巴西在实施女性预算之后,发现简单的数量参与并不必然带来女性利益的增加,便主动将重点转变为关注预算的执行和项目的实施,在某种程度上延长了参与式预算的周期,促进预算支出监督阶段的社会参与。再如,VES 以更强硬的途径保证女性平等参与的计划,为完整而全面地践行参与式性别预算提供了更宽阔的视野,进而为完善性别预算理论与实践积累经验。

综合上述诸多方面性别预算的基本特征可以看出,各国政府有意识地从不同层面为持续实施性别预算提供基本保障,使得女性赋权有了具体的目标指向。在这一进程中,女性赋权的方式由浅入深、由简单到多样,从最初通过男性权力"被动给予"女性权利,到鼓励并创新制度,使女性"主动参与"到赋权行动中,性别预算的发展与女性赋权的深化结合在一起,成为全球范围内女性赋权必不可少的一种重要途径。

第三章 从"结果赋权"到"过程赋权"：性别预算的中国实践

得益于以联合国为代表的各种国际组织对性别预算的持续倡导与推动，性别预算成为各国政府女性赋权的创新途径，性别平等赋权也逐渐从各国政府的政治承诺转向更具操作性的行动探索。在此背景下，两性平等赋权成为中国政府实施"男女平等"基本国策的实际行动。特别是联合国第四次世界妇女大会之后，中国政府以更加开放的姿态接受性别预算理念，尝试进行实践探索。在各地政府的努力下，至今已出现多种创新形式，开启了具有中国特色的女性赋权实践，并且已发展出三种性别预算的实践模式。考察这三种模式可以发现，从以政府为主体的焦作经验到以公众为主体的温岭实践反映出女性赋权从重结果向重过程参与的转变。无疑，以女性平等参与为基本条件的温岭经验，对女性赋权而言，其典型意义不言而喻。那么，温岭参与式性别预算创新的动力机制何在？谁是参与主体？其有怎样的框架结构与内容？本章将逐一探讨这些问题。

一、性别预算的三种本土模式

在中国，"性别预算"概念的引入始于 2001 年，时任政协第九届全国委员会常务委员刘海荣在政协会议上建议，在国家财政预算中建立性别预算。首次以"性别预算"命名的实践则是 2005 年河北省张家口市的参与式社会性别预算试点项目。[①] 随后是河南省焦作市于 2009 年启动的性别预算创新。相应地，浙江省温岭市则于 2005 年开始在参与式预算创新中关注性

---

① 马蔡琛,等.社会性别预算:理论与实践[M].北京.经济科学出版社,2009：138.

别平等参与,在参与式预算探索之初将女性平等参与作为前提条件,从制度设计上要求参与代表的男性和女性各占 50%,使参与式预算从一开始便具有典型的性别平等赋权内涵。2010 年,温岭市正式以"参与式性别预算"为名进行预算审议,这是当地政府意识到性别预算可以为女性赋权之后的探索性行动。

温岭实践正是基于各地政府实践经验将性别预算"本土化"的过程,也是政府有意将女性诉求与当地制度创新实践相结合的结果。不论是张家口市以公众参与为导向的"参与式性别预算"探索,还是焦作市政府主导的性别预算,或者是温岭市内生于"参与式预算"的性别预算创新,无不带有各地已有的治理创新特征。因而,各地的性别预算对女性赋权的途径与目标也不尽相同。

第一种是张家口的"外部驱动模式"。自 2005 年起,张家口市妇联在国际行动援助中国办公室的资助下,开展国内首个参与式社会性别预算试点项目。张家口的项目分为两个阶段:第一阶段以培训和调研为主,其间举办了"参与式性别预算基础知识培训班""参与式性别预算调研方法培训会"等多场培训,同时在 6 个试点县开展调研,考察妇女获得和使用公共资源的情况。第二阶段是项目倡导和推进,即充分利用各种渠道进行项目宣传与研讨。① 该项目的目标包括:①增强妇女组织和政府部门对分性别数据收集和统计重要性的认识;②通过调研揭示公共开支和公共政策的社会性别影响;③倡导具有社会性别敏感的社会决策和资源配置。从实施过程考察,张家口的试点项目初步涉及了女性"参与",其大量的行动集中于培训与宣传,以便在全社会范围内形成对性别预算的认识,以及推广相应的知识与方法。项目实施者也将注意力集中于女性参与的预算项目,如"女村官"网络建设与"村村通"项目由女性主导实施监督等。应该说,这开启了女性参与预算项目实施的先例,通过女性的平等参与为她们赋权。

从执行主体来看,张家口性别预算尝试的外部性特征十分明显。首先是国际行动援助中国办公室的资金与技术支持直接推动了该项目的启动,尽管主要组织策划与实施者是当地妇联。由于妇联组织在组织性质和职能

---

① 马蔡琛,等.社会性别预算:理论与实践[M].北京.经济科学出版社,2009:140-143.

权限设置上都不是实质意义上的政府部门，在权力与权威的表现上具有明显的非政府组织特征，因此，不论是国际行动援助中国办公室还是中国的妇联组织，都具有外部性特征。从这个意义上说，张家口的性别预算项目试验实际上是一种"外部驱动模式"。

在项目实施推进过程中，这种外部性特征呈现出明显的女性赋权不足。正如该项目合作者马蔡琛教授分析的那样，妇联组织对项目调研的发现只能以政策建议形式提交给政府部门，妇联缺乏推动项目持续实施的实际权力。[①] 同时，以性别预算培训倡导为主，固然可以提升社会的性别意识，以及增强社会对性别意识主流化的认同，但是这对实际公共预算改革以及在预算中融入性别视角，却难以产生实质性影响。正因如此，该试验的可持续性受到挑战。最终，以预算为女性赋权的目标也难以为继。事实上，张家口的项目试点之所以采用"参与式性别预算"名称，主要是因为张家口市妇联在一个参与式预算研讨会上接触到性别预算，使得该市妇联对性别预算的设想定位于"参与式"，并在实施目标设计中将女性参与作为目的之一，凸显出了"参与"色彩。[②]

第二种是焦作的"内部驱动模式"。这是指河南省焦作市财政部门推动并主导的社会性别预算实践。2009 年 2 月，焦作市政府办公室发布了国内第一个关于性别预算的政府性文件《焦作市本级财政社会性别反应预算管理试行办法》，要求教育、农业、劳动和社会保障、卫生、计生等部门根据上年支出情况，以性别统计资料和预算执行结果的性别分析为基础，在制定政策过程中充分考虑性别因素，按照促进资源公平原则进行本年度预算编制直至明细项目。这一性别预算的主体是政府财政部门，内容包括文化娱乐项目、贫困资助项目、就学就业项目、健康保健项目、公共卫生项目、利益导向项目和宣传培训项目。具体做法是在与社会性别问题关系较为密切的部门预算中，将涉及社会性别领域的具体支出项目整合为一个独立的子预算，构

---

① 马蔡琛，等.社会性别预算：理论与实践[M].北京.经济科学出版社，2009：150.

② 马蔡琛.再论社会性别预算在中国的推广：基于焦作和张家口项目试点的考察[J].中央财经大学学报，2010(8)：1-6.

成其复式预算体系的组成部分。[①]

该模式的主要贡献体现在以下方面:一是政府财政部门主动编制性别预算文本与报告,开创了我国预算改革新途径;二是对预算项目实施结果进行性别评估,如对中小学男女厕所投入受益者进行性别分析,促进了中小学公共厕所资金分配更公平合理;三是确定某些特定项目对女性的援助,使得男女平等赋权在政府财政预算政策中得以体现。

这种由财政部门主导的"内部驱动模式"在实践中具有得天独厚的优势。该模式直接通过政府内部的推动,以政策文件的形式将性别平等承诺纳入常规的政府预算程序之中,其起点明显高于外部驱动模式。与外部力量或妇联驱动模式相比,政府公权力运作的效率明显更高,且避免了妇联因缺乏权威而执行不力的困境。尽管,与妇联推动相比,政府权力主导的社会性别预算缺少公众的主动参与,但其有效性无可置疑。

第三种是温岭的"嵌入式性别预算模式"。这一模式由温岭市人大倡导与推动,在政府财政的"参与式预算"框架中嵌入"性别预算"内容,并由公众参与审议。2005年,在最初的创新设计中,选民代表采取乒乓球摇号的方式产生,规定单号为女性,双号为男性。这种方式与 VES 的"性别参与预算"实践相契合。2010年以来,在前期参与式预算基础上,温岭市人大先后在温峤、新河、泽国和石塘等镇实施的参与式预算中引入性别预算,开创了"参与式性别预算"模式。这是在参与式预算民主恳谈会中加入性别预算主题,基层民众和人大代表组成的民意代表从性别角度对预算草案进行审议,分析预算支出对男女两性的不同影响,提出审议意见,并由其中的人大代表带到人民代表大会上,以促进政府改进预算。

此外,在2011年,上海市和厦门市进行了性别预算的准备工作。上海市将性别预算写进了《上海妇女发展"十二五"规划》和《上海儿童发展"十二五"规划》,提出要建立全社会分性别统计制度和性别审视机制,并探索研究性别预算,通过宣传培训和试点,推进政府部门对性别预算概念及其重要性的认知,在政府预算中纳入性别视角,评估政府收支对男女两性产生的不同

---

① 马蔡琛. 再论社会性别预算在中国的推广:基于焦作和张家口项目试点的考察[J]. 中央财经大学学报,2010(8):1-6.

影响,从而更公平地分配资源。① 厦门市则邀请性别预算专家开展了性别预算培训。2011 年 11 月,厦门大学妇女/性别研究与培训基地邀请台湾实践大学性别预算专家严祥鸾教授到厦门大学做性别预算专题讲座,省、市、区各级妇联及市财政局的相关人员出席讲座并参与讨论。讲座介绍了性别预算的基本概念、社会意义及实践案例,就厦门开展性别预算的切入点及以点带面的推动方式等开展讨论。②

深圳则从更深层次提出性别预算倡议。2012 年 6 月 28 日,深圳市五届人大常委会第 16 次会议通过《深圳经济特区性别平等促进条例》(以下简称《条例》),"建立和推行社会性别预算制度",并在 2012 年 7 月 10 日深圳市第五届人民代表大会常务委员会公告第 89 号进行公布。《条例》共 31 条,自 2013 年 1 月 1 日起施行。该文件提出实行性别预算,是为减少或消除公共政策制定中对妇女及其他弱势群体的歧视而编制的专门预算。这为解决深圳的性别不平等问题提供了有效的资金保障,对推动现行预算人性化、公开化、公正性将发挥积极有效的作用。

自此,性别预算已在多个地方开展实践,但各地的实施主体与实际做法有较大差异。有的以行动开启性别预算之旅,有的则是制度与政策先行,由政府发布一系列条例,为性别预算的推行提供制度资源。不论是政策规章建设,还是具体的行动探索,都是从不同层面、不同途径为女性赋权开拓现实途径。伴随着这一进程,女性平等赋权理念日益为政府与社会所接受。在实施性别预算的地区,性别预算直接激励了女性参与政府预算的热情,这不仅能让她们获得平等参与政策选择的权利,而且使其在预算资金分配中也拥有平等赋权。

---

① 上海市人民政府.上海市人民政府关于印发《上海妇女发展"十二五"规划》和《上海儿童发展"十二五"规划》的通知[EB/OL].(2011-10-24)[2023-02-01]. https://www.shanghai.gov.cn/nw28702/20200820/0001-28702_30094.html.

② 刘计峰.台湾实践大学严祥鸾教授来我校做性别预算专题讲座[EB/OL].(2011-11-18)[2023-02-01]. https://women.xmu.edu.cn/info/1201/7441.htm.

二、温岭参与式性别预算的缘起与发展

可以说,参与式性别预算在温岭的尝试正是契合了"参与"与"性别"的有效互动,从而产生新型的参与方式,将女性的主动参与和政府驱动的性别预算有机地结合起来,使得"女性参与"不再停留于政策层面,而是走向真实的行动。在当今中国的地方治理创新进程中,这一探索堪称地方治理民主创新的重大创举,它有效地融合了制度与非制度资源,在推动政府财政预算公开公正的同时,将全球性的性别预算实践推向新的高度。那么,这种创新探索究竟源于怎样的动力,它又是如何发展的? 回答这一问题,需要对温岭的参与式预算历史做一简单回顾。

位于浙江东南沿海的温岭市,因其十多年前首创的"参与式预算"制度而成为中外瞩目的"神奇"之地。它将现有的人民代表大会制度与非制度的"民主恳谈会"结合起来,有机地融合了两种看似难以兼容的治理方式。在不甚了解中国社会治理特色的人看来,如同神奇的传说。然而,正是当地人大持之以恒的努力将这一创新之举培育成了常态化的制度,成就了堪称奇迹的中国特色的民主途径。这一改革是中国基层预算改革的重大突破,对基层协商民主具有重大意义。如今,参与式预算不仅成为当地的常规预算制度,还实现了"自下而上"的制度化过程,该创新实践已凝结成《中华人民共和国预算法》中的重要条款。

或许是机缘巧合,2005 年,正当温岭开始参与式预算试验之时,由国际行动援助组织中国办事处与张家口市妇联发起,张家口市首次引入国际上广泛实施的"性别预算",开展了"参与式性别预算"试验。与此同时,远在千里之外的浙江温岭,则由温岭市人大发动,开始了以两性平等参与为特征的"参与式预算"试验。在当时,两种尝试似乎并没有地缘政治意义上的任何交集,此时的温岭试验也并没有被打上任何"性别"标签。然而,温岭实验在其初试时,已经悄然将两性平等赋权作为其参与式预算的前置条件。在参与式预算的审议代表产生过程中,当地政府以民间最朴素的抽签摇号方式决定代表人选,规定男女两性比例为 1∶1。这一创举使得女性与男性有平等的机会参与到预算审议过程中。以温岭市泽国镇为例,2005 年其开始探索参与式预算时,采取随机抽样的乒乓球摇号方式选择民意代表,规定抽到单号户派女性代表,双号户派男性代表。后来改为直接抽到个人,但依然保持着男女各占50%的性别分配比例。由此产生的民意代表性别比为1:1。2010年以后,温峤与新河两镇在选择性别预算代表时,重点考虑到女性长期以来参与度不高的背景,有意提高女性的代表性,由妇联主导选择预算恳谈代表,兼顾到各行业和各层次女性的比例。在温峤镇第一次召开的以性别预算为主题的民主恳谈会中,女性代表占比超过了80%,充分体现女性平等参与预算审议的权利。在随后的性别预算审议会上,考虑到两性比例的平衡与代表性,逐渐将男性代表的占比提高到与女性代表相应的水平。

这一方式与国际上曾经实施的"性别参与预算"(gender participatory budgeting)有异曲同工之处,即2000年VES市政府将性别作为参与式预算和发展战略的重要部分,并对参与代表实行性别配额制,以确保每登记一名男性参与者就要有一名女性参与者。研究者普遍认为,这种两性平等参与预算的设计正是性别意识植入决策过程的策略之一,即通过女性平等参与政策制定过程,从政策源头确保女性权益及资源分配的公正。从这个意义上说,性别预算正是倡导女性参与预算决策的一种有效工具与途径,赋予女性和男性同等的权利,鼓励其重视各自的社会视角和需求。

当然,这种机缘巧合并非偶然。在温岭,参与式性别预算的出现有其深层的历史渊源。早在1999年,当地政府便开创了"民主恳谈会",这是温岭政府与公众围绕本行政区域事务开展平等对话、协商的一种民主形式。经过十多年的探索与演变,温岭市将这种公众进行民意表达、参与决策监督的非制度安排与人民代表大会制度结合起来,从2005年开始,运用民主恳谈协商的形式,组织人大代表和社会公众广泛参与预算协商、讨论与决策,以强化对预算的审查和监督,形成"参与式预算"制度,对政府财政预算进行实质性审查监督。

"参与式性别预算"正是在这样的背景下应运而生的,它根植于广泛实施的参与式预算,并成为参与式预算的结构性组成部分。温岭模式从一开始便有成熟的宏观制度背景作为支撑,相比之下,张家口的"参与式性别预算"尝试①缺乏对"参与式"具体内涵详细的制度设计。温岭参与式性别预算包含了更具体的内容,它是依托于广泛实施的参与式预算而延伸出来的制度创新。作为参与式预算的组成部分,参与式性别预算是指民意代表从性别视角出发,在民主恳谈会上对政府预算进行性别审议,分析政府预算对男女两性的不同影响,对预算项目进行性别评估,关注预算背后的政策和规划的实施效果,促进政府改进政策、规划及其预算,以更好地满足两性的不同需求,为人民代表大会的预算审议提供性别视角的参考,实现财政资源在两性之间的公平合理分配。② 为了更好地理解温岭参与式性别预算对女性赋权的独特性,有必要结合其参与式预算的历程进行回顾分析。

温岭的"参与式预算"是指公民以民主恳谈为主要形式参与政府年度预算方案讨论,通过公众实质性参与审查监督预算方案,为人大代表审议政府财政预算并决定预算的修正和调整提供依据。③ 作为民主政治建设从民主选举向民主决策、民主管理和民主监督推进的重要举措,温岭参与式预算是基层民主政治建设的新探索,也是地方政府治理创新思路催生的产物。它的产生具有特定的背景条件。温岭市位于浙江省东南沿海地区,是中国首家股份合作制企业的诞生地,处于改革开放的前沿,经济发展迅速,位居全国百强县前列。经过市场经济的洗礼,民众的思想活跃,对公共事务的关注度和参政意识也随之增强,有参与政府决策管理的需求。具有创新意识的温岭市政府为回应公众的参政诉求,在民主恳谈会的基础上,探索参与式预算新途径,将公众参与公共事务的决策权扩大到更具实质性意义的政府财政预算领域,以深化公众的政治参与度。参与式预算正是经由这种互动应运而生的,自产生至今,其已经历了三个阶段。

第一阶段(1999—2004 年),可称为参与式预算的奠基阶段。在此期

---

① 马蔡琛. 社会性别预算:理论与实践[M].北京.经济科学出版社,2009:138. 作者在该书中介绍了张家口的性别预算实践,提到张家口市妇联在国际行动援助中国办公室的资助下,开展了国内第一个参与式社会性别预算改革试点项目。

② 郭夏娟,吕晓敏. 参与式性别预算:来自温岭的探索[J]. 妇女研究论丛,2012(1):33-41.

③ 浙江省温岭市人大常委会. 温岭市参与式预算的做法与成效[EB/OL]. (2016-06-03)[2023-02-01]. http://www. npc. gov. cn/npc/c30278/201606/f6ba914d53f548229f01a9ec241a58a8. shtml.

间,参与式预算的核心内容——民主恳谈会——得以产生与发展。1999年,温岭市的松门镇政府以"恳谈"方式与农民面对面沟通商讨,就镇内某些公共事务的处理征询公众意见。其后,温岭市委、市政府敏锐地发现这一探索的价值,不仅给予认可,而且在全市推广,并逐渐使之制度化。

第二阶段(2005—2007年),可称之为参与式预算的启动阶段。新河、泽国两镇率先将民主恳谈会的经验运用于年度财政预算,将政府年度财政预算草案交由人大代表和选民代表进行审议,征询修改意见,为基层人民代表大会审查预算提供建议,以强化公众对政府财政预算的审查和监督,进而逐步形成对政府预算进行实质性审查监督的"参与式预算"。

第三阶段(2008年至今),参与式预算进入持续发展阶段。一方面,由点及面——全市11个镇和5个街道全面实行参与式预算,各镇和街道又根据各自的实际侧重点进行创新;另一方面,向上延伸——以民主恳谈方式对政府部门财政预算进行审议,并逐步在市级部门预算中推广实施。[1] 至今,参与式预算已在温岭市各部门预算中普遍实施。

这一制度的发展成为"参与式性别预算"的制度之源,随着它的发展与完善,参与式性别预算也不断发展,并孕育出独特的参与式性别预算特征,使之既有别于以外部驱动为主的张家口模式,也不同于单纯由政府主导的焦作模式,而是具备两种生成机制的整合性特质。

首先是初试阶段为女性平等参与提供比例保障。自2005年新河和泽国等镇率先改革民主恳谈会代表产生方式之后,该方式也从最初的乒乓球摇号抽签到户,到2006年、2007年和2008年以同样的规则全部抽签到人。由此产生的民意代表中,抽取的男女代表各占50%。虽然由于各种原因,在实际出席预算民主恳谈会的代表中,女性代表占比并未达到50%,2005年的女性代表占总人数的33.2%,2006年的女性代表占总人数的44.8%,2008年实际到会的女性代表占总人数的37.1%[2],但是,这种分配方式为

---

① 关于温岭参与式预算的发展阶段还有其他观点,如温岭市人大将其划分为以下三个阶段:试点坚持与成熟阶段(2005—2007年)、稳步扩面与推广阶段(2008—2010年)、不断规范与完善阶段(2011年开始)。

② 林应荣.参与式性别预算:温岭的创新路径[C]."社会性别预算的倡议与行动:来自国内外的经验"国际研讨会,2014.

女性提供了与男性平等的参与机会,实际出席会议的女性代表比例仍然远高于其他制度安排下的女性比例。

接下来的延伸阶段始于 2010 年,开启了实质性的性别预算项目审议。温岭市在进一步深化参与式预算的同时,敏锐地捕捉到国际前沿的最新趋势,有意在更大范围扩展女性参与的广度与深度。于是,2010 年在专家学者的引介下,当地政府决定正式引入性别预算,在温峤镇首次召开以"参与式性别预算"(participatory gender budget)为主题的预算民主恳谈会,以拓展前期通过平等分配代表名额为女性赋权的途径。此后,试点范围逐步扩大,新河镇于 2010 年加入性别预算行列,使得性别预算与参与式预算真正有机融合起来。

在此基础上,2012 年,温岭市人大在全市建成公众广泛参与的预算审查监督参与库和专业库,至 2015 年,市级参与库共有 40159 人,其中女性达到 14020 人,占总数的 34.91%,为女性参与预算审查监督提供了稳定的制度保障与畅通的渠道。① 随后,除了继续试点性别预算民主恳谈外,2014 年,泽国镇在初期以性别平等配额为特征的性别预算尝试基础上,以"参与式预算精细化(性别视角)"命名了预算审议会,使得这一创举得到了进一步的拓展和推进。与此同时,温峤、泽国等镇自 2015 年开始,成立了性别预算评估监督小组,小组成员由性别预算代表组成。为进一步监督与评估性别预算项目成效,2013—2014 年,温峤、泽国与新河三镇与笔者所在课题组合作,开展了性别预算项目评估工作,对预算项目实施后男女受益情况进行性别评估与分析。此举使得性别预算的内容从单纯的预算草案审议深入对预算项目实施后的受益人评估,为财政资源在两性之间进行公平分配提供了更全面的制度性保障。

显然,这一阶段的参与式性别预算在保证女性平等参与数量比例的基础上,进一步拓展内涵,从程序与项目实施着手,注重对预算项目的实质性审议,而不仅仅关注女性代表的数量及其比例,进而将性别预算全面"嵌入"已有的参与式预算程序之中。温岭的这一模式与国外通行的性别预算有异曲同工之处。国际上,UNIFEM 于 2001 年 3 月在基多(厄瓜多尔首都)举办了关于"参与式性别敏感预算"的研讨会,参与者不仅探究了性别预算分

---

① 数据引用截至 2016 年底,由温岭市人大提供。

析的经验和框架,而且讨论了性别分析和参与式市政预算交叉的可能性。随后,在多国推广性别预算时,UNIFEM 试图将此项目建立在南美已有的参与式预算基础上,特别强调市民有权参与影响他们生活和公共资源平等获取权的决策,认为理想的预算举措应当包括性别预算,并且是参与式的。温岭参与式性别预算在很大程度上契合了国际上的做法,即不仅强调参与主体性别比的平衡,而且将性别预算融入参与式预算的整个过程,分析预算项目对男女两性的影响,并在论坛中加入"女性或性别平等"的主题;在参与式预算之后,又从性别视角评估参与式预算过程对性别的包容程度。①

随后,参与式性别预算得到进一步延伸与拓展。2015 年开始,泽国镇进一步完善性别预算程序,将性别预算纳入人大代表联络站的民主恳谈制度之中。具体做法是:首先,选择特定人大代表联络站,由联络站负责人主持,组织联络站范围内的民意代表 80～100 人,男女性别比为 1∶1,对政府的财政预算草案进行性别审议,收集代表的意见和建议;同时,政府领导干部必须参加会议,听取民意代表的意见;随后,负责人将民意代表提出的意见与建议进行整理归纳后,在选民恳谈会上进行专项讨论,并由相关分管领导做出回应;最后,将性别预算民主恳谈会上形成的建议提交给镇人民代表大会讨论,对预算草案进行相应调整。这一尝试将性别预算审议的程序向前推移,即从原先人民代表大会前的选民恳谈会对预算项目的审议,提前到代表工作站的初步审议阶段。这一改进使得性别预算的起点进一步前移,有助于更早发现政府预算中可能存在的性别偏差或忽视,也为选民恳谈会的预算审议提供更有针对性的性别审议目标。这是温岭性别预算探索十年之后又一项制度创新。2016 年,温岭市石塘镇也开始实践参与式性别预算,在"参与式预算"程序中发展出相应的性别预算实践。

三、参与式性别预算的动力机制

正是温岭的参与式预算孕育出持久的"参与式性别预算",并且从一开

---

① Lavan K. Discussion Paper: Towards Gender-Sensitive Participatory Budgeting [Z]. Manchester: Participatory Budgeting Unit, 2006: 10-11.

始便具有鲜明的"参与式"特征。自 2005 年泽国镇等以两性平等比例参与预算审议以来,经过多年探索,以温峤、新河等镇为代表,温岭市的性别预算民主恳谈会将性别意识引入参与式预算过程,形成了具有性别导向的财政预算审议程序。这是当地人民代表大会主席团在借鉴焦作和张家口性别预算经验基础上,结合参与式预算与民主恳谈实践,进一步推进预算民主恳谈会制度,将性别预算纳入民主恳谈的大胆尝试。这一创新之举的目的是为长期以来缺乏参与机会的女性赋权,以平等参与提高女性参政议政能力,保障女性的生存发展权利,以实现资源分配中的男女平等。① 不难看出,温岭的参与式性别预算源于人大的推动,而非某种外部力量,其动力机制主要来自内部。

国际上,推动性别预算具有不同的路径和驱动机制。② 如前所述,全球范围内 100 多个国家和地区开展的性别预算行动各不相同③,仅从驱动来源看,各国的动力机制可以分为两类:第一类是内生性的平衡发展驱动,较有代表性的是欧美地区的发达国家。这些国家在社会经济发展进入较高阶段后开始认识到,预算及其背后的宏观经济政策对两性的生活水平和经济赋权有重要作用;而性别不平等会限制发展,制约宏观经济政策的产出。④为了平衡两者关系及两性的发展,这些国家自发地实施了性别预算。第二类是外生性的国际社会驱动,非洲和南美地区的一些发展中国家较为典型。尽管其社会和政府对性别预算有某种诉求,但实际上主要由国际组织或发达国家发动并与之联合实施,因为需要接受外部援助,或多或少带有被动实施的色彩。如英联邦秘书处在南非、斯里兰卡、巴巴多斯等多个国家试点性别预算项目,给予这些国家人员、资金和技术的支持。⑤ 除此之外,第三类

---

① 资料来源:对温岭市人大常委会财政经济工作委员会主任何培根、温峤镇人大主席江志强的访谈,2011 年 3 月 16 日。

② Durojaye E, Keevy I, Oluduro O. Gender budget as a tool for advancing women's health needs in Africa[J]. European Journal of Social Science, 2010,17 (1):18-27.

③ Budlender D. Expectations versus realities in gender-responsive budgeting initiatives[R]. Cape Town: UNRISD, 2005:4-30.

④ Budlender D, Hewitt G. Engendering Budgets: A Practitioners' Guide to Understanding and Implementing Gender-responsive Budgets[M]. London: The Commonwealth Secretariat, 2003:90-101.

⑤ 马蔡琛.社会性别预算:理论与实践[M].北京.经济科学出版社,2009:83.

是新兴经济体,如中国,性别预算的启动带有内外共同驱动的特征,2005 年河北庄家口的"参与式性别预算"探索便是在国际组织与国内妇联的共同合力驱使下得以启动的,本质上以外部驱动为主。焦作市由政府主导开展的性别预算探索则是典型的内部驱动型模式。

相比之下,温岭参与式性别预算的产生有其自身特点。该模式的启动并没有受到外来资助与推动,其动力机制具有典型的内生性。其萌发直接由地方政府(人大)制度创新驱动,当地政府在意识到性别预算的有益之处后,有意将其作为一种制度创新的新契机。相比于国内外其他实践,温岭的独到之处在于其"参与式性别预算"直接源自当地人大与党委、政府的政治意愿。尽管也有外部学者的建议与介入,但其实质性动力机制源于体制内部,而不受制于任何外部力量。

这一创新之处主要体现在两个方面:一是源自人大的设计与推动、党委和政府的支持,由妇联承担起具体实施的责任,或者说是人大、党政和妇联联手推动了性别预算。这与焦作和张家口实施性别预算的动力机制不同。在温岭,人大是性别预算的依托,即参与式预算的驱动者;党委和政府是重要的支持者与实施者;妇联因了解当地妇女的状况和需求,为妇女代言,成为参与式性别预算的另一方实施者。这三者的结合独具特色又易于将工作做实。二是将性别预算融入参与式预算中,或者说,将性别预算作为参与式预算的延伸和拓展。温岭参与式预算的发展较为成熟,其内容和目标与性别预算的目标有交叉之处,即都追求公开透明与公平参与。因此,性别预算一经引入,便迅速与民主恳谈的参与方式相结合,直接"嵌入"已有的参与式预算之中,可以迅速付诸实践并产生实效。

四、参与式性别预算的多元主体

国际上,性别预算的参与主体是多元的,较常见的有非政府组织、专家学者、基层自治组织和群众等,也包括财政部、女性部委、议会等政府部门和机关,以及国际机构。① 尽管不同国家发起性别预算的主体不尽相同,但对于性别预算各方主体应发挥的作用具有一致的认识。

相比之下,温岭参与式性别预算主体更加多元,除了人大、党委、政府和妇联作为主要的推动者与组织者,其独创性还在于将基层民众和人大代表作为性别预算主要的审议主体,即在民众和人大代表中选出预算审议代表,参与人大召集的年度财政预算民主恳谈会,从性别角度审议预算,尤其是涉及妇女儿童的预算项目。这在国内外仍不多见。

从这个意义上说,温岭性别预算的多元主体包括专家学者、人大、党委和政府、妇联、人大代表和民众,他们各司其职又紧密配合,形成的合力使温岭参与式性别预算的实施十分顺畅。性别预算参与主体构成如图 3.1 所示。

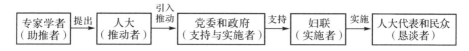

图 3.1　性别预算参与主体

(1)专家学者是参与式性别预算的助推者,他们提出引入性别预算的建议,给予理论上的指导,并密切关注和研究温岭案例。在实施过程中,专家学者还随时跟踪参与式性别预算的发展,提供相关培训,进行跟踪记录和问卷调查,并与当地政府合作进行性别预算项目受益人评估等。正是众多专家学者的助力使得温岭参与式性别预算得以传播并为各地所了解。

(2)人大是参与式性别预算的推动者,它将性别预算引入,并融入参与式预算当中,划定性别预算的侧重点,起到了统筹规划的作用。人大是温岭预算民主恳谈会的推动与组织者,能否在其中加入性别预算的主题,最初取决于人大的意愿。在接触到性别预算后,温峤镇人大首先主动将其纳入恳谈会中来。因此,其性别预算可被称为"人大推动型"。作为恳谈会的推动与组织者,人大还负责为各恳谈会小组划分恳谈内容,温峤镇人大根据对性

---

① Budlender D, Hewitt G. Engendering Budgets: A Practitioners' Guide to Understanding and Implementing Gender-responsive Budgets[M]. London: The Commonwealth Secretariat, 2003: 90-101.

别预算的理解为性别预算民主恳谈会划定了恳谈侧重点。[①]

(3)党委和政府是参与式性别预算的重要支持者,他们支持人大的设想,使之付诸实践。在访谈中,温峤镇人大主席江志强说道:"做性别预算,党委、人大重视是最关键的,如果人大不主动、党委不重视,性别预算是搞不起来的。新书记过来后,说一定要搞,作为一项创新。"新河镇人大副主席赵利康也表示:"新河镇对妇女工作很重视,镇长也是很支持的,镇里面(妇女)要多少(预算),镇长就给多少。"[②]新河镇每年的预算修改意见都会吸收性别预算组的审议意见。

(4)妇联是参与式性别预算的实施者,负责选拔、组织性别预算审议者(恳谈者),并具体参与恳谈会审议,带动引导参会者审议预算。人大将性别预算纳入恳谈会中,具体操作实施则由妇联负责。"其他部门因为对性别预算并不了解,没有主动参与,就由妇联来确定参与人员的名单。"[③]由于对性别预算有相对更多的了解,最早开展性别预算的温峤和新河两镇的妇联主席都是审议代表中的一员,在恳谈会中起到了示范和带动的作用。

(5)人大代表和民众是参与式性别预算中的恳谈者,他们是主体,负责从性别角度审议政府预算。他们由人大代表和非人大代表构成:人大代表由人大配置,以便让他们吸收民意,并将意见带到人民代表大会上;非人大代表是由妇联挑选产生的村妇女主任、各个领域的代表,这些人的参政议政能力相对较强,以保证审议质量。例如,新河镇妇联考虑到议题的需要,除村妇女主任外,还推选了医院、幼儿园的代表来参加性别预算民主恳谈会,如此就能得到幼儿入园、健康检查等议题的一手材料。[④]

此外,普通居民代表通过摇号方式产生,也有通过主动报名参与的。在泽国镇,每年财政预算审议开始之前,除了从专业库和人才库中抽取审议代表,还会张榜公布邀请普通居民自愿报名参加预算民主恳谈会,作为正式代

[①]　资料来源:对温峤镇人大主席江志强和新河镇人大副主席赵利康的访谈,2011年3月16日。

[②]　资料来源:对温峤镇人大主席江志强和新河镇人大副主席赵利康的访谈,2011年3月16日。

[③]　资料来源:对温峤镇妇联主席赵林芳和新河镇妇联主席郑媛媛的访谈,2011年3月17日。

[④]　资料来源:对新河镇妇联主席郑媛媛的访谈,2011年3月17日。

表参与预算审议，从而扩大了居民的参与途径。特别是关心公共事务、有意愿参与公共事务讨论的居民，获得了更充分的平等参与机会。其中，有一部分自愿代表是女性。我们对泽国镇 2015 年性别预算民主恳谈会与会代表的构成进行分析后发现，在 80 名左右的自愿代表中，有近一半的女性代表。

重要的是，尽管温岭参与式性别预算主体与国际实践具有某种相似性，如国际社会的性别预算参与主体中包括女性非政府组织、专业机构、社团、专家学者等。但是，相比之下，温岭参与式性别预算之初起决定作用的依然是人大、党委和政府；妇女组织（妇联）扮演的角色是组织者，并非发动者；同时，居民的参与直接得益于制度设计者的构想，个体并不是作为发起者，而是参与者。这种具有中国特色的多元参与体系，在当今特定的制度背景下发挥了极其重要的作用，并成为中国的创新之举。

五、"内嵌式"性别预算框架

在我国有关性别预算的研究中，仅有少数学者涉及性别预算的策略框架。学者张永英介绍了三向分类法和五步法。[①] 闫东玲在国外学者黛安娜·埃尔森（Diane Elson）的分析基础上，概括性地阐述了各国相同甚至相似的社会性别预算分析框架，即对每一个选定的部门或项目进行性别分析，审核各项计划的投入（inputs）、活动（activities）、结果（outputs）和影响（impacts）。[②] 李兰英和郭彦卿则将该性别预算框架具体化为以下几步：第一步是对各部门现行政策进行分析，找出性别不平等现象产生的根本原因及影响；第二步是遵循性别平等目标，修改预算支出，或制定新政策；第三步是考察预算资金配置是否和政策承诺的一样，是否达到了预期的性别平等目标；第四步是考察预算支出是否真正落实到所需对象那里，以及受益对象

---

① 张永英.社会性别主流化中的社会性别预算[J].中华女子学院山东分院学报,2010(5):6-11.

② 闫东玲.浅论社会性别主流化与社会性别预算[J].妇女研究论丛,2007(1):10-15.

的获益程度如何。①

这些探讨为我国性别预算开展提供了指导性方法,然而并未涉及整体的策略框架结构。事实上,综观国外学者的研究成果,各国学者根据特定地域内性别预算实践进行总结提炼,形成了一个由多元结构组成的系统性策略框架,如朗达·夏普的三向分类法和南非的五步分析法,以及其他学者提出的各种分析框架。② 这些框架的描述散见于各种文献中,概括而言,其内在结构体系包括以下几个方面。

第一,三向分类法(the three-category approach)。③ 该方法首先由澳大利亚的经济学家朗达·夏普针对澳大利亚的实践提出。她指出,澳大利亚政府发起的性别预算主要针对政府预算支出进行评估与分析,以发现前期预算支出中存在的性别问题与缺失,为完善预算支出在两性间的公平分配提供政策依据。该分析框架包括三个层面:一是针对两性支出的评估与分析。这涉及评估专门针对性别的拨款,包括:确定所列项目或方案的目标以及要解决的问题,确定实施项目或方案的活动,确定分配的资源量,决定产出指标,确定衡量女性、男性境况变化的影响或结果指标,评价下一年度预算的性别回应程度是上升还是下降。二是对为公务员创造平等机会的支出的评估与分析。公共部门就业的机会平等问题通过以下步骤进行分析:描

---

① 李兰英,郭彦卿.社会性别预算:一个独特视角的思考[J].当代财经,2008(5):27-30;高敬.社会保障性别预算研究[D].天津:天津财经大学.2009;凌岚,高树兰,郭彦卿,等.社会性别预算刍议:从经济发展的视角[C].社会性别与公共管理论坛,2007.

② Quinn S. Gender budgeting: practical implementation (Handbook) [R]. Strasbourg: Council of Europe, 2009:16-20; UNFPA & UNIFEM. Gender Responsive Budgeting and Women's Reproductive Rights: A Resource Pack[M]. New York: UNFRA & UNIFEM, 2006:56-61; Budlender D, Hewitt G. Engendering Budgets: A Practitioners' Guide to Understanding and Implementing Gender-responsive Budgets[M]. London: The Commonwealth Secretariat, 2003:90-101; Budlender D. A global assessment of gender responsive budget initiatives [M]//Budlender D, et al. Gender Budget Make Cents: Understanding Gender Responsive Budgets. London: The Commonwealth Secretariat,2002: 89-112; Elson D. Gender responsive budget initiatives: Key dimensions and practical examples[M]//Judd K. Gender Budget Initiatives: Strategies, Concepts and Experiences. New York: UNIFEM, 2002:18-19.

③ Sharp R, Broomhill R. Budgeting for equality: The Australian experience[J]. Feminist Economics, 2002, 8(1):28-32.

述特定部门或公共部门整体的就业模式,将就业层级、就业形式(全职还是兼职、永久还是暂时)、薪水和福利按性别分类,确定推进平等就业机会的任何形式与行动,确定针对性别或专门化职位中女性和男性的数量,按性别分类部门下设董事会和委员会的会员(区分付酬和无偿职位以及薪酬水平),描述下一年度相关计划的改变。三是考量一般性支出的性别影响。这是指总预算中除去前两类外的一般性或主导性预算(这部分占预算的90%以上)。该维度与第一维度相似,是一个由浅入深、由表及里的深化过程:它从关注专门针对性别的有限拨款,拓展到关注公共部门自身支出的性别影响以及其女性公务员的机会平等,并进一步强调政府一般性支出的性别影响。这一维度的框架如图3.2所示。

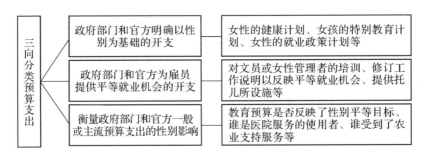

图 3.2　朗达·夏普的三向分类法涉及的预算支出

　　第二,五步法(the five-step approach)。在众多外部驱动性别预算途径中,南非开发出了一套简单易行的政策和预算分析框架,即"五步分析法"(the five-step approach)①,并且在菲律宾、坦桑尼亚和乌干达等地被广泛使用。某些已经实施性别预算项目或绩效预算的国家,都采用了相似的分析框架,如卢旺达2003年预算中的"性别附加条款",正是分析了性别标准、效果、行动,以及政府各部门项目的指标。

　　这五步具体包括:一是分析特定部门中女性与男性、女孩和男孩的境

---

　　①　UNFPA& UNIFEM. Gender Responsive Budgeting and Women's Reproductive Rights:A Resource Pack[M]. New York:UNFRA & UNIFEM, 2006:57-58; Budlender D, Hewitt G. Engendering Budgets:A Practitioners' Guide to Understanding and Implementing Gender-responsive Budgets[M]. London:The Commonwealth Secretariat, 2003:90-101.

况。性别预算分析揭示了分性别数据的匮乏，这一情形限制了人们解决性别不平等问题的能力。分析女性与男性、女孩和男孩的境况需要收集数据，也可以运用国内和国际资源，包括国际文件、跨国统计数据、国家发展规划、政府政策文件、官方统计和独立调查等。二是评估政策的性别回应性。目的是发现政策在多大程度上解决了第一步中描述的（性别）境况，包括评估立法、方案和政策。它包含对政府活动中反映的成文政策和隐含政策的评估，也包括评估立法、方案、政策和活动在多大程度上满足了公民所拥有的社会和经济权利，包括两性权利。三是评估预算分配。这一步的主要目的是探究是否有充足的预算份额以执行第二步中识别的性别回应性政策。如果第二步发现政策是性别盲视的，或者夸大了性别不平等，就可以通过第三步做法，揭示资金在多大程度上被不合理分配。这一步的主要信息源为预算本身。四是监控并判断资金的开支与提供的服务是否相称。这一过程主要监控是否按计划花费、供给了什么以及供给对象是谁。这需要三类数据：投入（衡量在过程中投入了什么）、产出（衡量特定方案的直接产品）、结果（衡量政策或方案的结果）。五是评估政策执行的效果。需要评估政策的执行是否按两性间的进一步平等改变了第一步描述的境况。这是按政策实施结果进行的评估。尽管政策方案的变化通常会更快地影响投入和产出，而不是结果，而且也很难将某结果归于特定或单一的政策方案，但是，对效果进行评估仍然是性别预算分析框架中的重要环节。

第三，对预算周期的阶段性分析框架（an outcomes/results framework for relating budgets to gender equality）。[①] 该框架由黛安娜·埃尔森（Diane Elson）设计，它以预算周期为出发点，关注预算所涵盖的活动及其影响。这种框架通常会选择某些特定的项目，分析其实际的投入、活动、产出和效果。其中，投入包括分配和花费的资金，活动包括规划和提供服务，产出包括活动的计划和交付使用，效果包括规划出更广泛的目标及其实际成效，如贫困减少、国家收入持续增长等。

这种策略框架在现实中是有意义的，它随时可以为政府财政预算服务。

---

① Elson D. Gender responsive budget initiatives：Key dimensions and practical examples[M]//Judd K. Gender Budget Initiatives：Strategies，Concepts and Experiences. New York：UNIFEM，2002：18-19.

不论性别平等是否真正被明确规定为预期产出和效果的实现,通过探究规划的和实际的成效是否促进了性别平等及其相关目标,政策的产出是否在两性之间公平分配,是否足以达到性别平等之目的,活动的目的是否同样适合男女两性并足以达成性别平等和其他目标,以及投入是否足以实现性别平等目标,便可以评估政府财政预算在多大程度上有助于实现两性的权利平等。

第四,性别预算三阶段(the three stages of gender budgeting)。[①] 该分析框架由英国女性预算组织(UK Women's Budget Group)的希拉·奎恩提出,包括以下阶段:第一阶段,从性别视角分析预算方案的最终使用者或接受者,并提出相应报告。这种性别视角的分析可以反映出预算在多大程度上满足了接受者的需求;不同性别的接受者有何需要以及这些需要的满足程度;得不到服务的特定群体面临什么样的挑战和障碍,预算的减少与增加在多大程度上改变性别不平等状态,既定政策尤其是性别平等政策和预算决策之间存在什么样的关系,预算为什么要考虑男性和女性在照料经济中的不同参与率。第二阶段,基于性别分析重构预算。在分析显示预算资源没有以性别平等的方式分配的地方,需要来自预算的回应以矫正不平等的分配。预算资源的分配与政府性别平等政策不相符的地方,则需要调整。第三阶段,将"性别视角融入主流"(mainstreaming gender)作为性别预算过程的一个分析范畴。推进性别平等需要改变那些固守不平等制度的结构和过程,而将性别视角纳入预算及其评估的整个过程,就需要持续地承诺去很好地理解性别,包括从性别视角分析和磋商既定的预算决策,并且在持续的预算调整中考虑男性和女性、男孩和女孩的不同需求。

此外,还有许多国家结合本国实际制定了各种性别预算的策略框架,如安第斯妇女发展基金会设计的分析步骤、墨西哥卫生部提出的性别预算分析步骤等。至今在实践中仍被广泛运用的策略框架如图3.3所示。

在上述多元结构的性别预算框架体系中,国内外学者最为关注的是澳大利亚的三向分类法和南非的五步法。前者是将政府预算支出分为三类进

---

① Quinn S. Gender budgeting: Practical implementation (Handbook) [R]. Strasbourg: Council of Europe, 2009:16-20.

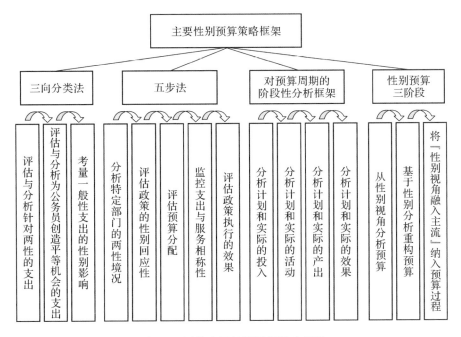

图 3.3 国外主要性别预算策略框架

行分析与评估,后者则是对特定项目或部门进行性别预算分析的五个步骤。①

  反观国内,虽然其他地区的性别预算实践处于探索初期,尚未形成系统的策略框架,但温岭的参与式性别预算却因其根植于长期实施的参与式预算之中,已经形成独具特色的分析框架。与国外不同的是,它是当地参与式预算的延伸与拓展,依系于参与式预算的基本框架,其运行机制和参与式预算互为依存。尽管温岭各镇实施参与式性别预算的框架存在不同程度的差异,如泽国镇的性别预算框架具有与人大工作站相结合的特征。但是,总体上因其都是"嵌入"在参与式预算框架之中,所以参与式性别预算的总体框架具有诸多共性。我们将对此进行概括性梳理,以提供温岭参与式性别预算的整体概貌。

  温岭参与式性别预算框架与其参与式预算的框架有密切关联,共分为

---

  ① Budlender D. A global assessment of gender responsive budget initiatives[M]// Budlender, et al. Gender Budget Make Cents: Understanding Gender Responsive Budgets. London: The Commonwealth Secretariat, 2002: 110-112.

三个阶段：第一阶段是选民征询会前的公众参与调查与预算编制，第二阶段是性别预算选民征询会的预算初审，第三阶段是人民代表大会后的监督执行。其中第一个阶段是镇政府组织选民代表到村基层收集民意并将其纳入预算编制中，后面两个阶段则直接涉及性别预算的审议与监督执行。[①] 其整体框架如图 3.4 所示。

第一，会前预算形成阶段，由恳谈代表从性别角度审议预算草案，主要有以下三步：一是确定参加性别预算民主恳谈会的代表[②]；二是提前发放财政支出预算初步安排表，由代表到相关单位进行会前调研[③]；三是政府根据恳谈会收集到的民意，形成性别预算草案报告。

第二，会中初审阶段。性别预算民主恳谈会按以下步骤进行：一是由镇政府在选民征询会上报告预算编制情况说明和性别预算草案；二是性别预算选民代表审查性别预算草案，并提出审议意见；三是政府工作人员解释并回应代表提出的意见；四是选民代表提出"性别预算修正议案"意见。

第三，会后监督执行阶段。会后监督执行阶段涉及性别预算的执行，主要有三种途径：一是按城镇建设、社会治安、社会事业、工业、农业、教育文化六个方面，召集性别预算监督小组进行监督评估，收集实施意见；二是人民代表大会中期审查，在每年的 8 月或 9 月召开人民代表大会全体会议之前，听取和审查镇政府本年度上一阶段的性别预算执行情况报告；三是终期报告，在下一年度的人民代表大会上，政府报告性别预算执行情况。

综上可以看出，各镇的参与式性别预算框架都由三个步骤构成，但其中又有细微差别，这是各镇自我创新、互相借鉴的结果。首先，在会前形成预算草案阶段，温峤镇提前发放预算草案，由恳谈代表做相关调研，这有利于代表民意并提高恳谈会质量；新河镇和石塘镇是在恳谈会当天将预算草案发放给恳谈代表；而泽国镇则以人大代表工作站为依托，由人大代表在会前征求选民意见，广泛收集意见。其次，在会中审议阶段，各镇

---

① 根据以下资料整理：温峤镇 2010 年财政参与式预算资料汇编；温峤镇参与式预算执行监督实施方案；对温峤镇人大主席江志强的访谈（2011 年 3 月 16 日）；对温峤镇性别预算恳谈者代表的访谈（2011 年 3 月 17 日）。

② 温峤镇的预算初审民主恳谈会分四个专题：经济发展、城镇建设、社会事业和性别预算，性别预算民主恳谈会是其中的专题会之一。

③ 2010 年参与式预算资料汇编中有这一步，但在 2011 年的实际工作中省略掉了。

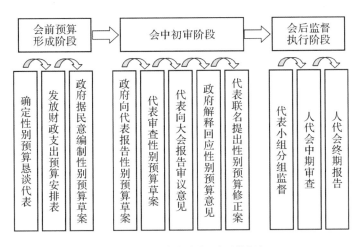

图 3.4 温岭参与式性别预算框架

都是分组团审议性别预算草案。但在程序上,新河镇和石塘镇直接嵌入在参与式预算审议之中,性别预算组与其他参与式预算小组并列产生,从性别角度进行专门审议;而温峤镇在整个参与式预算审议中单独开辟会场进行性别预算的审议讨论,其规模更大;泽国镇则单独选择人大代表工作站,以工作站为依托,进行独立的性别预算审议会。最后,在会后监督阶段,相比新河镇和石塘镇,温峤镇有更多的创新点:一是 2011 年温峤镇人大通过了《温峤镇预算审查监督试行办法》,使预算监督有依据、有保障、可持续;二是温峤镇和泽国镇一样,组建了性别预算监督小组,便于对性别预算项目的实施和执行进行评估与监督。两镇在年中评估中将性别预算议题列入其中,为有效监管性别预算项目的实施提供保障。

六、参与式性别预算的内容

从理论上说,性别预算的内容应该包括预算项目所涉及的所有收支及其背后的公共政策。[①] 但是,目前国外的实践主要集中在预算支出方面,既

---

① Budlender D. Expectations versus realities in gender-responsive budgeting initiatives[R]. Cape Town:UNRISD,2005:4-30.

包括特定部门的预算支出,也包括政府的整体预算支出。温岭性别预算应属于前者,审议代表主要审议政府的部分预算支出,即涉及女性与儿童的项目支出。这与当地政府的价值导向密切相关,这就是将性别预算的重点放在与女性直接相关的项目上。在访谈中,温峤镇的人大主席表示,所有的预算项目都会放到性别预算民主恳谈会上,但性别预算代表团审议的侧重点在与妇女关联较大的社会事业项目上。新河镇的人大副主席也表示,性别预算小组主要讨论预算中涉及妇女儿童的内容。[①] 在泽国镇的性别预算审议会上,长达几十页的政府财政预算全部项目同样提交给选民代表,大会开始前,镇财政部门负责人首先向选民代表介绍全镇全部财政收支预算。而性别预算选民代表经过审议,可以对直接涉及女性的预算项目提出意见,也可以审议与妇女儿童关系密切的项目,甚至对一般性预算项目,也可以提出审议意见和建议。我们在对各镇的预算过程的观察中也发现,在实际的审议过程中,其内容往往同时涉及以上三个方面,而非单一的女性预算。

温岭实践的特殊性在于规划实施者和项目审议者相互分离,所以,性别预算审议者关注的内容往往会超出规划者的预期目标,从四镇的性别预算民主恳谈会记录、初审情况报告、访谈记录等资料中可以发现,性别预算的内容实际上都同时涉及上述三个层面,超越政府预期的审议目标。

一是针对女性的专项预算支出。针对女性的专项预算支出是指预算草案中的"妇女线"(妇女活动经费)内容。在最早以"参与式性别预算"命名的温峤和新河两镇的审议项目中,都将这类项目作为审议的重点,两镇先后于2010年和2011年启动的性别预算审议预算草案中单独列出了"妇女线"项目支出,即将妇女活动经费整合为一个整体预算项目,具体罗列出各子项目内容供代表审议。虽然两镇的审议项目中也包括其他项目,并且"妇女线"项目的经费额度很小,但是实际上,因"妇女线"项目直接涉及女性需求,在性别预算初期阶段的性别预算民主恳谈会上,其往往成为女性代表关注最多的焦点项目(见表3.1)。

---

① 资料来源:对温峤镇人大主席江志强、新河镇人大副主席赵利康的访谈,2011年3月16日。

表 3.1 预算草案中的"妇女线"项目支出(妇女活动经费)

温峤镇预算妇女 线(2010)项目	经费/万元	新河镇预算妇女 线(2011)项目	经费/万元
庆"三八"活动	3	庆"三八"活动	5
外出考察	4	妇女干部培训、学习费用	3
妇女干部培训	3	"三大主体活动"(维权宣 传、"巾帼建功"、"双学双 比")	2
巾帼志愿者活动	2		
"三大主体"活动	5	巾帼志愿者活动、"春蕾计 划"、贫困妇女和退职女干 部扶助	2
"春蕾计划"、贫困妇女和退职 女干部扶助	3		
小计	20	小计	12

数据来源:温峤镇 2010 年财政支出预算初步安排表;新河镇 2011 年财政支出预算初步安排表。

在性别预算审议会上,女性预算项目总会成为关注的重点,也是女性代表提出意见最多的项目。作为性别预算审议的传统项目,泽国镇和石塘镇的参与式性别预算也遵循相同思路,在预算审议项目中都单独列出针对女性的预算支出,并分项列出预算资金安排。我们经过观察发现,这些项目直接与女性相关,往往都会成为女性代表讨论的焦点,代表们会提出增加经费的要求。如在 2015 年各镇的性别预算民主恳谈会上,女性代表不约而同地提出以下预算修改建议:

今年给妇联的预算包括"三八"妇女节活动、妇联活动经费和其他工作经费,总共安排 7 万元太少了,建议增加,可将第 45 页中商会大厦征地拆迁及报批的预算砍出一部分,补充妇联经费(泽国镇)。

每当逢年过节,应该对退休农村女干部有慰问,建议增加这方面的经费;女性"两癌"筛查名额太少,建议增加经费(温峤镇、新河镇和泽国镇)。

二是与女性关系更密切的预算支出。健康、教育、福利等方面因与女性的生存、发展和负担直接相关,因此成为国外性别预算的优先领域,许多国家都从特定部门预算着手,选取与女性关系密切的预算项目进行评估。温岭的性别预算也是如此。我们对温峤镇性别预算民主恳谈会的问卷调查数据显示,性别预算审议代表最看重的三项预算是:医疗和社会保障、教育、计划生育。从会议记录来看,各镇的审议代表也主要关注教育支出、社会保障支出、医疗卫生支出、计划生育支出等方面,要求增加对妇女、儿童和老人的预算支出。[①]

在农民健康体检项目中,没有男性前列腺癌的检查。既然有女性"两癌"筛查项目,也应该增加男性前列腺癌的检查(2015 年温峤镇女性审议代表)。

前几年农函大课程设置中有插花之类的妇女技能培训课,但近两年没有了,建议镇里给农函大拨的经费中,增加适合女性的课程(2015年泽国镇女性审议代表)。

村妇女主任在任时工作非常辛苦,退下来后没有一点补助,这不公平。建议镇里安排出经费,让退下来的老妇女主任享受和村里退休老书记同等补助(2015 年温峤镇、新河镇和泽国镇女性审议代表)。

三是一般性预算支出。尽管最初实施性别预算时,当地将性别预算的内容界定在直接或间接与女性儿童相关的项目上,但在实际审议过程中,代表们对性别预算项目的审议往往会超越涉及女性的项目,他们通常会关心内容更广泛的一般性预算支出,这在四镇的性别预算审议过程中具有普遍性。我们以温峤、新河两镇2010—2012 年的审议项目为例说明之(见表3.2)。

表 3.2　性别预算民主恳谈会上审议的重点项目

支出项目	温峤(2010)	温峤(2011)	温峤(2012)	新河(2011)	新河(2012)
针对女性的专项预算支出	妇女活动经费 妇女素质培训 妇女健康体检 妇女干部培训 外来女照顾 女童教育	妇女活动经费 妇女素质培训 妇女健康体检 妇女干部工资 女村民代表培训	妇女健康体检 妇女保健培训 女村民代表培训 妇女活动场所建设	妇女活动经费 妇女体检* 妇女素质培训 妇女干部、代表培训	妇女活动经费 妇女体检 退职妇女主任待遇

---

　① 资料来自对以下资料的总结:温峤镇 2010 年和 2011 年性别预算民主恳谈会会议记录、新河镇 2011 年度政府工作报告和财政预算编制民主恳谈会性别预算组会议记录。

续表

支出项目	温峤(2010)	温峤(2011)	温峤(2012)	新河(2011)	新河(2012)
与女性关系更密切的预算支出	计划生育 幼教经费 困难家庭救助 和谐家庭建设 反家庭暴力宣传	计生宣传 幼教经费 反家庭暴力宣传	农民体检 建设老年活动室 弱势群体投入	幼教经费 困难家庭救助 农村老年人托老 农民体检*	
一般性预算支出	农村文明道德 农村基础设施 环卫工作 社区文化建设 老干部慰问金		环卫工作 河道整治	巡查队工资	便民服务中心支出

注:带*的为要求将预算细化,其余为要求提高预算额。

资料来源:民主恳谈会会议记录、财政预算初审报告、访谈记录。

自 2013 年以来,温岭政府有意识引导代表们扩大视野,逐渐扩大性别预算的范围,从重视妇女预算转向更宏观的一般预算项目。换言之,性别预算代表审议项目的内容进一步扩大,对一般性支出项目也要进行审议,如食品安全支出、交通安全支出、环境治理支出、公共安全支出、文体支出、行政人员经费支出,以及道路建设、自行车站点设置的地点等。事实上,由于历年性别预算项目列表中都会列出一般性项目,因此,尽管政府的预设目标是重点审议与女性关系密切的项目,但是审议中代表们对一般性项目总是提出意见与建议。

公共自行车项目有没有考虑女性带小孩的需要?建议增设的自行车要有适当的比例为带孩子的妇女设置儿童座位(2015 泽国镇女性审议代表)。

5 万元的图书馆购书经费,不能随意使用,应该根据老人和小孩、男性和女性的需要分配资金,特别需要增加适合妇女阅读的书籍,比如养育孩子方面的书,对教育下一代很有帮助(2015 温峤镇女性代表)。

在河道整治环境绿化的项目中,可以增加为妇女服务的内容,如河边增设洗衣服的洗衣台等设施,花不了多少钱,但可以方便妇女(2015 泽国镇女性审议代表)。

镇里是否该考虑养老用地?据我所知,公办敬老院床位空余,而民办敬老院爆满,能否将公办的床位合理利用起来?也可以让在家照顾老人的妇女有更多精力做其他事(2015 泽国镇女性代表)。

综上不难看出,温岭的参与式性别预算是对参与式预算进一步创新的结果,也是国际上性别预算框架本土化的产物。相比于张家口模式,温岭性别预算框架倾向于女性的实际参与,且与现行的参与式预算制度相结合,更具现实可行性,其效果也更明显。该框架也有别于焦作模式,以财政部门主导的焦作模式可以从预算的源头引入性别平等理念,对促进两性平等分配起到关键性作用,但因其缺少直接的公众参与,公众诉求难以直接表达。而这正是温岭创新的独到之处,公众在预算审议过程中的直抒己见与政府的直接回应形成了"自下而上"的倒逼机制,使得财政部门按照性别预算代表的意愿修改方案,确保资源在两性间的平等分配。与普通预算审议的区别在于,它是从性别视角出发,对隐藏于预算背后的性别平等问题进行敏感分析,以便发现普通预算审议难以发现的性别盲区,使得资金的利用更合理、更高效,以便在两性之间实现公平分配。

温岭的"嵌入式"性别预算框架得益于当地政府的创新意愿,这对当今我国预算改革和财政预算制度完善具有重要的典范意义。预算改革的一个重要目标是使财政预算公开、透明,并强调公众的参与,温岭的探索注重公众参与,通过广泛参与,促使政府预算公开透明,并且把公众监督引入预算机制。如前所述,国际上许多国家的预算改革都是将性别预算纳入国家层面的财政预算之中,其效果更直接也更具有持续性,如欧洲的德国、亚洲的印度尼西亚等。印度尼西亚面对教育中性别差异大、议会中女性政治代表比例低、孕产妇死亡率高等问题,于 2010 年颁布总统法令,将性别平等诉求纳入发展主流,并于 2012 年由其国家发展计划署、女性赋权部、财政部和内政部组成的协调小组发布国家性别预算战略。这些经验对于我国财政预算改革与完善具有重要的借鉴作用。

自 2005 年首次引入性别预算至今,通过参与政府财政预算为女性赋权经过了十余年的发展历程。从为数不多的实践探索中我们发现,性别预算不论是在广度还是深度上都在逐渐拓展。与河南焦作的实践相对比不难看出,性别预算为女性赋权的方式经历了从"结果赋权"向"过程赋权"转变的过程。政府主导的赋权方式缺少女性作为主体的参与,赋权更倾向于结果的给予。而在温岭的参与式性别预算中,女性参与成为其重要特色。女性作为主体主动参与预算决策过程,并自主地获得权利,具有过程赋权的特征。从这个意义上说,温岭的性别预算注重女性的主动参与,这本身蕴含着女性赋权从被动获得到主权参与的转变,且与女性赋权的基本要求越来越契合。这是对当今中国"男女平等"的主流话语系统的真实注解。

第四章　数量代表:破译女性能力的迷思

　　既然地方政府的性别预算创新途径预示着女性赋权从重结果转向重过程参与,那么,如何保证女性在决策过程中的参与成为各地竞相探索的重点。过程参与意味着参与者需要平等进入决策过程,在决策中能够自由地表达意见与诉求。按照"临界规模"理论,决策中各方意见的充分表达需要各群体的代表达到一定数量,通常 30％被认为是保证具有代表性的关键数量。但是,在政治与公共事务中,女性的参与能力一直被质疑是不争的事实。传统偏见认为,女性参政决策的能力不如男性,即使给她们平等的参与机会,她们也不可能像男性那样在决策中发挥关键作用。但也有观点认为,只要给予女性以平等参与的制度保障,她们便能在参与中学习与培育决策能力,平等参与的制度保障才是女性在决策中发挥作用的关键。据此,考察女性参政能力,首先需要考察有没有确保女性平等参与的制度设计。换言之,就是要考察温岭的性别预算实践是怎样为女性赋权进行制度设计的,这种设计又是如何保障女性的参与权与能力的实现的。本章将基于代表性理论,考察温岭参与式性别预算是否从参与数量上为女性赋权提供了制度保障,以及这种保障对女性的进一步能力赋权具有怎样的意义。

一、以"临界规模"保障女性的代表性

　　在国际社会,促进妇女参政成为历次世界妇女大会呼声最强烈的议题之一,并被列入历次妇女大会决议。特别是 1985 年联合国第三次世界妇女大会通过的《到 2000 年提高妇女地位内罗毕前瞻性战略》(以下简称《内罗毕战略》),对妇女参政做出更为明确的规定。1990 年,联合国经济及社会理事会(Economic and Social Council—ECOSOC)对《内罗毕战略》执行情况

做出评估后，特别提出妇女参政的指标和日程表：到 1995 年底，努力将担任领导职务的妇女比例至少提高到 30%，以期到 2000 年达到男女比例的平等。1995 年，在北京召开的联合国第四次世界妇女大会通过了《行动纲领》，在其中的第七项战略目标"妇女参与权力和决策"中，再次重申了各级妇女参政，特别是在立法机构中至少要达到 30% 的"临界规模"目标，并为此提出三项战略措施。在此后 5 年、10 年、15 年和 20 年的纪念和评估中，30% 始终是衡量各国妇女参政水平的标志性指标。从 2006 年联合国第 50 届妇地会起，一些专家进一步指出："30% 不应被视作上限，而应视为最低标准。"一些实现了 30% 指标的国家也提出，应尽快召开第五次世界妇女大会，50% 才是符合人类发展现实的性别平等指标。① 不难看出，女性在政治机构中的数量代表是赋权最基本也是最重要的保障，并且已成为全球范围内的共识。

自 20 世纪 90 年代联合国设定女性赋权的数量指标以来，各国政府针对这些目标进行了各种探索。那些传统上被政治边缘化、处于政治不利地位的群体需要数量代表的存在②，并且数量代表人数的上升可以促成这些群体实质性代表性的提升。③

从政治实践的角度出发，学者们认为，应该采取积极的措施，通过在政治机构中为特定群体设置席位，将这些群体重新引入政治领域。这种人为设置的、旨在确保特定群体政治代表人数的形式，即"描述性代表"（descriptive representation）。描述性代表不仅能确保提升女性在政治决策领域的出席人数，还能够通过女性代表的沟通协调能力，切实呈现女性的利益、观点和所关注的问题，实现女性政治、经济、社会地位的实质性提升，即女性的"实质性代表"。

这种以数量为特征的描述性代表对女性赋权是必要的，因其作为女性表达自身利益的必要条件，能够改变女性长期以来难以在政治决策机构中

① 刘伯红. 国际妇女参政的实践及其对中国妇女参政的影响[J]. 国家行政学院学报，2015(2)：48-52.

② Sapiro V. When are interests Interesting? The problem of political representation of women[J]. American Political Science Review，1981，75(3)：701-716.

③ Phillips A. The Politics of Presence[M]. Oxford：Clarendon Press，1995：57-84.

发声的局面。正如维吉妮亚·萨皮罗（Virginia Sapiro）指出的，由于政治领域中的主导群体与边缘群体之间存在利益冲突，若只是期待强势群体能始终如一地、不偏不倚地保护和声张弱势群体的利益——如将女性的利益完全托付给丈夫或父亲等身边的男性并不是明智之举，这种期待往往会落空。① 毕竟，政治代表不同于纯粹的信托人，仅仅寄希望于对他人的信任，期望他人为自己代言，往往是难以获得保障的。那些处于政治边缘地位的群体只有争取自己的代表地位，才能真实地为自身利益发声。因此，需要保证不利群体的描述性代表。

安妮·菲利普斯（Anne Phillips）也认识到女性政治代表长期数量不足的问题。受罗尔斯"差别原则"（difference principle）的启发，安妮·菲利普斯从正义原则出发，对社会不平等模式进行深入研究，认为女性群体需要女性描述性代表，以弥补自身遭遇的历史性的、持续存在的不公正对待。在她看来，一系列历史证据反复表明，社会优势群体往往会忽视、利用甚至背叛某些不利群体的利益。对于女性群体而言，来自女性自身的描述性代表，比来自其他群体的代表更值得信任，她们更可能将长久以来被忽视的女性利益、视角、所关注的问题重新融入政治议程。此外，她还指出，女性描述性代表在政治领域的存在，不仅能在一定程度上提升女性的政治参与，而且能增加传统代表构成的多样性。女性作为长期被政治边缘化的群体，相比在政治领域中占主导地位的男性而言，处于历史性的政治从属和不利地位。② 所以，要确保女性利益的真正实现，首先需要建立起对女性描述性代表的需求和认识：女性需要女性代表的存在。

对于适当比例的女性代表可以保证女性的充分代表性问题，也有学者从实证角度进行研究。罗莎贝斯·莫斯·坎特（Rosabeth Moss Kanter）最先通过深入研究美国大型公司中女性所具有的象征性地位，揭示女性成员达到特定比例可能产生的影响。她发现，对于有着不同性别、种族、民族文化背景的群体成员来说，他们在群体中的"相对数量"（relative numbers）对

---

① Sapiro V. When are interests interesting? The problem of political representation of women[J]. American Political Science Review，1981，75(3)：701-716.

② 罗尔斯的差别原则认为，只有当社会分配按照社会不利地位的群体（最少受惠者）受益最多为原则时，社会地位和经济利益的不平等才能被看作是正义的（Rawls，1971）。

如何形成群体文化以及成员间的相互关系有着至关重要的影响。其中，相对数量占绝对优势的群体将会"掌控群体及其文化"，而相对数量占少数的群体，则可能仅仅被看作是一种象征性的存在。①

为更清楚地解释多数群体与少数群体之间的相对关系，罗莎贝斯·莫斯·坎特根据群体数量做了四种类型的划分，并对每种类型给出了相对数值的估算：①在"同质群体"（uniform groups）中，多数与少数的比例是100：0；②在"偏态群体"（skewed groups）中，两者的比例可能是85：15；③在"倾斜群体"（tilted groups）中，两者的比例可能是65：35；④在"均衡群体"（balanced groups）中，两者的比例在60：40到50：50之间。罗莎贝斯·莫斯·坎特所研究的女性群体属于"偏态群体"，她发现面对由占绝大多数的男性所创造的主流文化，女性数量和比例的不足，会使她们难以形成与之相对的"反主流文化"（counterculture），因此，只能"别无选择地接受主流文化"，沦为不具实际意义的符号或象征。②

在罗莎贝斯·莫斯·坎特看来，这种"多数"对"少数"的强加会使女性在群体中面临三种不同的困难。③ 第一种困难是对女性施加的"绩效压力"（performance pressures），这种压力或要求女性做得比预期好，或是限制女性的某些行为。第二种困难是对女性作为象征性群体的孤立，使得女性很难融入主流群体，即便融入主流群体，也只能变成"对女性抱有成见的女性"（woman-prejudiced-against women）。第三种困难是对女性角色的固化理解，迫使女性被简单地、刻板地划分为"母亲""诱惑者""铁娘子"等几种类型。这三种由于比例不足所造成的困难，不但限制了女性的行为和能力发展，更让女性难以在群体中结成有力的联盟，从而降低女性提升自身影响力的可能性。

针对上述三种女性比例不足的困难，罗莎贝斯·莫斯·坎特指出，提升女性在群体中的数量比例，将使女性的表现产生两种可能的改变：改变之

---

① Kanter R M. Some effects of proportions on group life：Skewed sex ratios and responses to token women[J]. American Journal of Sociology，1977，82(5)：965-990.

② Kanter R M. Men and Women of the Corporation[M]. New York：Basic Books，1977：231.

③ Kanter R M. Some effects of proportions on group life：Skewed sex ratios and responses to token women[J]. American Journal of Sociology，1977，82(5)：965-990.

一,随着女性相对数量的提升,她们作为潜在的盟友可以"抱团",从而对群体文化产生影响。改变之二,随着女性相对数量的提升,她们会成为具有差异性的女性个体,而不仅仅是被同质化的女性群体。

但是,罗莎贝斯·莫斯·坎特依然没有回答数量代表是否能够实际带来实质性代表的质疑。为回答这一问题,德鲁德·达勒鲁普(Drude Dahlerup)对此进行了更深入的探讨与拓展,并提出"关键多数"(critical mass)的概念。[①] 她认为可以将这个来自核物理学的概念类比运用于女性政治研究。在核物理学中,"关键多数"指能够触发不可逆的、物理连锁反应过程所需要的最小数量[②];在女性政治研究中,"关键多数"则意味着女性代表作为政治机构中的少数群体,其在政治机构中达到一定比例时,"质变就会发生",从而使女性代表发挥至关重要的政治影响。[③]

在德鲁德·达勒鲁普看来,"关键多数"对于女性政治参与而言,意味着女性代表的数量规模很重要。[④] 通过对北欧的斯堪的纳维亚政治机构中女性代表进行研究,达勒鲁普指出,虽然女性是机构中的少数群体,然而并非一定要等到女性占比达到50%才能对机构产生实际影响。事实上,随着女性相对数量的不断提升,一个占比较高的"少数群体"也能使机构产生变化。相比坎特,德鲁德·达勒鲁普对"能产生实际影响的少数群体"比例有着更加清晰的理解。她对坎特提出的模糊的群体类型进行重新划分,取消了罗莎贝斯·莫斯·坎特对"偏态群体"的假设,将原先"偏态群体"(多数与少数的比例为85∶15)和"倾斜群体"(比例为65∶35)合并为"倾斜群体"一种类型,最终将少数群体的代表类型划分为三种。

(1)偏态群体(skewed group):女性代表的比例不足15%。

(2)倾斜群体(tilted group):女性代表的比例在15%~40%。

---

① Dahlerup D. From a small to a large minority: Women in Scandinavian politics[J]. Scandinavian Political Studies,1988,11(4):275-298.

② Rendel M. Women as political actors[R]. Grenoble: ECPR Workshop on Women as Political Actors, Legal Status and Feminist Issues, 1987.

③ Dahlerup D. From a small to a large minority: Women in Scandinavian politics[J]. Scandinavian Political Studies,1988,11(4):275-298.

④ Dahlerup D. From a small to a large minority: Women in Scandinavian politics[J]. Scandinavian Political Studies,1988,11(4):275-298.

（3）均衡群体（balanced group）：女性代表的比例约在 40％～50％。

对于女性代表比例与其能产生的政治影响之间的关系，德鲁德·达勒鲁普指出，当女性代表的规模从"偏态群体"上升至"倾斜群体"，其在政治机构中的比例达到 15％～40％时，女性代表就会从一个仅具有象征意义的少数群体变成一个足以开始产生政治影响的群体：女性代表成员间能够结成同盟，从而更加一致、有效地影响他们所在政治机构的主流文化。[①]

通过上述对少数群体特征的描述，德鲁德·达勒鲁普实际上强化了罗莎贝斯·莫斯·坎特的第一条观点，即认为随着女性政治代表比例的上升，她们能够形成某种意义上的女性同盟，从而影响整个群体文化。在此基础上，德鲁德·达勒鲁普对这一观点进行进一步深化，指出随着女性政治代表比例的提升，女性代表可能在以下六个维度产生政治影响：①转变对女性政治代表的反应；②转变女性政治代表的绩效；③转变政治文化；④转变政治话语；⑤转变政策；⑥增强女性被赋予的权力。[②]

德鲁德·达勒鲁普对女性数量代表的性别分析揭示了女性不利的社会地位和政治地位之间的联系。她指出，女性在政治机构中所遭受的不利处境，如性骚扰（sexual harassment）、被双重标准对待（double standard）、对他人的过度迎合（over-accommodation）、对女性身份的固化偏见（stereotyping），并非仅仅源于女性代表在政治机构中所处的少数者地位，更源于社会中女性相对男性所处的不利的、从属性地位。[③] 这种来自政治和社会的"合力后果"（combined consequences），使得在政治机构中处于少数的女性面临着比仅仅数量上的不平等更深刻、隐匿的不平等问题。一方面，女性政治代表需要向男性代表和政治机构证明，她们像其他男性代表一样（just like）或和男性代表具备相同的能力（just as able as）；另一方面，女性代表又需要向所代表的女性证明，随着女性代表比例的提升，她们确实会对政治机构、政策制定、政治文化、社会文化产生影响。

---

① Dahlerup D. From a small to a large minority：Women in Scandinavian politics [J]. Scandinavian Political Studies，1988，11(4)：280.

② Dahlerup D. From a small to a large minority：Women in Scandinavian politics[J]. Scandinavian Political Studies，1988，11(4)：283-284.

③ Dahlerup D. From a small to a large minority：Women in Scandinavian politics[J]. Scandinavian Political Studies，1988，11(4)：279.

至此不难看出，不论是联合国对女性代表 30％"临界规模"的规定，还是研究者的理论阐述，必要的数量代表已经成为国际社会的共识。实践中，这种最低代表的数量保障，不仅对于企业、政治机构中的决策代表性有至关重要的作用，而且对于女性在整个社会生活中的代表性也具有普遍意义。"临界规模"在为女性赋权的过程中，要求全社会范围将此作为基本的制度设计，以保证各领域中有足够数量的女性代表，以便女性可以在各种重大生活领域中真正代表自身利益表达意见。

二、以"能力"质疑"临界规模"

尽管理论上对"数量代表"的论述足以证明，当女性在决策机构中的数量代表达到 30％"临界规模"时，可以保障女性的实质性代表。但是，在现实中，女性在政治权力机构中代表性不足这一事实不仅没有得到制度层面的调整，而且还引发了诸多质疑数量代表有效性的观点。这些观点认为，实际上很多时候，在女性的数量代表得以提升甚至达到"临界规模"后，女性的实质性代表能力依然不如男性。所以，女性在政治生活中代表性不足的问题并非完全由于数量不足。根据赋权理论，赋权不仅意味着更多女性参与决策，更重要的是在决策中包含能够影响议程和决策的能力。[①] 换言之，如果缺乏必要的参政能力，即使女性代表的数量达到"临界规模"以上，也未必能带来令人满意的赋权效果。这种质疑从一个侧面折射出长期以来人们对女性参政能力的怀疑，同时也忽视了实质性代表的基本前提正是必要的数量代表保证。然而，回应这种质疑需要我们进一步思考女性参与决策的能力究竟是否弱于男性。这就有必要对政治参与及其能力进行解析，以便破译关于女性能力的各种迷思，梳理出曲解女性参政能力的理论根源。

理解参政能力首先需要了解"政治参与"的含义。塞缪尔·亨廷顿（Samuel Huntington）和琼·纳尔逊（Joan Nelson）认为，政治参与是"平民

---

① Andersen J, Siim B. The Politics of Inclusion and Empowerment: Gender, Class and Citizenship[M]. New York: Palgrave Macmillan, 2004: 36-48.

试图影响政治决策的活动"①。我国学者杨光斌将政治参与视为"普通公民通过一定的方式直接或间接影响政府决策或政府活动的相关公共政治生活的政治行为"②。如此定义政治参与,其核心是指通过公民参与影响公共政策制定。据此,可以将女性参政理解为对国家和社会公共事务的参与,其途径包括直接与间接两种,或者表述为广义和狭义两个层面:广义的女性参政,包括知政、议政、参政、执政;狭义的女性参政是指女性执政,即女性掌握一定的权力,包括担任各种组织的领导者和管理者,主要表现为女性进入各类权力机构行使政治和管理权力。③ 也有学者认为,女性对政治的参与分为三个层次:一是民主参与,指女性获得选举权和被选举权,这是女性参政的基础层面;二是高层次权力参与,主要指女性担任管理者,直接参与国家和社会事务的决策,这是女性参政的中间层面;三是女性的参政意识,表现为女性对政治生活的普遍兴趣和积极主动的参与态度,以及从政女性自觉代表女性的整体利益,对政府的决策产生影响,使女性的权益在政治领域中得到体现。④ 何琼则将女性参政划分为民主参与和权力参与两种形式。"民主参与是指妇女行使公民的民主权利,包括行使选举权,对各级党政领导班子进行民主监督,以及通过言论、出版、结社发表自己的政治见解等;权力参与是指妇女直接担任各级人民代表和各级各类领导职务,直接管理国家与社会事务。"⑤

综上,不论对女性参政内涵如何分类,"女性参政"所体现的真实含义是女性赋权的两种重要途径与条件,而将"参政意识"列入女性参政内容,体现的正是女性参政的潜在可能性,包括参政认识与意愿,蕴含着对潜在参政能力的认定。对于温岭女性参与式性别预算的实践而言,因其直接参与了政

---

① 亨廷顿,纳尔逊.难以抉择:发展中国家的政治参与[M].汪晓寿,吴志华,项继权,译.北京:华夏出版社,1989:5.

② 杨光斌.制度范式:一种研究中国政治变迁的途径[J].中国人民大学学报,2003(3):117-123.

③ 鲍静.政策过程与女性参政机会分析:以社会性别为视角[J].新视野,2010(5):72-76.

④ 刘徽.社会性别视角下的我国女性参政[J].重庆科技学院学报(社会科学版),2010(5):71-73.

⑤ 何琼.近十年来国内关于中国妇女参政研究综述[J].中华女子学院学报,2005(5):34-38.

府财政预算审议,并自主发表意见与建议,表达女性权益诉求,可以理解为女性在特定民主协商制度下的政治参与。

相应地,有学者将公民"参政能力"视为政治效能(political efficacy)。这种效能(或能力)有两个方面的内涵:内在效能(internal efficacy),指的是公民个人觉得自己能够理解政治过程;外在效能(external efficacy),则指公民相信政府能对公共偏好做出回应。[①] 另一些学者将参政能力归结为一系列技能,包括政治生活中有自己的认知和能够独立评判[②];掌握必要的公共知识和具备公共意识,如一个国家的历史、法律原则以及政府政策等。[③] 国内学者则将"参政能力"理解为个人参与政治活动的熟练程度。[④] 女性的政治参与能力就是指女性在参与政治的过程中表现出的素质和水平,体现在政治关注能力、参与意识、决策管理能力上。[⑤] 也有学者认为,女性参政能力包括:①对政治的关注能力;②学习能力;③偏好强度;④权利意识和表达能力;⑤审议能力。[⑥]

显然,多数学者对女性参政能力的认识限于两种现实途径的参与,即民主参与和权力参与。他们考察的基本上都是女性参政过程中表现出来的"显现的"能力,而对潜在的政治能力则少有研究。事实上,就人类能力而言,"能力"是指做一件事或者要完成某种任务所需要的"能",包含两个方面:一种叫作造诣,是指一个人身上具备的那些能力;另一种叫性能,是指一个人身上现在没有但将来会有的潜在力量,称为潜能。这种未显现的能力

---

① Koch J W. Assessments of group influence, subjective political competence, and interest group membership[J]. Political Behavior, 1993,15(4):309-325.

② Smiley M. Democratic citizenship: A question of competence[M]//Elkin S L, Soltan K E. Citizen Competence and Democratic Institutions. University Park: Penn State University Press, 2007:371-383.

③ Weissberg R. Democratic political competence: Clearing the underbrush and a controversial proposal[J]. Political Behavior, 2001, 23(3):257-284.

④ 雷才丽,操文锋. 农村青年女性参政问题调查分析[J]. 甘肃理论学刊,2006(4):101-105.

⑤ 周玉.社会性别视野中的参政政策过程研究:以福建省为研究样本[J].东南学术,2011(1):156-169.

⑥ 郭夏娟.女性赋权何以可能?:参与式性别预算的创新路径[J].妇女研究论丛,2015(2):26-31,48.

一旦外化，与实际活动相联系，就会变成显现的能力，即众多学者所指的"能力"。

如果从这个角度理解，那么，女性的参政能力应该包括两个层面：一是已经显现出来的现实能力，二是未显现的潜能。潜能具有可诱发性，经过培育可以开发出来，具有变成现实能力的可能性。不过，现实中某些群体在特定领域的能力长期处于弱势地位，并且在短时间内有可能引而不发。以往研究者往往从客观条件着手寻找原因，甚至将某些群体与特定领域的活动割裂开来，而没有发现"潜能"其实是个人本来就已经具备的能力，只是由于受到各种条件限制，导致这项能力被忽视，无法应用于现实，致使该项能力被埋没，成为"潜能"。事实上，完整的能力图景应该是"现实能力"与"潜在能力"的结合。因此，在考察女性参政能力时，需要同时观照这两个方面。只有将两者结合起来综合审视，才能得到对女性参政能力的完整认识。

然而，长期以来，由于对女性参政能力的理解存在误区，对女性参政能力的评价一直被蒙上性别污名。部分研究者关注的是女性现实中"显现的"能力弱于男性，结论是女性天生就不适合参与公共的政治领域。这种观点的理论渊源最早可以追溯到亚里士多德，其后霍布斯、洛克、卢梭等思想家也阐述了相似的观点，认为女性天生具有依附性，这种依附性是自然秩序在两性关系中的反映。西方传统公共领域和家庭私领域的二元划分也将女性和家庭的、自然的、非理性的特征相联系，视之为造成女性参政能力低下的重要理由。这种理论影响至今，在解释女性何以在现实政治结构中处于弱势地位的诸多观点中，不乏这种历史的回声。也有的研究者通过实证研究，为女性参政能力低提供数据材料，以诠释性别与参政能力的陈旧观点。正是在这些历史成见与实证数据的映衬下，女性参政能力被蒙上了更厚重的偏见。

国外部分学者通过实证研究发现，女性参政意愿和参政能力较弱，不足以参与民主政治生活。有学者在比较国家间女性参政状况时发现，总体上说女性的参政能力不如男性。鲁纳克·贾汉（Rounaq Jahan）在1987年对南亚四国（斯里兰卡、孟加拉国、印度和巴基斯坦）的投票率进行研究，从参与投票者来看，女性的比例和男性几乎持平。在斯里兰卡，女性投票率达到了80%，在印度和孟加拉国也有50%。然而，她认为，投票率不能说明女性对政治的关注度及其实际参与能力。更多时候，女性投票是应政党要求，实际上女性更不关心政治,也更少参与政治。在孟加拉国,女性更少参与公共集会并成为社会或政治组织的成员。有35%的男性为社会组织成员,但仅有3%的女性参与这些社会团体组织。有10%的男性为政党成员,而女性的这一比重仅为2%。[1]

与此相应,许多研究者认为,即便是在正式政治场合参与讨论公共事务时,女性在议政表达能力上也有所欠缺。她们不敢在公共场合发表自己的意见,虽然具备一定的技能,却无法达到与男性同等的程度。[2] 娜德姿哈·谢维多娃(Nadezdha Shvedova)在研究中发现,女性参与政治时在演讲和表达方面有困难,缺少参与政治的自信,因此难以准确地表达自身诉求,其参与政治的效果也不如男性。[3] 我国学者对农村女性参与村民会议进行研究,发现参加村民会议的妇女多数只是参加开会而已,她们在会上基本不发言或很少发言。大多数农村妇女在村务民主决策和管理中放弃话语权,以旁听者和局外人角色参加村民会议,在村民会议上很少有所作为或无任何作为,对村务决策和管理的影响力很小。[4]

也有国外研究发现,女性通常以个人行动参与政治,而缺少集体的联合行为来推动公共议程的实施。研究者对玻利维亚国会中女性议员的研究发现,当女性的特殊利益和需求被提出时,国会中女性之间缺少认同和协调,她们之间的冲突关系使得她们缺少战略眼光形成同盟、达成共识,不能以集体身份运用施压能力。[5] 因此,在代表性问题上,女性进入权力结构后往往难以代表其特定的性别利益。鲁纳克·贾汉在对南亚五位女性领导人的研

---

① Jahan R. Women in South Asian politics[J]. Third World Quarterly, 1987, 9(3): 848-870.

② Breckinridge S R. Political equality for women and women's wages[J]. Annals of the American Academy of Political and Social Science, 1914(56): 122-133.

③ Shvedova N. Obstacles to women's participation in parliament[M]//Ballington J, Karam A M. Women in Parliament: Beyond Numbers. Varberg: International Idea, 2005: 33.

④ Shvedova N. Obstacles to women's participation in parliament[M]//Ballington J, Karam A M. Women in Parliament: Beyond Numbers. Varberg: International Idea, 2005: 33.

⑤ Jahan R. Women in South Asian politics [J]. Third World Quarterly, 1987, 9(3): 848-870.

究中发现，这些女性领导者在争取女性权益上并没有起到多大作用。① 尽管一些女性成功当选为国家最高领导者，但女性领导者代表女性的能力仍然不够。

类似研究在中国也不少。研究者发现，在实际行动上，女性参与投票的比例仍不及男性。韩玲梅在南方地区进行的调查显示，有 53.7％的女性参加过村民会议，比男性的 63.7％低 10 个百分点；仅有 43.5％的女性参加过村民自治章程和村规民约的制定或讨论，比男性的 51.0％低 7.5 个百分点。② 也有研究者通过对村委会投票选举的调研发现，虽然青年女性参加过村委会投票选举的比例达到 66.1％，但较高参选率并不与高参选积极性相关，在高达 66.1％的参选率背后隐藏的是仅有 36.9％的主动参与率（自己想参加）。参与调查的女性在回答参选动机时，部分选择了"村里要求"或"大家都去我也去"。从中不难发现当地农村妇女在选举参与上的动员参与和消极参与色彩仍然较浓。在村民会议上，分别有 72.9％和 18.8％的与会女性"很少发表意见"和"不发表意见"，两者相加比例为 91.7％。这说明绝大多数农村青年女性在村务民主决策和管理中放弃了话语权，以旁听者和局外人角色参加村民会议，在村民会议上很少有所作为或无任何作为。③

有研究者指出，在女性参与公共事务的能力方面，女性的性别特征存在劣势。在决策和办事过程中过于犹疑，不够果断，办事亦缺乏创新思维，满足于例行公事等。另外，女性的不自信亦影响其政治能力。特别是农村的村级事务以"力治"为主的管理模式与女性的"柔性管理"不相符。也有学者梳理出女性在政治领域不如男性的表现：女性对公共事务较冷漠，缺乏独立认知和评判；女性不够自信、怯于表达；对于自身利益缺乏维护意识和集体行动。④

① Benavides J C. Women's political participation in Bolivia：Progress and obstacles [C]. Lima：International IDEA Workshop "The Implementation of Quotas：Latin American Experiences"，2003：104-110.

② 韩玲梅，黄祖辉. "政策失败"、比例失衡与性别和谐：农村妇女参与村民自治的新制度经济学分析[J]. 华中师范大学学报（人文社会科学版），2006(4)：19-24.

③ 雷才丽，操文锋. 农村青年女性参政问题调查分析[J]. 甘肃理论学刊，2006(4)：101-105.

④ 蒋爱群，曲艳慧，王晓明. 村两委中的女干部：基于全国七十个村庄的调查数据[J].中华女子学院学报，2010(6)：81-85.

　　近年来,学界出现了对农村妇女网络政治参与的研究,发现农村女性在网络政治参与中的能力不足。网络政治参与是政治参与的一种新形式,它是政治参与在网络时代的延伸,具体指某一国家内的社会成员以虚拟的网络身份通过互联网表达政治主张及政治意愿,以影响和推动政治决策或监督政府行政活动的行为。[①] 网络政治参与的一大特点是需要具备较好的语言归纳和表达能力,就某一政治问题进行文字交流。但调查结果显示,农村妇女在这一方面的能力并不理想。并且,网络参政需要具备一定的计算机和网络设备操作技能,这也限制了部分农村妇女参与网络政治的可能性。

　　此外,有研究者从另一个角度思考女性参政能力问题。自 20 世纪 90 年代中期以来,我国致力于女性参政的行动者倾注大量心血,借助经费资助,进行一系列的农村女性参政培训,以提高并证明女性参与管理与决策的能力,主要表现为民间组织的培训和地方政府推动两种形式。前者如北京农家女文化发展中心,是一个以促进农村妇女发展为目标的非政府组织。该中心围绕中国农村妇女自我赋权与发展,以公民意识和社会性别意识为切入点,运用参与式的组织手法,开展了提高农村妇女参政能力的项目与活动。后者如陕西省修订《陕西省实施〈中华人民共和国妇女权益保障法〉办法》,陕西省妇联、省妇女理论婚姻家庭研究会、省委组织部等联合举办"女村官与新农村建设论坛"等,通过一系列措施积极推动农村妇女参选参政,较大幅度地提高了妇女当选村委会成员的比例,取得了显著成绩。

　　不难看出,研究者要么通过纯粹的理论阐述,推论出女性参政能力本质上不如男性,不适合参与公共领域的活动;要么以某些特定个案或特定项目为基础,论证女性的参与能力低于男性,其视角也是针对局部的现实情景,观察实际显现出来的某些能力表象,其观察场景是现行正式制度的片段,全然没有将创新的民主协商途径纳入其中,更没有尝试将女性参政能力与创新的民主协商制度结合起来审视。可以说,自 20 世纪 90 年代开始大规模研究中国女性参政以来,几乎没有融入审议(协商)民主的理论视角。自 20世纪 80 年代西方政治学界兴起的审议民主理论,虽然在 2003 年的中国温

---

① 李雪彦. 我国农民网络政治参与的边缘化现象剖析[J]. 长白学刊,2013(1):54-58.

岭开启了全新的探索①，但从众多研究中国审议（协商）民主实践的丰硕成果中找不到女性参与的相关叙述。女性政治参与和审议民主形式下公民政治参与之间一直处于"割裂"状态。这多少反映出中国女性参政和基层民主实践的研究者缺乏性别敏感的现状。结果是，所有研究都把女性置于男性能力的参照系下，考评女性已经"显现的"政治才能。结论是：女性的政治能力普遍低于男性。

然而，这种证明方式陷入了一个怪圈，这就是，要么让女性和男性在同一起点竞争，结果女性总是处于边缘地位，成为权力结构中的"少数"，使其整体能力无法与男性相提并论；要么让女性接受培训，通过倾斜性政策保障其进入决策机构，尽管这一措施对提升女性实际能力十分必要，但是，这种特殊的"进入"途径总是成为人们质疑她们政治能力的依据②，成为女性天生不如男性的现实佐证。这种证明聚焦于女性"显现的"能力，而对女性未曾激发出来的潜在能力却少有涉及，以至于人们总是据此作为女性参政能力低的全部依据，以片面的"显现能力"覆盖其"潜在能力"，或者说，以显现出来的现实能力替代全部能力。

三、"参与"优先的比例制度

在"临界规模"共识越来越被中国政府接受的同时，各种制度创新举措也竞相出台。为破解女性参政能力的迷思，温岭的参与式性别预算便是一个重要的制度创举，其对女性参与比例的设计成为独具中国特色的经验而

---

① 尽管温岭民主审议会的历史可以追溯至1997年，但真正从"思想政治工作"的话语体系跳入基层民主创新形式或者公民参与地方治理形式，则晚于2003年。也就是从2003年开始，学界开始关注温岭民主审议会，并渐渐将其纳入中国式审议（协商）民主实践的范畴。两个里程碑式的事件是：（1）2003—2004年获得中国地方政府创新奖；（2）2005年，泽国镇在专家的指导下，将审议民主理论中科学化、规范化的程序引入民主审议会制度（本书中的问卷数据亦是从这一年开始的）。参见20080424MYF访谈。

② 有些观点认为固定女干部的比例是对女性参政的一种"政治怜悯"，性别比例政策违背了公平竞争的原则，从选拔干部的"三化"标准和德才兼备的原则来看，不宜给妇女参政下指标。

备受瞩目。理论上,赋权通常只针对那些已经被剥夺权力的人,比如,女性作为一个群体可以提出诉求,创造条件促进自身赋权。这是指那些被否认有能力进行战略决策的人寻求这种能力的过程[①];同时,赋权也是指人们在人生重大事务上能够进行自主决策并实施。这一过程包括反思、分析和采取行动等,需要行使主体能动性。有学者甚至认为,赋权只是一个持续性过程而非一个结果,无最终目标,故人们无法在绝对意义上达到完成赋权的阶段。[②] 同样地,苏妮塔·基肖尔(Sunita Kishor)等也认为,赋权是一个女性能够在其生活主要方面进行决策的过程。[③] 如前所述,奈拉·卡比尔(Naila Kabeer)将赋权视为主体的能动性、资源和成果三个核心要素。[④] 从各种关于赋权的不同观点中不难看出,"赋权"实际上是过程与结果的结合,即主体在持续参与中获得赋权。同样,女性赋权也需要在这种持续递进的过程中不断实现。从这个意义上说,重过程的赋权必须通过各群体代表数量的合理分配,才能真正实现决策中的平等代表性。

温岭参与式性别预算制度设计重视女性参与协商,鼓励女性与男性共同商讨政府财政预算决策,为自身利益代言,正是为那些长期被剥夺自主决策权力的女性提供平等机会,让她们对与其生活相关的重大问题进行决策,对预算项目提出自己的观点和建议。根据"临界规模"理论,数量代表不仅能够影响具体的政策产生,而且也可以使处于较低权威地位的性别劣势得以消解。[⑤] 当女性代表占比小于15%时,她们几乎没有影响力或代表性,在

① Kabeer N. Resources, agency, achievements: Reflections on the measurement of women's empowerment[J]. Development and Change, 1999, 30(3):435-464; Mosedale S. Assessing women's empowerment: Towards a conceptual framework[J]. Journal of International Development, 2005, 17(2): 243-257.

② Mosedale, S. Assessing women's empowerment: Towards a conceptual framework [J]. Journal of International Development, 2005, 17(2): 243-257.

③ Kishor S, Neitzel K. Examining women's status using core demographic and Health Surveys Data[M]//Cosío-Zavala M E, Vilquin É. Women and Families: Evolution of the Status of Women as a Factor ond Consequences of Changes in Family Dynamics. Paris: CICRED, 1997: 371-420.

④ Kabeer N. Resources, agency, achievements: Reflections on the measurement of women's empowerment[J]. Development and Change,1999, 30(3):435-464.

⑤ Mansbridge J. Clarifying the concept of representation[J]. American Political Science Review, 2011, 105(3): 621-630.

公共讨论中,便会服从男性的排他性支配行为,并且被认为是无法胜任的,容易受性别偏见影响而受到不公对待。反之,当女性比例提高到15%以上,甚至达到大约35%时,她们便能够让群体内的文化氛围发生改变,并受到更公正的对待。① 赋权理论认为,女性的政治赋权是决定性因素,需要"在正式的和非正式决策体系中公平分配女性代表,以便在社会政策制定中发出女性的声音"②。

正因此,联合国千年发展目标在设定各国女性参与决策目标时指出,权利分配和决策中的平等参与是女性的基本政治权利之一,在女性赋权和性别平等中占据核心地位。③ 为响应联合国的倡导,作为赋权的必要过程,数量代表越来越成为各国政府推进治理的重要途径,至今已有100多个国家,包括各种国际组织鼓励或强制性进行性别配额制。④ 中国政府也将这一倡议付诸行动,通过提高女性的数量代表比例以保证两性在资源分配决策中拥有公平的机会。例如,对女性在各级人民代表大会中的比例规定,包括农村自治组织中女性村民代表比例的规定以及各级政府领导班子中女性比例的规定等。

在此意义上,温岭参与式性别预算的制度设计正是在两性平等参与上做出了异乎寻常的尝试,从一个独特角度将女性赋权与数量代表结合起来。其目的是通过女性的平等参与,将性别意识融入政府预算审议议程,使女性有机会参与政府财政预算的协商讨论,提出她们的建议与意见,以便从性别角度修正预算,更好地满足女性的特定需求。⑤ 这一性别比例制度的设计

---

① Kanter R M. Some effects of proportions on group life: Skewed sex ratios and responses to token women[J]. American Journal of Sociology,1977,82(5):965-990.

② Lopez-Claros A, Zahidi S. Women's empowerment: Measuring the global gender gap[C]. Geneva Switzerland World Economic Forum,2005:2-20.

③ Rai S M. Equal participation of women and men in decision-making processes, with particular emphasis on political participation and leadership[R]. UN: Department of economic and social affairs(DESA),2005.

④ Hannagan R J, Larimer C W, Hibbing M V. Who serves? Gender, personality and their impact on decision-making groups in local politics[Z]. Northern Illinois University: Department of Political Science,2013.

⑤ 郭夏娟,吕晓敏. 参与式性别预算:来自温岭的探索[J]. 妇女研究论丛,2012(1):33-41.

经历了三个阶段:第一阶段是通过摇号进行随机抽选,第二阶段是女性优先选择,第三阶段是融合第一种和第二种阶段的复合方式。

第一是初试阶段对女性参与比例的保障,即按照"随机原则"的乒乓球摇号方式。如前所述,这种方式是通过摇号确定女性配额,平等地在两性之间分配名额,保证女性和男性平等地参加政府的年度预算审议。这一制度从程序上保证了女性在政府预算听证会上拥有一半的参与代表数。通过这种方法为女性提供和男性平等的参与机会,使得女性的参与比例远超联合国倡导的30%。这一结果也远远超出中国其他正式制度中女性的参与比例。以浙江省为例,在与温岭实施该制度同时期的2007年县、乡两级换届选举中,县级人大代表中,妇女只占总数的19.2%;乡镇人大代表中,妇女只占总数的16.8%。① 温岭市第十四届人民代表大会常委会共35人中,泽国镇仅有4名女性委员,占11.4%。② 研究者认为,这种两性平等参与预算的设计正是性别主流化的策略之一,这就是通过女性的平等参与为女性赋权。从这个意义上说,性别预算可以作为一种工具,赋予男性和女性权利以及鼓励他们重视各自的社会视角、需求和需要。③ 当地政府在初试阶段所做的这种尝试,为两性的平等参与和赋权提供了重要保障。

第二是延伸阶段按"女性优先原则"选择审议代表。2010年,温峤镇启动以女性优先参与为特征的性别预算,为保证女性在性别预算中的主体地位,该制度设计由妇联主导推荐各界、各领域、各阶层的女性代表,以保证女性在性别预算中的多数地位与代表性,且使得参与的女性具有足够能力审议政府财政预算项目。在这一制度实施初期,女性代表比例达到80%以上。这种女性比例优势使得长期缺乏表达机会的女性获得了极大的自信。随后,这一创新举措实施范围扩展到新河镇。2011年,该镇启动性别预算时便以同样的原则保证了女性的高比例优势,女性数量代表占比同样达到80%以上。我们通过对当地相关人员的访谈了解到,这一创新的目的是提

---

① 谢云挺. 浙江规定各级人大代表选举妇女比例不低于30%[EB/OL]. (2007-08-30)[2017-01-05]. http://www.chinanews.com.cn/gn/news/2007/08-30/1014426.shtml.

② 资料来源于温岭人大网。

③ Duquette V. Full-fledged gender inclusion in participatory budgeting in Villa El Salvador: Participation, representation and political equality[D]. Vancouver: University of British Columbia, 2010: 31-90.

升女性数量代表,通过参与机会的再分配为女性赋权,强化女性政治参与能力,确保女性的发展,达到和男性公平分享资源的目的。[①]

第三是普遍推广阶段以"复合原则"优化代表产生方式。研究者发现,单纯考虑"性别"并不必然会对赋权产生显著影响,只有在平等参与中借助两性之间的互动,性别因素才会显现出其效果。[②] 在性别预算实施数年之后,制度设计者便意识到了这一问题。从 2015 年开始,随着性别预算的进一步推广,更多的乡镇加入这一行列,如泽国镇将性别预算纳入人大代表联络站的预算民主征询会制度,对女性代表的产生方式也随之进行调整。男女性别比例设计为 50∶50,并适当向女性倾斜。代表产生方式不再遵循单一的"随机抽样"或者"女性优先"原则,而是与参与式预算的代表产生程度相统一,代表产生方式包括"参与库+专业库+随机摇号+自主报名"的复合途径,使得性别预算代表更具有普遍代表性,也更具有专业性,以确保高质量的预算审议结果。温峤镇和新河镇也调整初期的"女性优先"方式,同样根据"复合原则",根据"参与库+专业库+随机选择"的方式产生代表。与此同时,温峤镇和新河镇也以相似的复合方式选择性别预算代表,其代表的性别比也确保女性代表高于男性。又如,2016 年加入性别预算行列的石塘镇,也同样采用这种复合方式产生审议代表,女性代表数量相当于甚至略高于男性。这种新的复合式代表产生方式,使得早期女性占绝对优势的倾斜式比例得以矫正,性别比例更趋于平衡,有利于从两性不同角度对预算进行更全面而公正的审议。

客观上,性别预算审议代表产生原则的演进既保证了两性比例的平等分配,也为两性平等协商提供了更公正合理的平台(见表 4.1)。

---

① 资料来源于对温岭市人大常委会财政经济工作委员会主任及温峤镇人大主席的访谈,2011 年 3 月 16 日。

② Itzhaky H, York A S. Empowerment and community participation:Does gender make a difference?[J]. Social Work Research,2000,24(4):225-234.

表 4.1 2010—2016 年温峤镇性别预算审议会参与者性别组成

年份	女性/%	男性/%
2010	87.9	12.1
2011	81.3	18.7
2012	55.1	44.9
2013	54.2	45.8
2014	30.9	69.1
2015	54.6	45.4
2016	55.8	44.2

数据来源:2010—2016 年温岭市温峤镇性别预算审议会代表统计。

这一结果反映了制度设计者性别平等意识的增强。当地政府意识到了女性的平等参与和自由表达是其权利诉求的必要途径,也折射出政府认识到,长期以来女性在决策过程中已经"被剥夺了参与权",她们需要通过主动参与重新获得平等的权利,而不是男性代替她们行使权力。实践中,当女性比例达到"临界规模"甚至高于这一比例时,其参与讨论和表达意见的自信心便会增强,尤其在意见表达中,数量的多数可以形成相互支持的氛围,帮助女性在过程参与中自主表达自己的权益诉求。

从温岭参与式性别预算审议代表产生原则的发展过程中可以看到,当地政府最初强调女性数量代表的平均,进而向女性绝对多数比例倾斜,再到有意增加男性代表以达到性别均衡的过程,反映出对数量代表的认知越来越趋于合理与公平。地方政府最初意识到女性代表名额不足的历史与现状,试图做出改变,将财政预算民主协商作为推进女性公平参与资源配置的途径。通过此举,女性获得平等参与政府预算协商的机会,极大提高了女性描述性代表的比例,进而扩展了性别预算审查参与者的范围。毋庸置疑,温岭市政府将性别视为参与式预算的重要因素,为女性平等参与提供了制度保障。

这与赋权理论对参与的强调正相契合。在当今通行的五个赋权标准中,政治赋权的主要测量指标正是"女议员或者女性公务人员的数量"。它要求在决策权力分配的制度设计中,女性的数量比例必须得到保障,以便对决策产生影响。而温岭参与式性别预算设计选择代表制度时的初衷就是提高女性的参与率,为平等赋权提供前提条件。近年来,随着复合原则的运用,女性比例开始下降,代之以男性比例上升,但总体上女性比例仍然高于男性。这恰恰说明单一的女性多数代表对于更公平合理的协商并非理想状态。因此,在多年实践的基础上,鉴于女性代表能力明显提高,以及进一步实现性别预算追求财政资源在两性间公平分配的目标,当地政府改革制度设计,将两性比例向更合理平等的方向调整,"复合原则"的提出以及在参与库与专业库的比例设计为均衡状态,有助于从根本上确保性别比例的合理分配。

根据国内外的研究结论,温岭参与式性别预算与女性赋权的诉求不谋而合,即赋权需要有效的途径得以保障,尤其是被赋权者作为主体的主动参与。不论是"随机原则"还是"女性优先原则"又或者是"复合原则",都是探索赋权方式的重要尝试。三种原则在不同阶段从不同层面和深度上保证了女性的自主参与。历史上,当黛比·布兰戴尔用"性别预算"替代"女性预算"后,发展出更具包容性的参与式性别预算,这种"参与"优先的赋权方式在促进资源有效利用和配置的同时,最终要达到的目标正是性别公平。更重要的是,它还可以激励女性积极参与。[①] 从这个意义上说,女性的数量虽然是确保最终实现女性利益的必要条件,但并不意味着单一、静态地强调女性的数量代表就等于"实质性代表"。事实上,女性的数量代表需要参与到政治领域各维度的动态调解中,只有处于动态的政治决策过程和多样化的被代表者需求之间,才能扮演好"政治中介"的角色。

当"复合原则"将男女两性代表比例调整到更均衡的状态时,意味着当地政府已经从更深层次理解了性别预算追求的两性平等目标。这种平等目标并不是简单地追求女性代表的压倒性多数,也不是将政府资金在男女两性之间平均各分一半,而是在确定资源稀缺的情况下如何、何时帮助那些最弱势的人[②],它是为失去权力的弱势群体赋权。正如有学者提出的,中国参

---

① Rusimbi M, et al. Checklist for mainstreaming gender into the government budget [R]. Tanzania: TGNP/Community Agency for Social, 2000.

② Budlender D, Hewitt G. Engendering Budgets: A Practitioners' Guide to Understanding and Implementing Gender-responsive Budgets[M]. London: The Commonwealth Secretariat, 2003: 90-101.

与式预算有三种逻辑,即行政的、政治的和公民赋权。[①] 的确,温岭性别预算制度设计将女性赋权与治理创新结合起来,主动将性别意识融入政策与项目预算决策,为女性的平等参与开辟新途径。温岭性别预算的代表比例制正是两性诉求有效结合的产物,这种制度保障有助于女性参与政治生活并在其中做出自主决策,也是对国际社会倡导性别平等和女性赋权的有效回应[②],并且从制度上为破译女性参政能力迷思提供了现实基础,也为检验平等参政条件下女性的政治能力究竟是否与男性存在差异提供了极好的机会。

---

① He B. Civic engagement through participatory budgeting in China: Three different logics at work[J]. Public Administration and Development, 2011, 31(2):122-133.

② 联合国千年发展目标明确提出男女公平参与权力分配和决策是女性参与政治生活的基本权利,也是女性赋权和性别平等的核心。

第五章　控制性实验中的能力检验

从性别视角看，任何缺乏女性经验检验的政治理论及其原则都是不完整的。问题是，如何检验女性的政治能力？规范性判断难以展示女性现实与潜在的整体能力。虽然大量经验案例研究可以发现女性"显现的"的政治才能，但是这种方法无法揭示大多数女性未能展现出来的"潜能"。一个重要的原因是，对"潜能"的研究需要具备特定条件，即近距离观察并测量这种未曾"显现"出来的潜在能力。而温岭的参与式预算制度为这种测量提供了十分难得的条件。因此，为破除长期以来笼罩在女性身上的参政能力迷雾，有必要从温岭参与式性别预算代表比例制度设计出发，考察女性获得平等参与机会并且在数量上达到"临界规模"后，其参与公共事务的能力究竟是否如传统认定的那样弱于男性。为此，本章将以泽国镇的参与式预算程序设计中的"控制性实验"为例，在相对抽象意义上将公民的平等参与视为一种"还原的地位"①，在一种有别于现实参政制度的"超现实"环境中，考察两性在同一情境中学习、商谈、讨论与决定公共事务的能力，以检验女性的参政"潜能"。

一、为何选择"控制性实验"

这是不同于以往研究的独特视角，不论是女性参政研究还是审议民主

---

①　泽国镇民主审议会营造出的"还原的地位"，是指通过恳谈代表选择制度设计，将女性和男性"还原"为无差异的平等个体，规定单号和双号分别代表女性与男性，为两性公民提供平等的机会。这一制度将女性和男性置于一种有别于现实制度的"抽象的"制度环境中，赋予两性相同的参与条件。这在当今的主流制度设计中未曾有过。因此，具有"超现实"的抽象特征。

理论,长期以来并没有将性别问题纳入考察范围,也不可能将特定的审议民主制度设计与女性政治潜能的检验结合起来。之所以选择温岭的参与式财政预算作为研究案例,主要基于两方面考虑:一是先前大量涉及女性参政问题的研究均未涉及这一角度。无论是高层民主参与(全国或省党委、人大、政协)还是基层参与(乡镇党委、人大、政协、村委),都是对"选举参与"或"比例参与"的分析,很少有对行为模式意义上的行为参与进行性别研究,针对审议(协商)民主这种新型民主形式的性别分析更是空白。西方学界虽然关注到了审议(协商)民主的女性参与问题,但研究范围大多集中在议会层面[①],与民主审议会这种植根于中国基层的审议(协商)民主实践存在较大差别。我们之所以探索民主审议会中的女性参与能力问题,是因为温岭民主审议会的性质、特点和议程决定了它是公民对公共事务管理的"协商参与",较之单纯的"选举参与"更具体和复杂,这种决策参与具有民主政治的实质性意义。因此,在财政预算民主审议中考察女性与男性对于协商政治参与能力的异同,不仅可以开拓民主协商的研究范围,也可以推进基层女性政治参与研究的深度和广度。

二是主流研究虽然大量涉及温岭审议(协商)民主议题,但未曾从性别视角对女性参政能力进行分析。缺少性别视角,自然忽略了女性在基层审议民主实践中的参与问题。国外学者对中国女性政治参与有颇多关注,但由于缺少(或未能发现)民主协商对政府财政预算的性别审议,大量此类研究成果并没有完整反映出两性参与的差异。因此,从性别视角对中国基层审议民主制度下女性参政能力进行检验,有助于拓展对审议民主理论的研究视野。

为此,我们选择的观察点有别于现实的正式参政制度。在现实正式制度中,女性的参政机会与数量均不平等,处于制度边缘或弱势地位。关键是,对女性参政能力的衡量标准是男性化的,这些研究所观察的是女性"显见的"参政能力。而我们将参与式性别预算中代表产生的制度设计视为"还原的地位",是以女性参政"潜能"为观察点,具体通过温岭市泽国镇民意代

---

① Mansbridge J. Feminism and democratic community[J]. Nomos, 1993, 35(1): 339-395; Sanders L M. Against deliberation[J]. Political Theory, 1997, 25(3): 347-376.

表在三次预算民主协商中参与公共财政预算的相关数据进行性别分析[①]，比较女性与男性在平等拥有制度资源情景下的参政潜能，通过实验方法破解长期笼罩在女性政治能力上的迷思，进而挖掘女性在现实政治领域中"显见能力"背后的深层缘由。为此，我们以 2005 年、2006 年、2008 年共 6 次预算审议代表问卷调查的对象作为"控制性试验"样本，吸收国内外学界在基层女性政治参与和审议（协商）民主方面的理论成果，综合采用问卷、访谈、观察等研究手段，收集第一手数据进行分析，以便为检验两性参政潜能提供实证依据。

之所以选择温岭泽国镇作为观察基地，主要因为该镇推行民主协商的历程具有典型性。泽国镇是浙东南水乡名镇，面积约 63.12 平方千米，位于甬台温经济区，下辖 89 个村，本地人口 12.3 万人，外来人口约 13 万～15 万人。该地区民营经济相当发达，是中国第一家股份合作制企业诞生地，在 63.12 平方千米的区域内集聚了 1 万多家大小企业，最密集达到 100 平方千米区域内有 3000 多家同类企业。[②] 与高度发达的民营经济相适应的是，该镇的民主审议会也因其独特的创新形式而备受国内外关注。尤其是自 2005 年以来，由镇政府组织的"试验性"民主审议会审议政府财政预算项目，更是具有理论与实践意义。

泽国镇的财政预算民主协商制度被称为温岭民主审议会的"精细版"。[③] 在实行民主审议会制度的第 8 个年头，也就是 2005 年该镇开始将镇政府的一些公共政策放到民主审议会上进行讨论，交由民众审议，然后将审议结果作为政府决策意向。泽国镇对民主审议会的"创新"发展，使得一种基于审议（协商）民主理论框架中的"控制性试验"成为可能，具体表现在以

---

① 2007 年民主审议会由于未能向民意代表提供问卷，故数据缺失而不做分析。

② 数据来源：泽国镇政府，2015 年 12 月。

③ 按照温岭市有关文件规定，镇每年不得少于 4 次、村每年不得少于 2 次召开民主恳谈会，且列入政府工作考核标准。泽国镇的民主恳谈历史可以追溯到 1998 年。据不完全统计，1998—2008 年的十年间，泽国镇召开了各类"民主恳谈会"1500 场，参加的干部群众达 7 万人次（泽国镇政府民主恳谈文件）。泽国镇民主审议会因其科学、民主、规范的程序，特别是对于参加者的选择、专家作用的发挥、代表对恳谈背景和内容充分深入的了解、所有代表充分平等的发言机会的保障以及决策者如何准确把握和利用参与者的意见和建议等方面的探索和努力，被学术界称为"泽国实验"和温岭民主审议会的"精细版"。

下几个方面。

一是内容创新。超越早期"思想工作"框架下的目标,将政府决策意图向民众公开,经由商讨以征询他们的意见与建议。例如 2005 年,将镇政府提出的 30 个建设项目的经费预算提交大会讨论,这些项目实际需要资金13692 万元,而政府预计可用城镇建设资金仅为 4000 万元;又如 2006 年提出 38 个城建项目,共需资金 9869 万元,而政府预计可用资金仅为 5000 万元。这两次民主协商过程的目的是根据可用资金的额度对建设项目作出优先性选择,为政府决策提供民意支持。2008 年则更进一步,镇政府将 2008年公共财政预算直接向民意代表公布,旨在帮助政府决定如何分配和使用2.48 亿元财政预算。在审议会前将预选方案和可行性分析提供给民意代表,女性与男性一样,在同一时期获得相关信息,使他们有时间了解会议的内容和背景,在信息充分公开的基础上参加审议。

二是民主审议讨论程序创新。一是大会发言者由主持人抽签决定,抽到谁就由谁发言,男女机会平等;二是被抽到的代表发言一次讲一事,以便集中讨论;三是被抽到的代表讲完后,其他代表举手发言,持反对意见的代表优先发言;四是发言与讨论交替进行,一个问题讨论完,再讨论其余问题,以提高效率;五是尊重代表发言,不随意走动、大声讨论,接听手机尽量小声;六是每位代表发言的时间控制在 3 分钟以内。此外,在小组讨论时,主持人被事先告知不能左右代表的想法,而要尽量调动代表的发言积极性;或是在小组讨论发生偏离恳谈主题等异常情况时,要适时引导。

此外,如前所述,随机摇号将产生男女各占一半的协商代表,这种创新的代表产生制度设计将女性与男性置于平等的地位,参会者拥有平等的机会学习、商讨与争论,进而就地方公共事务与政策表达意见。在我国现行的参政制度下,这种精心设计的制度形式具有"试验性",具有某种抽象的意味,它隐去了传统性别制度将两性分属于两个不同领域的前提,赋予女性与男性平等的参与机会和话语权。这是一种"还原的地位",女性与男性同等地以民意代表的身份出现,其个人的性别特征暂时消失,甚至排除了现实的性别差异,被"还原"成先天平等的"人"。这不仅有助于考察女性参与财政预算协商的现实能力,还可以帮助我们挖掘女性的政治潜能,因为这种形式可以让女性在"扮演""民意代表"角色的过程中,展示她们在会场以外无法充分发挥的政治潜能。

　　通过这种程序性控制,新的制度设计可以最大限度地规避传统性别制度将两性分属于公、私两个不同领域的前提,赋予女性和男性同等的参与条件:他们得以在同样的情境中学习、商谈并讨论公共事务与政策,进而就地方公共事务与政策表达意见。相比于现实中普遍存在的参政议政环境,这种精心设计的制度形式具有某种程度的抽象性。换言之,泽国参与式民主协商制度赋予女性与男性平等的参与机会,给予她们难得的平等话语权。在访谈中我们能够强烈地感受到女性代表对此感到"兴奋"和"荣耀"。我们通过以下两段访谈摘录予以确认。

访谈记录 1

问:你平时对村干部、镇长有没有提过意见?

答:一般不提。

问:为什么不提? 是没有意见还是不好意思?

答:你(是)一般农村妇女,谁听你说? 不听。

问:如果你提了,他们也不听你的?

答:不听,对。

问:提了意见不理会你?

答:肯定不理你的。

问:在财政预算协商会上提意见,领导会听吗?

答:到民主会上你提的意见,他(指政府领导)要接受。

问:所以说,民主会是个提意见的好地方?

答:嗯。昨天人家提出的意见,镇长都要接受。

问:你是女的,你提意见政府领导也会接受吗?

答:嗯。会上提意见,男的女的都一样的嘛。

问:所以,你昨天会上提了两条建议,你觉得他们(指镇政府)会不会接受?

答:接受。刚刚那里好像开始造了。(此段对话的背景是受访者谈到2008年、2009年财政预算审议会上提出的关于某条公路的改造问题,该代表是第二次参加预算审议。)

　　资料来源:20090222LXF访谈,2008年、2009年女性民意代表之一。

访谈记录2

问:你觉得对老百姓来说,能参加镇里召开的财政预算审议会重要不重要?

答:(对)老百姓还是很重要的,我们可以知道镇里财政怎么分配,如果我不去开会,我根本不可能知道政府的经费怎么分配,一年要支出多少,进账多少,这个我们也有可能知道。去年我去开了这个会,有这个体会,镇里面召开这个会要付出很多钱,真是也不容易。

问:你觉得用抽签形式产生代表,这种形式公平不公平?

答:抽签总是公平的,反正也不是谁说了算。抽签也就是碰运气了。

问:如果不是抽签的形式,你有没有可能去参加这样的会?

答:不可能。因为我原先户口不在这里,我反正是住在黄岩(台州某区地名)那边的,以前户口是(黄岩),这里都叫不到我,这个居民区都叫不到我(开会)。后来我户口迁到这里,但是他们一开会,有什么事,都是老居民去,轮不着我。反正我现在在家里,也还是没谁叫我。镇里的预算审议会,我是摇号轮到的。我觉得这个公平的。

问:你当时去是因为抽到了,心情怎样?去参加会议后,了解到镇政府是怎么花钱的,这么重要的事让你们来说话,你觉得这样做有什么好处呢?

答:我摇号摇到了,心情很激动,很高兴啊。反正邻居是个个都羡慕,像我这样的人能去开(会),(讨论)怎样分配(政府财政预算)。很羡慕我的。我们以前都不知道政府是怎么开支的,4个亿多(预算),也不好搞。对泽国来说也不容易,开支这么多。其实,我也不是很清楚有些开支用得好不好,但我是希望镇里财政预算分配都要做到事事清楚。

　　资料来源:20090222DJL访谈,2009年女性民意代表之一。

访谈信息告诉我们,女性在预算民主审议会之外,其实很少有公开表达意见的机会;即便提了意见,也没有得到应有的重视和考虑。在财政预算民主会上,她们不仅获得了与男性平等的发言机会,而且提出的意见也能够得到政府一视同仁的对待。从这个事实来看,在财政预算民主审议这样特定的政治参与情境中,男女获得了平等的话语权,他们的性别地位被消解,而女性也得以将潜在的参政议政能力发挥出来。

这就是参与式预算民主审议会所营造出来的参与者的"还原的地位",它可以帮助我们较为清晰地摒除后天因素。这种形式可以让女性在"民意代表"的角色中,展示她们在会场以外无法发挥的能力。这不仅有助于考察女性在审议会期间的实际能力,还可以帮助我们挖掘女性的政治潜能。

正是基于民主协商制度中两性"还原的地位",我们通过对三次会议发放的六次问卷(会前与会后两次发放)结果的统计与分析①,审视女性在基层民主参与中,对公共事务与政策的关注与知情、对公共事务的学习与理解,以及充分讨论后对原初偏好的修正与转移,据此认识她们的参政潜能。换言之,通过这种"试验性的"平等参与,了解女性在获得与男性平等的参与条件后,其参与能力是否如传统认定的那样远不如男人,以回应对女性参政能力的质疑。

在研究方法上,向审议代表发放问卷并对其进行访谈,通过对数据进行处理分析,对访谈材料进行整理分析,深入考察在特殊的平等制度设计下,女性的参与能力究竟如何。

首先是问卷。考察的三次民主审议会主要流程完全相同:会议当天,数百名被抽到签的民意代表参加政府财政预算协商审议。上午,代表被事先简单随机分成十几个小组,填写第一份问卷,然后就预算内容开展讨论,发表看法,提出意见。小组讨论结束后,民意代表们带着小组讨论时最受关注的问题和最集中的意见参加大会发言。当天下午,民意代表再分小组讨论,并带着小组讨论的新建议和问题参与第二次大会讨论。在两次大会中,由政府相关部门负责人或专家回答各小组提出的问题,人大代表和其他嘉宾列席会议旁听。在民主审议会结束时,民意代表又填写了与第一次调查问

---

① 2007 年民主审议会由于未能向民意代表提前发放问卷,故数据缺失而不做分析。本书仅引用 2005 年、2006 年、2008 年三次审议会发放的问卷数据。

卷相同的问卷。会后,将两次调查问卷的数据输入计算机进行处理,得到最终决策结果。2005 年、2006 年和 2008 年共发放问卷 1275 份,回收有效问卷 1190 份。具体问卷分布如表 5.1 所示。

表 5.1　2005 年、2006 年、2008 年问卷有效率统计

单位:%

性别	2005 年		2006 年		2008 年	
	第一次问卷	第二次问卷	第一次问卷	第二次问卷	第一次问卷	第二次问卷
男	61.71	159.26	153.77	52.20	59.65	56.57
女	31.23	32.92	41.98	42.44	35.09	33.14
无效	7.06	7.82	4.25	5.36	5.26	10.29
合计	100.00	100.00	100.00	100.00	100.00	100.00

数据说明:问卷统计的有效率(%)=可识别被调查者性别的问卷数量/总回收问卷数量。

其次是访谈。个人访谈的目的是补充问卷数据分析的定性或感官缺陷,深入了解被调查者的经验性内容。由于单纯的问卷调查不能全面真实地反映现实生活中女性参与地方治理的具体情况,而访谈可以从女性个体经验和具体生活经验出发,获得更真实的信息和丰富的内涵。通过对泽国镇部分女性民意代表的访谈,可以了解她们的经历,从她们的生活经验中理解其参政动机与认知。主要访谈资料来自 2008 年 4 月和 2009 年 2 月的两次实地调研经历,走访了普通女性民意代表、发起或负责民主审议会的政府领导干部,以及温岭市和泽国镇某行政村的妇女干部等,共 12 人(见表 5.2)。

表 5.2　访谈信息统计

单位:%

次数	时间	地点	被访谈人(时任)		访谈编号
1	2008-04-24	镇政府会议厅	镇分管副镇长	LYB	080424 镇政府
2	2008-04-24	镇政府会议厅	市委宣传部副部长,泽国镇分管副镇长	MYF,LYB	080424 镇政府
3	2008-04-24	镇政府会议厅	镇分管副镇长,扁屿村党支部书记	LYB,ZWJ	080424 镇政府

续表

次数	时间	地点	被访谈人(时任)		访谈编号
4	2008-04-24	上孚李村	上孚李村分管计生负责人,妇女主任	HSY,CSZ	080425 上孚李
5	2008-04-25	市党校会议厅	市妇联副主席	YWM,LJF	080425 妇联
6	2008-04-25	市党校会议厅	市委宣传部副部长	MYF	080425 MYF
7	2008-04-25	市党校会议厅	市委宣传部副部长	MYF	080425 MYF
8	2008 年 4 月—2009 年 3 月	电话访谈(多次)	镇分管副镇长	LYB	—
9	2009-02-22	镇长泾路 XX 号	民意代表 A 号	LXF	090222 LXF
10	2009-02-22	镇后墙路 XX 号	民意代表 B 号	DJL	090222 DJL
11	2009-02-22	镇牧屿管理区五里泾村前赵 ZXL 家	民意代表 C 号	ZXL	090222 ZXL
12	2009-02-22	镇联树管理区夹屿村 BRF 鞋厂	民意代表 D 号	LHR	090222 LHR

资料来源:根据 2008—2009 年温岭市和泽国镇访谈记录编制。

二、两性对公共事务的关注与知情

根据现有研究成果,由于历史和社会的因素,农村女性对参与政治活动的冷漠和随意,对表达政治意愿的腼腆和从众,似乎都在证明她们的确缺乏政治理性与相对较弱的公共事务决策与管理能力。[1] 那么,温岭的参与式性别预算女性民意代表在审议会上的表现是否一如既往地印证了这一结论呢? 我们首先从女性对公共事务的关注与知情开始考察。

关注与知情领域,反映了个人的天然偏好或天然亲近,在政治参与过程中则表现为个人对某些特定领域的较多关注或基本立场。女性应该生活于哪个领域? 传统政治学自创立之始,就对女性与男性有明确的分工。最早

---

[1] 理想的政治参与是一个理性主导的过程,必须贯彻智慧、审慎的原则,而参政议政的能力往往与此相关。在论述农村女性参政缺陷时,"自身素质低下"或"参政议政能力不足"往往被视为提高农村女性参政水平的重要障碍,而这些表述恰恰代表了缺乏政治理性。

对公共领域与私人领域进行区分的是柏拉图的《理想国》,他明确将护卫者阶层的家庭作为私人的领域,并将之与公共领域相对立。[①] 进而,亚里士多德将家庭作为"自然形成的第一种联合体形式",它是为了满足日常重复的各种需要;而公共领域或城邦则超越了"单纯的生活"需要,它是为了"善的生活"而存在。[②] 自近代以来,西方政治理论都建立在私人领域与公共领域相区分的基础上,并且将公共领域界定为由男性参与的、适合男性从事的公共政治活动场域,女人则从属于私人的家庭领域,适合从事家务活动。[③] 甚至某些当代的女性主义者,如西蒙娜·德·波伏娃(Simone de Beauvoir)也将女性的生理特征作为其参与公共政治生活的障碍,她认为正是女性生育和抚养孩子的经历,造就了女性作为家庭照顾者的角色与身体,进而导致女性远离公共的政治生活,自然地,公共事务成为男人关注的责任。[④] 尽管波伏娃主张女性应该进入公共领域与男性一样商讨公共事务,但是两性关注公共事务的差异被认为是一个普遍的事实。

那么,女性究竟是否有能力关注公共事务? 她们的关注度与男性是否存在显著的差异? 我们根据男女两性在 2005 年、2006 年城建项目的优先性评估打分,判断女性对公共事务的关注是否与男性存在明显的差别。在这两次财政预算民主审议会上,民意代表们分别给 30 个和 38 个城建预选项目打分。第一次问卷发放时间是审议会之前,评分结果反映民意代表在未经过充分协商时的最初意愿;第二次问卷发放时间是在代表们经过小组讨论和大会讨论之后,是在进一步了解和掌握更多信息的基础上做选择,反映的是民意代表通过充分协商之后形成的意愿。表 5.3 与表 5.4 分别从项目分类与大类两个层面,揭示男女两性对公共事务的关注与知情度,以考察两性之间是否存在明显的差异。

---

① Jarrett B. The Dialogues of Plato[M]. 4th ed. Oxford: Clarendon Press, 1953: 71-72.

② Aristotle. Politics[M]. Translated with an introduction Ernest Barker. Oxford: Oxford University Press, 1980: 4-32.

③ 霍布斯、洛克、卢梭等社会契约论者无一例外地将女性排除在公共领域之外,把女性留在了自然的私人领域中。

④ De Beauouir S. The Second Sex[M]. Translated by Parshley H M. New York: Knopf, 1953: 96.

表 5.3 2005—2006 年泽国城镇建设项目预选结果（得分前 5 项）

年份	排序	女		男	
		会前	会后	会前	会后
2005	1	35 污水处理前期工程	35 污水处理前期工程	35 污水处理前期工程	35 污水处理前期工程
	2	6 文昌路主干道	30 城乡规划设计	30 城乡规划设计	6 文昌路主干道
	3	30 城乡规划设计	34 丹崖环卫中转站	6 文昌路主干道	30 城乡规划设计
	4	28 丹崖山公园	6 文昌路主干道	34 丹崖环卫中转站	34 丹崖环卫中转站
	5	27 城区绿化工程	33 牧屿环卫中转站	27 城区绿化工程	33 牧屿环卫中转站
2006	1	24 丹崖污水处理站	37 续建垃圾中转站	38 村庄示范整治工程	37 续建垃圾中转站
	2	25 城区排涝改造	28 桥梁建设	37 续建垃圾中转站	26 联树垃圾中转站
	3	27 环卫设施添置	25 城区排涝改造	24 丹崖污水处理站	3 铁路站场泽国区块控制性规划
	4	37 续建垃圾中转站	1 道路专项规划	35 续建桥梁	28 桥梁建设
	5	26 联树垃圾中转站	3 铁路站场泽国区块控制性规划	1 道路专项规划	24 丹崖污水处理站

数据来源：表内结果为全部城建预选项目按照平均分降序排列的前五位。如 2005 年女性代表的第一次问卷中（会前），得分最高的项目是"35 污水处理前期工程"（问卷序号 预选项目名称）。

从表 5.3 的选择结果看，女性与男性选择的项目中，得分前五位的项目完全相同，只存在排序的差别。这从一个角度反映了女性对地方事务的了解程度与男性并没有多少差异，也表明，女性事实上与男性一样，对与自己生活密切相关的公共事务都十分关注与知情。2006 年与前一年的情况十分相似，两性之间对各具体项目重要性的评分并没有出现明显的差异。表 5.4 是根据大类项目的评分反映两性之间的相似选择。

表 5.4 2005—2006 年泽国城镇建设大类项目预选结果

年份	项目	会前		会后		得分差异	
		男	女	男	女	男	女
2005	路/桥建设类	6.05	5.89	5.60	5.95	−0.36	0.06
	经济区配套类	6.11	6.44	5.94	6.62	−0.17	0.18
	环卫绿化类	7.13	7.12	7.15	7.60	0.02	0.48
	规划设计类	7.37	7.12	7.05	7.27	−0.32	0.15
2006	经济区配套类	6.73	7.12	6.74	7.22	0.01	0.10
	路/桥建设类	7.40	7.44	7.69	7.71	0.28	0.27
	环卫绿化类	7.65	8.18	7.92	8.15	0.27	−0.02
	规划设计类	8.45	8.36	8.43	8.35	−0.02	0.00

数据说明:两次问卷均要求各民意代表在各项目中,按照重要性程度 0—10 依次打分(0 代表完全不重要,10 代表最为重要)。得分即为各项平均分。

从项目大类的评分结果看,女性与男性对大类项目的评分高低呈正向关系。具体来说,2005 年,女性与男性对项目大类的评分从高到低排序依次为:"规划设计类"→"环卫绿化类"→"经济区配套类"→"路/桥建设类";而 2006 年从高到低的排序依次为:"规划设计类"→"环卫绿化类"→"路/桥建设类"→"经济区配套类"。女性与男性的排序完全一致。对于公共财政预算政府收支项目的评分,女性与男性评分最高的三项分别是教育、医疗卫生与社会保障和就业,两性差异并不明显(见表 5.5)。

表 5.5 2008 年泽国公共财政预算政府收支分类项目结果

分类	会前				会后				总体	
	男		女		男		女			
	排名	得分	排名	得分	排名	得分	排名	得分	排名	得分
一般公共事务	8	6.39	8	6.53	7	6.89	8	6.82	8	6.92
国防事务	2	9.03	4	8.71	4	8.33	6	7.59	4	8.18
教育	1	9.39	1	9.64	1	9.63	1	9.48	1	9.59
医疗卫生	3	8.82	2	9.11	3	9.12	2	9.41	2	9.25
社会保障和就业	4	8.01	3	8.83	2	8.54	3	9.13	3	8.82

续表

分类	会前				会后				总体	
	男		女		男		女			
	排名	得分	排名	得分	排名	得分	排名	得分	排名	得分
城乡社区事务	6	6.30	7	6.65	6	7.06	5	7.95	6	7.40
农林水事务	5	7.33	5	7.87	5	7.73	4	8.28	5	7.94
工业商业金融等事务	6	6.30	6	6.91	8	6.33	7	7.00	7	6.54

　　数据说明:两次问卷均要求各民意代表在各项目中,按照重要性程度0—10分依次打分(0代表完全不重要,10代表最为重要)。得分即为各项平均分。

　　如果以最后总得分为标准,那么,女性在审议会前的评分结果便已达到最终目标。至少表明,两性对公共事务的关注与了解基本一致。这种一致性证明了女性不仅对地方公共事务并不是冷漠不关心,而且对政府决策基本价值导向具有清晰的把握。这一结论使我们反思,传统性别劳动分工的理论依据是否真的具有普遍有效性。从女性参与预算审议会的经历来看,尽管女性一直生活在私人领域,但是,一旦赋予她们同等的条件,如作为民主审议会的"民意代表",她们就不仅可以成为公共政策的商议者,而且表现出与男性同等的关注与知情能力。女性作为"私人领域"照顾者可以转变成为"公共领域"的主体。

三、两性对公共知识的学习与理解

　　学习与理解能力可以反映出个人在某一活动中获取新知识的能力。女性是否只擅长于学习运用养育、照顾等私人领域的知识,而对有关公共事务决策的知识的掌握不如男性? 在政治思想史上,"文化"与"自然"的二元分割由来已久,并且成为西方政治思想的基础。[①]"自然"与天性、混乱、黑暗和激情相联系,是指未曾被改造过的东西,而"文化"是指理性、秩序、光明和规

---

　　① 在柏拉图的《理想国》中,首次出现文化与自然的二元对立。

则,它可以改造并控制"自然"。① 重要的是,自古希腊以来,女性与自然相联系,她们被定义为不适合过理性的生活。延伸到政治领域,拥有理性的男人和文化相联系,他们是政治生活的主体。② 这种最初的区分在亚里士多德的功能主义政治学中体现,其明确将自然等同于女性,女人更接近于"自然的"或生物的功能,即生育、烹调食物与护理。与男人相比,女人拥有更少的理性,因此,不能成为公共领域的活动主体。③ 这种传统延续到近代甚至当代,女性一直被归入自然的范畴,她们被认为天生就具有生育与照顾的潜能,而对政治事务的学习与理解却不如男性。根据艾丽斯·M.杨(Iris Marion Young)的观点,在现代政治理论中,公与私、文化与自然的区分表达了对商谈主体"同质性"的要求,它必然"将很多人和团体都排除在外,特别是在文化上与身体、野性和唯理性相关的女性团体和各种激进团体"。④原因是,现代政治理论认为女性是倾向自然与感性的群体,她们缺乏审慎的理性能力,以评判政策的价值取向与自我的价值偏好。早期政治理论甚至认为,只有男人才是公民,有资格参与公共事务、担任公职,民主政治是男性的空间。女性是感性的、情绪化的,无法掌握理性的政治知识。现实中,对女性政治能力的各种质疑,理论上无不源于政治理论中自然与文化的二元区分。

那么,在财政预算审议会"还原的地位"中,女性在学习与理解公共事务的知识时,是否真的如传统认定的那样不善于理解公共知识,或者说缺乏必要的政治理性?根据协商民主理论,民主协商的过程不仅能够帮助民意代表更理性、深入、公正地理解政策含义,反过来也能促进民意代表获取更多政策涉及领域的知识。这是协商民主恳谈的引导、启智功能。那么,女性在拥有平等的学习机会时,其获取与理解公共知识的能力究竟如何?对此,我

---

① Jarrett B. The Dialogues of Plato[M]. 4th ed. Oxford: Oxford University Press, 1953:781.

② 阿内尔.政治学与女性主义[M].郭夏娟,译.北京:东方出版社,2005:17.

③ Aristotle. Politics[M]. Translated with an introduction Ernest Barker. Oxford: Oxford University Press, 1980:4.

④ Young I. Impartiality and the civic public[M]//Benhabib S, Cornell D. Feminism as Critique: On the Politics of Gender. London: Polity Press, 1987:73.

们通过问卷中相关的知识性问题进行考察(见表5.6)。[①]

表 5.6　2005—2006 年泽国镇知识性问题统计对比

单位:%

年份	问题	会前		会后		百分点差异	
		男	女	男	女	男	女
2005	泽国镇 2004 年的财政收入比 2003 年增长多少	24.29	27.54	43.70	38.10	+19.41	+10.56
	泽国镇的外来流动人口已超过多少	47.92	45.21	59.09	63.64	+15.72	+13.89
	下列的哪个产品不是泽国镇的主要产品	60.14	43.94	52.31	66.94	+6.80	+8.37
	目前泽国镇有几个公园	7.75	5.71	10.40	4.48	+2.65	-1.24
2006	泽国镇 2005 年的财政收入比 2004 年增长多少	4.17	5.33	27.78	33.78	+23.61	+28.45
	泽国镇的外来流动人口已超过多少	24.24	18.42	63.54	78.08	+39.30	+59.66
	泽国镇的哪家企业是全国第一家股份合作制企业	75.61	84.38	88.51	91.55	+12.90	+7.17
	浙江省下列哪个农产品是国家 A 级绿色食品、省绿色食品,曾连续三年在省农业博览会上获优质农产品金奖	83.13	90.77	87.91	94.74	+4.78	+3.97

数据说明:男＝男性代表该题回答正确人数/男性代表在该题做过选择的人数,即男性代表答题正确率(%);女＝女性代表该题回答正确人数/女性代表在该题做过选择的人数,即女性代表答题正确率(%)。

在为期一天的预算审议会中,民意代表经过两次小组讨论和两次大会交流,有较充分的时间和机会听取和吸收各组不同的意见及专家的分析,并调整自己的看法。协商民主理论认为,这一过程不仅能够帮助民意代表更理性、深入、公正地理解政策含义,反过来也能促进民意代表本人对政策涉及领域的知识增长。这是协商民主恳谈的引导、启智功能。问卷统计结果

---

① 2005 年、2006 年和 2008 年三次审议会发放的问卷中均设置了 4 个知识性问题,用于考察民意代表在协商恳谈过程中的学习能力。我们以 2005 年和 2006 年的审议会为例,比较分析女性对相关知识的认知。

也有力地证实了这一点。

从上述两年的数据看,2005年预算协商审议前,除对"泽国镇2004年的财政收入比2003年增长多少"这一问题回答的正确率高于男性3.25个百分点外,其余问题女性代表的答题正确率都低于男性。审议会后,虽然女性的答题正确率在两个问题上高于男性,但总体上来看,并没有明显的优势。然而,在2006年,情况发生了明显的变化。审议会前,除对"泽国镇外来流动人口已超过多少"这一问题回答的正确率低于男性外,女性在其余问题上回答的正确率都高于男性,审议会后,女性回答的正确率不仅明显高于审议会前,而且也明显高于男性的正确率,分别高出6.00个、14.54个、3.04个、6.83个百分点。这种变化说明,尽管当地女性日常生活的主要内容是家庭与孩子,或者从事"自然的"农事劳动,但是,在平等的民主参与和政治信息公开的条件下,她们在履行"民意代表"职责时,其获取与掌握公共知识的能力并不低于男性。

这一结果某种程度上得益于温岭市十多年的民主审议会实践。在审议会过程中,许多地方都有民主审议会的宣传标语,发放大量的小册子以普及民主参与的知识,包括地方电台与电视台、报纸等对公共事务的报道,内容包括地区经济增长的情况、人均收入的提高情况、外来人口的增加人数、企业发展情况、市政建设项目等。温岭农村女性比男性在家的时间更多,男性大多外出经商或在外地工作。在年复一年的民主制度推进中,女性有越来越多的机会参与基层治理,她们对本地经济与社会发展的认知水平日益提高。民主审议会则以制度的形式,强化了她们的学习意识,使她们可以更好地理解地方政府公共政策制定过程中的基本知识。①

特别是预算审议会前后组织者对女性的鼓励与动员,更加有助于提高她们获得知识与表达意见的热情。例如,有一位女性在得知被抽中作为民意代表参加审议会时,明确表示不参加。原因是,她从来没有参加过此类会议,不知道怎样参加这个会。组织者耐心地鼓励她,告诉她:你在会上的发言是"非常有意义的"。她顿时非常兴奋,表示愿意去。结果出乎意料的是,她在审议会上的发言非常踊跃,甚至可以侃侃而谈。

---

① 资料来源:对时任泽国镇副镇长梁云波的访谈,2008年11月2日。

访谈记录 3

答：我有很深的印象，就是某领导来，在这里开了一个座谈会征求意见。他在选出来的民意代表中随便找了十几个来开会。当时有一位被摇号摇到的妇女也来了……这家女主人说："我从来没开过会的，我怎么能去开什么会？"然后她丈夫说："你不去就不用去了，反正我没空的。"结果某领导告诉她"你去开会到时候说的话肯定非常有意义"。就这么去肯定、去鼓励，温岭老百姓特别是农民经不起表扬的，她听了非常兴奋，后来就去了，在会上发现她很踊跃啊。

资料来源：20080424MYF访谈，温岭市委宣传部部长。

人们通常认为，相较于男性，女性在陌生环境下会更加羞涩，但这并不必然等同于女性政治参与的积极性相对较弱；相反，在有效的引导下，女性也能够较好地关注议题并表达建议。正如一位当时组织与参与审议会的副镇长告诉我们的，"审议会上女性的表现的确令人惊讶，她们不仅发言踊跃，而且发言非常有水平，很有逻辑性，许多女性发言者的理性程度远远超过男性。这是我们会前没有预料到的"[1]。因此可以说，具有"自然"属性的女性不乏理性的政治能力，在参与民主审议会的经历中，尤其是知识性问题的学习与理解中，她们运用理性的学习能力与男性并没有明显的差异。

四、两性的偏好转移与认同

偏好转移与认同能力是指持不同立场的人聚集在一起，通过交换各自不同的观点，逐渐达成某种程度的共识，认同某种共同利益。那么，两性在财政预算审议会上的表现，是否存在明显差异呢？可以从以下方面进行考察。

一是对民主协商结果的认同。在民主审议会的审议过程中，女性能否与男性一样审慎地评判自己原初的政策偏好？她们在讨论中是否善于修正自己的价值取向，使之符合公共价值目标？这是检验女性能否正确理解普遍的公共利益的重要依据。传统政治理论总是将女性的情感与关怀解释成

---

[1] 资料来源：对时任泽国镇副镇长梁云波的访谈，2008 年 11 月 14 日。

任性与偏执，因此，反理性主义理论家吉纳维夫·劳埃德（Genevieve Lloyd）认为，确认女性平等地拥有理性特征，确认她们进入公共领域的权利，以及她们在公共领域中是有教养的、能够得到证明的，这是具有重要意义的。[①]审视女性在恳谈中的教养程度，需要考察女性参与恳谈或商议政策价值取向时是否能顺利地理解共同利益，并使自己原初价值目标发生转变。换言之，当政府鼓励女性参与协商，"对公民进行教化，引导他们关注公共利益"之时[②]，女性的个人偏好能否有效地向公共偏好顺利转移呢？

在此，选取 2005 年和 2008 年参与过前后两次问卷调查的民意代表的意见进行考察。[③] 2005 年审议会参与前后两次问卷的男性代表有 100 名，女性 61 名；2008 年男性代表为 83 名，女性 50 名。[④] 将第一次问卷结果（各项平均得分）按性别分别设为 male1 和 female1，第二次问卷结果（各项平均得分）按性别分别设为 male2 和 female2，在 SPSS 中录入相应数据，取 $\alpha = 0.01$（即可靠性为 99%），将分析变量 male1 和 male2 以及 female1 和 female2 分别进行威尔科克森（Wilcoxon）检验[⑤]，以衡量民主审议会对女性与男性产生影响的"显著性"（见表 5.7）。

表 5.7　检验统计量[b]

统计量	2005 年		2008 年	
	male2-male1	Female2-female1	male2-male1	Female2-female1
Z 值	2.273[a]	-2.725[a]	-2.241[a−]	-3.514[a]
渐进 p 值（双侧检验）	0.023	0.006	0.025	0.000

注：a. 基于负秩；b. Wilcoxon 符号秩检验。渐进 p 值数值越小，说明协商过程对个人的选择产生的影响越显著。

---

① Lloyd G. The Man of Reason："Male" and "Female" in Western Philosophy[M]. 2nd ed. London：Routledge，1993：104.

② 谈火生. 审议民主[M]. 南京：江苏人民出版社，2007：255.

③ 由于 2006 年的问卷为匿名且未填问卷编号，不符合该检验方法的前提条件，所以没有收入该年份的问卷样本。

④ 选取原则：2005 年问卷依据姓名；2008 年为匿名，依据问卷编号，问卷编号与恳谈代表编号一一对应。由于并非所有民意代表都有效地填写了前后两次问卷，因此采用对照姓名和问卷编号的方法，可以较为准确地辨别是否为同一组人填写了前后两份问卷。两个相关样本是进行 Wilcoxon 检验的条件。

⑤ Wilcoxon 检验，即两相关样本检验，是非参数检验的一种分析方法。

数据显示,2005 年与 2008 年男性的渐近 p 值分别为 0.023 和 0.025,而女性的分别为 0.006 和 0.000。这表明,经过充分的小组与大会讨论,女性比男性在个人意愿及其选择上发生了更为显著的变化,民主审议会对女性产生的影响明显大于男性。这种影响主要体现于民意代表对各项决策意图的认识改变,亦即对决策利益取向的价值偏好转移,女性的自我修正能力表现得非常明显。为此,还可以结合 2005 年和 2006 年两年的问卷,通过三个层面具体考察验证。

首先,通过两性对"教育"与"医疗卫生"的项目选择,考察两性的个人偏好有没有差异(见表 5.8 和表 5.9)。

表 5.8　2008 年公共财政预算教育支出重要性排序

教育	会前		会后		前后差异	
	男	女	男	女	男	女
普通教育	7.99	8.00	8.07	9.17	+0.08	+1.17
成人教育	7.55	7.92	7.42	8.44	−0.13	+0.52
其他教育支出	6.14	6.56	6.37	6.93	+0.23	+0.37

数据来源:2008 年泽国镇预算审议会前后再次问卷统计。

表 5.9　2008 年公共财政预算医疗卫生支出重要性排序

医疗卫生	会前		会后		前后差异	
	男	女	男	女	男	女
疾病预防控制	8.98	9.13	9.26	9.62	+0.28	+0.49
医疗保障	8.80	8.98	8.99	9.41	+0.19	+0.43
卫生监督	8.65	8.67	8.58	8.96	−0.07	+0.29
农村卫生-灭蟑灭老鼠经费	7.80	8.02	8.05	8.42	+0.25	+0.4

数据说明:两次问卷均要求各民意代表在各项目中,按照重要性程度 0—10 分依次打分(0 代表完全不重要,10 代表最为重要)。表格内数字为各项平均分。

在上述两个项目大类中,无论是审议会前还是会后,女性选择的平均分都高于男性,且协商讨论后的选择得分都有上升。出现这种情况的主要原因是,上述两类项目都与日常家庭生活密切相关。与男性相比,女性似乎更加明确此类项目的重要性,而男性的打分在审议会后出现某种程度的下降。卡罗尔·吉利根(Carol Gilligan)在论述女性道德思维特征时说过,女性的道德价值推理是具体的,而不是抽象的。① 女性民意代表长期主持家庭与孩子教育等事务,她们更明确意识到政府加强对相关项目投入的重要性。从这个意义上说,女性现实的生活经历与性别劳动分工对她们的政策偏好产生了直接的影响,对该项目中各个分类项目的讨论似乎也很难改变她们的价值取向,甚至更坚定了原初的偏好。

但是,这是否说明女性缺乏理智地转移偏好的能力呢?答案是否定的。因为,当我们放大考察范围,将上述特定项目与更具紧迫性的其他项目相比较时,我们看到的却是女性比男性表现出更有弹性的价值取向,更容易转换立场,对先前的价值目标进行修正,即便他们在对"教育"单项进行评分时坚持认为其极其重要,在更广背景的选择中,也表现出服从"更重要"项目的倾向,如对"教育"项目的偏好转移就十分明显(见表 5.10)。

表 5.10　2008 年公共财政预算项目得分前五位(女性)

排序	会前		会后	
1	教育(政府收支分类项目)	9.64	环卫一体化建设	9.82
2	教育(城乡社区事务)	9.62	土地出让业务支出	9.78
3	农村饮水	9.52	医疗保障	9.62
4	保护环境	9.23	保护环境	9.57
5	疾病预防控制	9.13	教育(政府收支分类项目)	9.51

数据说明:两次问卷均要求各民意代表在各项目中,按照重要性程度 0—10 分依次打分(0 代表完全不重要,10 代表最为重要)。表格内数字为各项平均分。

从数据的变化中可以看出,女性在审议会前的选择与分项目选择是一致的,"教育"排在最前面,"疾病预防控制"位列第五。然而值得注意的是,女性在审议会后所表现出来的偏好转移程度远远高于男性。因为,女性的优先性排序更接近镇政府提出的财政投入的"四个倾斜"②,而男性的情况

---

① Gilligan C. In a Different Voice：Psychological Theory and Women's Development [M]. Cambridge：Harvard University Press，1982：64-105.

② "四个倾斜"包括生态环境建设、教育事业、重点工程项目、公共安全。

却不一样(见表 5.11)。

表 5.11　2008 年公共财政预算项目得分前五位(男性)

排序	会前		会后	
1	农村饮水	9.45	教育(政府收支分类项目)	9.63
2	教育(政府收支分类项目)	9.39	教育(城乡社区事务)	9.56
3	保护环境	9.34	农村饮水	9.32
4	教育(城乡社区事务)	9.32	医疗保障	9.25
5	国防事务	9.03	保护环境	9.17

数据说明:两次问卷均要求各民意代表在各项目中,按照重要性程度 0—10 分依次打分(0 代表完全不重要,10 代表最为重要)。表格内数字为各项平均分。

以排序第一为例,女性的偏好转移十分明显,而男性在大类项目的比较中,其偏好并没有发生变化,与"四个倾斜"的大类项目距离更远。这说明,女性在协商讨论中,比较善于将自己的选择与他人的意见进行比较,她们对会议过程中政府领导干部、主持人或者专家对政策意图的解释表现出更多的理解,在代表们提出反对意见并激烈争论时,女性更易于站在对方立场上审视自己的偏好,对官方和非官方的偏好干预采取更审慎的态度。① 审议会后,女性将自己对"教育"的初始偏好与其他项目进行比较,权衡后再次进行价值取舍,"教育"的排序明显下降,社区公共利益导向的项目得分取代了"教育"的优先地位,而"环卫一体化建设"与"土地出让业务支出"正是分属于"公共安全"和"重点工程项目"两个大类。由此可见,审议会后,女性的个人偏好趋向于公共政策的基本导向,朝着更广范围的利益偏好转移,这充分反映出她们在公共政策制定过程中的价值判断与识别能力,尤其是对公共利益的理解与认同。

最后,女性价值偏好的转移究竟是出于从众心理附和他人,还是源于内在价值目标的改变?这是检验女性偏好转移与政策选择能力的重要依据。这需要进一步考察女性转移偏好的深层动机,以了解女性在修正个人偏好过程中,是不是对政策目标的理解发生了变化。因为,只有女性真实理解了

---

① 根据卡斯·R.森斯坦的观点,对个人偏好的干预也应该是民主政府的一种责任。参见谈火生.审议民主[M].南京:江苏人民出版社,2007:255.

目标利益,才能证明她们改变偏好是出于对普遍利益的认同,而不是人云亦云的从众行为。

我们仍然通过 2005 年和 2006 年两次审议会期间对选择重点项目的理由来探视女性动机"转移"的内因。这一考察的前提是:若会后选项①的比例下降或选项②的比例上升,则表示从特殊利益向普遍利益转移;若选项③的比例上升,同样表示向普遍利益转移,且兼顾了特殊利益。由于选项②和③都含有全镇的普遍利益,因此我们对单选②和同时选②③的结果进行会后与会前的转移率比较[①](见表 5.12)。

表 5.12　选择重点项目的理由

单位:%

年份	性别	①"新的建设项目最好能帮助我村与我村邻近的地方"			②"新的建设项目最好能帮助整个镇,而不是我村与我村邻近的地方"			③上述两个理由		
		会前	会后	差异	会前	会后	差异	会前	会后	差异
2005	男	7.77	5.68	−2.09	62.14	64.77	+2.63	23.30	25.00	+1.70
	女	8.70	5.13	−3.57	52.17	58.97	+6.80	30.43	20.51	−9.92
2006	男	16.05	7.58	−8.47	41.98	43.94	+1.96	38.27	36.36	−1.91
	女	16.42	14.89	−1.53	41.79	38.30	−3.49	37.31	44.68	+7.37

数据说明:选择该理由的比例(%)=选择该理由的问卷数量/所有在此问题上做过选择的有效问卷数量。原题还有一个选项"④:不知道",且部分问卷在该题上出现多选,本表对这两种情况未明列。以 2005 年男性会前情况为例,选择①、②、③这三项的比例总和是 93.21%(7.77%+62.14%+23.30%),总和不为 100%。

先看选项①的结果,女性与男性一样,会后选择"新的建设项目最好能帮助我村与我村邻近的地方"的比例明显下降。2005 年会后,女性向"整个镇"普遍利益的转移率高于男性 4.17 个百分点(仅选项②);2006 年,虽然女性对选项①的选择转移率低于男性,但其选项②和③的转移率为

---

① 转移率=审议会后选择该选项的比例−审议会前选择该选项的比例。2005 年女性向"全镇"普遍利益的转移率为 6.80%,而男性则为 2.63%。

3.88%,而男性仅为 0.05%[①],女性高于男性 3.83 个百分点。这说明,审议会后,女性的偏好转移并非出于无知盲从,也不是简单的从众心理使然,而是出于对公共利益的内心认同。的确,经过协商,女性对共同利益的理解明显加深了。表 5.12 显示,审议会后,对"新的建设项目最好能帮助我村与我村邻近地方"的选择率下降,而对包括"整个镇"受益的项目选择明显增加。这说明,虽然女性受生活经历的影响,最初的价值判断反映了其具体的生活背景,但是,她们在民主协商过程中对普遍利益的理解与认同更是显而易见的,而价值观的转变和对普遍利益的认同正是其偏好转移的内在动因。

二是对政策精神、政府行为的认同。充分协商过程使得民意代表更相信政府吸取民意的诚意,并相信其会对政府行为产生影响。2008 年的问卷调查显示,大多数女性代表对泽国镇民主审议会的形式和专家与领导干部的回应表示满意,小组成员在讨论中较为平等,代表在发表看法时较为理性(见表 5.13)。

表 5.13　2008 年民意代表对民主审议会的部分评价

单位:%

问题	男	女
您对参与小组讨论形式的看法(0 代表真是浪费时间,10 代表极其有价值)——回答"5—10"的比例	98.57	100.00
您对大组讨论中与专家对话形式的看法(0 代表真是浪费时间,10 代表极其有价值)——回答"5—10"的比例	100.00	100.00
您对整天协商讨论的看法(0 代表真是浪费时间,10 代表极其有价值)——回答"5—10"的比例	95.45	100.00
与您看法不同的小组成员是否有他们自己合理的理由——回答"非常同意"和"一般同意"的比例	93.62	100.00
大组讨论中,专家和领导干部的回答是否令人满意——回答"5—10"的比例,回答最令人满意"10"的比例	100.00,72.41	100.00,75.00

数据说明:以上问题只在第二次问卷中出现,仅罗列选择较多的答案。各项数据＝回答该项人数/明确做出态度意向的恳谈代表人数(在回答人群中剔除"不知道""没有看法"或"无所谓")

---

① 2006 年女性全镇利益转移率 3.88% ＝(38.30% ＋44.68%)－(41.79% ＋37.31%),男性全镇利益转移率 0.05% ＝(43.94% ＋36.36%)－(41.98% ＋38.27%)。

从这个意义上说,泽国镇的试验证明了协商式民主恳谈不仅具有将"异见"趋同的功能,且开放、真诚、务实的沟通方式还能够切实增强政府公信力。当然,这同样与当地政府已经建立了一套将历次民主恳谈结果落实的制度性规范密切相关(见表 5.14)。

表 5.14 认为所提意见建议会被认真诚恳听取的比例

单位:%

年份	审议会前		审议会后	
	男	女	男	女
2005	88.89	91.84	96.64	94.74
2006	97.37	93.44	97.65	98.61
2008	91.23	96.88	96.67	100.00
2005	88.50	94.44	96.69	94.44
2006	93.42	93.75	96.70	95.71
2008	92.98	93.94	93.55	100.00

数据说明:0—10 分的可能性中(0 代表完全不会,10 代表认真吸取),回答"5—10"的比例＝回答"5—10"人数/明确做出 0—10 选择的恳谈代表人数。表中数据为回答"5—10"的比例。

至此,在"控制性试验"民主审议会实验中,我们可以理解,在创新的"控制性试验"中,男女拥有平等制度资源参与预算审议并发表意见;决策信息对两性同等开放;审议会期间女性与男性一样,仅仅具有"民意代表"的角色身份及职责。这些前提条件正是检视两性能力的出发点,因为在这种情景下,暂时排除了女性作为家庭照顾者的身份,而是纯粹作为"民意代表"履行公共职责的身份,将女性与男性置于同等的决策参与者地位。这一视角带有某种程度的抽象性,原因是,同样的制度资源在现实的两性参与中远没有达到实验场景提供的条件。将女性和男性"还原"成平等地位后,犹如在复杂的现实制度背景中截取某个"横断面",便于相对客观地考察女性在现实制度下未曾被激发出来的参政能力。从实验数据中可以发现,在男女平等机会与信息公开的条件下,女性表现出来的政治潜质与理性判断力并不低于男性。反观现实的决策制度,女性很少获得平等参与机会,也就难以充分实现其潜在的能力。这一发现可进一步证明，以平等参与为前提的女性赋权，在保证参与比例公平性的同时，对女性自主赋权的能力也具有重要的促进作用，体现在以下方面。

首先，女性虽然长期生活于"私人的"家庭领域，履行作为生育者与照顾者的责任，远离"公共的"政治领域，但是，当民主审议会制度赋予她们与男性平等的机会参与公共事务的商谈与决策时，"民意代表"获得了平等的参与机会，在获取同样的知识信息下商讨公共事务，女性并没有表现出人们习以为常的"弱者"特征，而是表现出与男性相似的对公共事务的关注，并且对公共事务与政策具有与男性相当程度的理解。这说明，当女性获得与男性平等的条件与机会时，她们参与公共决策的内在潜力是显而易见的。

其次，在民主审议会的"控制性试验"中，女性表现出明显高于男性的公共知识学习能力。比较 2005 年和 2006 年两年的数据可以发现，平等参与条件下女性的知识增长速度远超过男性。这说明，在平等参与民主协商的背景下，女性的学习与理解能力并不比男性差，在特定的民主环境中，当制度提供给她们履行参与决策责任的机会时，她们掌握的公共事务与公共政策的知识的增长至少不亚于男性，甚至高于男性。

最后，女性在参与民主协商过程中具有足够的理性能力与教养，她们在选择政策价值取向时，审慎地评估与自身利益密切相关的特殊利益与普遍的共同利益，即便原初偏好是自己努力追求的目标。但是，在与更普遍利益之间的权衡中，女性更容易修正自己的偏好，向共同利益目标转移，或者说，向政府引导的公共利益目标转移。Wilcoxon 检验结果显示，民主审议会对女性偏好产生的影响大于男性。进一步追究为什么会如此，答案是女性在理解公共利益与普遍价值时，善于转换立场思考问题，并从他人角度反思自己的意见，进而将他人意见融入自己的原初偏好。这说明，女性在受到政府的鼓励和引导后[①]，显示出很好的教养与转移偏好的能力。

由上述分析可知，当女性与男性平等地拥有参与机会以及参与协商实践时，她们的政治能力并不低于男性，不论是对政治知识的学习能力，还是理解社区公共事务的能力，或者是偏好的转移与认同，女性的表现都能胜任民主协商要求。至少在温岭财政预算协商审议中，女性因获得与男性平等

---

① 谈火生.审议民主[M].南京：江苏人民出版社，2007：255.

的培训机会,从而能够作为纯粹的民意代表来履行职责,因此,在民主审议会期间,她们展示出了日常生活中难以显现的参政潜力。据此理解参与式性别预算的民主协商制度对女性赋权的意义,首先需要考察现实制度背景下,是否在规则制定中平等地将"配制性资源"在两性之间进行了有效分配,以保证女性拥有平等的机会对财政预算项目及资金分配做出自由自主的选择。事实上,自 2005 年温岭尝试参与式预算之初,就将民主协商审议代表的选择作为制度创新的切入点,通过摇号方式平等地分配代表人,女性与男性各占一半。随着时间的推移,尽管代表资源的分配方式不断更新,但是女性比例始终保持在相应的代表性程度上。这恰恰满足了女性赋权的首要条件,即拥有必需的制度性资源,获得了平等进入决策过程的机会。"进入途径"作为重要的制度资源,对长期处于政治领域边缘的女性来说,具有至关重要的作用。据此,女性未能释放的潜能得以激发与培育,有的甚至可以成为与男性一样的优秀领袖。

然而,为什么在民主协商制度环境之外,女性群体的政治能力总体上看起来不如男性呢?温岭的"控制性实验"引发了我们的思考,在两性政治潜能相同或相似的情况下,女性现实政治能力低于男性的现状,只能说明其参政潜能并未与男性一样得到有效的开发与培育。

五、女性的政治能力消失在何处

根据赋权理论,女性参政能力的缺失本质上是缺少培育自主能力的机会,为女性赋权意味着使她们有自由选择自己生活的权力,进而培育出自由选择的自主能力,这一过程需要诸多条件保障。

从制度层面理解,"激发潜能"或"培育潜能"意味着制度可以赋予个人平等的参与选择机会。正是从这一角度,有的研究者将赋权界定为能动性、自律、自我定位、自决、自由、参与、驱动力以及自信①,主张需要特定的制度设计以确保个人可以平等地获得能力要素。有的研究者则更明确地指出,

---

① Narayan D. Measuring empowerment:Cross-disciplinary perspectives[R]. Washington, D. C.:The World Bank,2005.

赋权主要包含两个层面的内容：第一个层面是"主体能动性"(agency)；第二个层面是"制度环境"(institutional environment)，即提供机会使得人们能够充分行使主观能动性，为有效行使主体能动性提供前提条件，这些条件包括政治、经济、社会与文化等方面的条件。

　　结合温岭参与式预算的民主创新制度，我们在寻找女性现实参政能力不如男性的原因时，首先需要从制度层面出发进行分析，通过与温岭参与式预算创新制度的比较，进一步探讨在更具普遍性的现实制度层面上，两性平等的参政地位有没有得到制度性保障。例如，《中华人民共和国全国人民代表大会和地方各级人民代表大会选举法》规定，全国人民代表大会和地方各级人民代表大会的代表应当具有广泛的代表性，应当有适当数量的妇女代表，并逐步提高妇女代表的比例。《中华人民共和国妇女权益保障法》规定，国家积极培养和选拔女干部。国家机关、群团组织、企业事业单位培养、选拔和任用干部，应当坚持男女平等的原则，并有适当数量的妇女担任领导成员。妇女联合会代表妇女积极参与国家和社会事务的民主协商、民主决策、民主管理和民主监督。妇女联合会及其团体会员，可以向国家机关、群团组织、企业事业单位推荐女干部。这类法律法规中关于女性参政的表述，大多是原则性的，缺乏具体的、具有操作性的比例指标。

　　在地方层面，《关于进一步做好培养选拔女干部、发展女党员工作的意见》规定：省、自治区、直辖市和市(地、州、盟)党委、人大、政府、政协领导班子要各配1名以上女干部。县(市、区、旗)党委、政府领导班子要各配1名以上女干部。省、市、县三级党政领导班子后备干部队伍中的女干部，应分别不少于10%、15%、20%。《湖南省实施〈中华人民共和国妇女权益保障法〉办法》中明确规定：代表候选人中妇女的比例一般应当占百分之三十以上。《河北省县乡两级人民代表大会选举实施细则》第十三条规定：县乡两级人民代表大会代表应当具有广泛的代表性，应当有适当数量的妇女代表，在代表候选人中，妇女所占比例应不低于百分之二十五，并逐步提高比例。《云南省实施〈中华人民共和国妇女权益保障法〉办法》第四条规定：地方各级人民代表大会在换届选举时，代表候选人中的妇女比例不得低于30%，并采取有效措施，逐步提高妇女代表的比例。

　　不难看出，相对而言，地方层面的法规对女性比例的规定更具有可操作性，通常会提出相应的比例指标。但是，这些地方性指标并没有达到和我国人口性别比相适应的参政要求。能够成功进入政治系统的女性也长期处于少数,且大多分管健康卫生、教育和妇女工作等领域。因此,从制度设计上看,女性的平等参政机会不足是一个不争的事实,其参政能力的发展必定受到制约。

现实中,这种制度缺陷对女性参政能力带来的影响往往最直接且最隐秘。所谓"直接",指的是科学而合理的制度设计与执行对改善女性参政情况具有立竿见影的效果;反之,则会直接制约女性参政的代表性。而"隐秘"则意味着,对于大多数制度设计者和执行者来说,能够认识到这个问题、找到改进的方向和切实的内容,其实并不容易。而当法规与政策长期无法真正落实执行时,便会直接影响女性的参政热情,削弱参政自信心,甚至产生更深层次的负面心理。

加之,传统公共领域和私人领域两个领域的性别分工观念已内化为女性的自我认知,女性对自己在公共领域的智力和能力严重自卑。她们习惯于对丈夫和家庭极度"依赖"或"依附",否定自我的独立人格;对参与公共生活(从政)则采取避而远之的态度。尽管温岭预算审议会制度设计对女性与男性一视同仁,平等分配参与机会,但是对一些从未参加过公共活动的女性来说,仍然对自己的能力有自卑感,访谈中也有女性认为"政治讨论是男人的事情"。

访谈记录 4

问:会场上你讲话声音不大,不像男代表那样讲话大声,为什么?

答:我们就知道一点说一点。

问:你觉得女人和男人比,讨论能力谁更强一点?

答:男的更强,女的怎么强?有的女的也(强),(只是)少数。(我们)参加机会少,有参加(机会)就(会)参加。能力肯定男同志强。

问:对公共事务的了解呢,也是男人知道得更多?

答:(也强,)他们也比较了解泽国,什么都知道。

资料来源:20090222LXF访谈,2008年、2009年女性民意代表之一。

访谈记录 5

问:在会上,我注意到你讲话声音不高,总是很轻地发言。你为什么不像他们男人那样声音响一点？不好意思？

答：和男的不一样，反正我们是女的，一个也没有文化，声音怎么高？

问：是不是因为参加得少，不大好意思吧？

答：嗯。

问：你觉得女人和男人比，讨论的能力谁更强一点？

答：总的说，男的跟女的总不一样，讲话上面都是男的好，女的本事（差）。这是我的看法，别的能力也有，现在男的、女的都有能力很好的，女的老板也很多，不一定，这是对我个人来说。

问：你觉得你不如男的？

答：哎。

问：你谦虚了，你其实是不错的，只是你可能参加机会不多，平时村里的会去不去参加？

答：没有，不参加。

问：对村（居）委会的事情有什么意见、建议提不提的？

答：我也不提，我也不知道，他们平时也不来找我做什么，我也不去提。

　　资料来源：20090222DJL 访谈，2008 年、2009 年女性民意代表之一。

访谈记录 6

问：预算审议会上是不是男的发言胆子还大一些，女的不好意思？

答：女的比男的，总归稍微差一点。

问：我看到的女性不比男的差啊，你觉得哪些方面差一点？

答：反正，女的（差在哪里），说不上，总归是差一点的。

　　资料来源：20080425 上孚李访谈，分管计生的妇女干部和村妇女主任。

不难看出，即便拥有平等分配的参与机会，由于长期以来正式制度缺少对她们参政能力的培训与发展，女性对突然来临的参政机会并不自信。这种制度保证的缺失严重制约了女性参政议政潜能的开发。毕竟,民主审议财政预算的途径还没有成为基层民主的普遍形式,尽管至今这种民主形式已经在温岭普遍实施①,但由于女性长期以来被排除在公共生活之外,除参与式预算之外,她们仍然没有更多的空间和机会锻炼和开发自己的潜能,其实际政治能力也仍然难以尽情发挥。女性的政治潜能与实际能力之间的不一致仍然存在。

此外,即使满足了女性数量比例的代表性,如果在协商审议过程中缺乏公平的程序,或者说不加任何干预地让女性完全顺其自然地参与到协商讨论中,那么,由于她们长期缺乏讨论公共事务的训练,在充满利益竞争的决策辩论中,其实际的代表能力也难以真正发挥出来并达到实质性的代表作用。在我国的正式政治制度中,女性代表不足往往体现在两个实质性层面:一是数量代表严重不足,使得女性在权力机构中处于象征性的边缘地位,无法与占主导地位的男性平等商讨;二是即便数量代表达到合理的比例,如果商讨过程缺乏对女性的关照,那么男性主导话语权的状态依然可以使女性难以表达其所代表的群体利益,从而在实质上处于从属性地位。当今诸多对于女性参政数量比例的质疑,正是源自这一原因。

从泽国"控制性实验"过程来看,尽管设置了讨论小组主持人对发言规则的运用权力,但是我们通过观察发现,当小组中的女性普遍处于沉默状态,男性掌握发言话语权时,如果主持人未曾有意引导女性或者控制男性发言频次,那么女性的数量代表性不可能带来真正的实质性代表。泽国镇协商民主程序设计的初衷是,在民主协商审议形式中,民意代表在讨论中能充分而自由地表达、说服甚至争吵,这些都是可能且必要的,这是政策制定者预想且乐于见到的一种形势。但是,理论上这种"自由"会引发"80/20"法则②和某种程度的"马太效应"③。在我们观察的若干个小组中,有一组从讨

---

① 按照温岭市有关文件规定,镇每年不得少于 4 次、村每年不得少于 2 次召开民主审议会,且列入政府工作考核。泽国镇民主恳谈的历史可以追溯到 1998 年。据不完全统计,1998—2008 年,泽国镇召开了各类"民主协商审议"1500 场,参加的干部群众达 7 万人次。数据来源:泽国镇政府民主协商文件。

② "80/20"法则又称马特莱法则,原意是 80%的结果来自 20%的努力。经济学家维弗利度·帕累托以这条法则来解释意大利 80%的财富掌握在 20%的人手中的现象。

③ 马太效应(Matthew effect),是指好的愈好、坏的愈坏,多的愈多、少的愈少的一种现象。

论开始,少数人轻易地抢到发言机会,渐渐地,他们长时间霸占住了整个群体的话语权;任何试图挑战他们手中的"麦克风"的异见者,都会被他们联合"打压"下去。最终,他们的意见顺理成章地被当成整个群体的意见呈交上去。

显然,当小组讨论的话语权出现不平等时,就不可能实现"所有观点都能够得到倾听";主持人的"不干预主义"事实上加深了女性群体话语权的不公平程度。所以,"自由放任"的执行风格导致的是女性群体的声音被忽略,是一种简单的自由民主而非审议(协商)民主的执行方式。所以,小组主持人适时适当的干预,鼓励和倾听女性代表的发言,不仅可以实现简单而表象的公正——有利于相对公平合理地分配话语权,而且也促进了民意代表们自由意志的表达——干预是实现自由表达而非影响。

之所以在保证数量代表的前提下还需要过程中对实质代表的保障,首先是源于审议民主的核心价值,也就是"实质性审议民主理论的理论家们所指出的,仅有程序性原则是不够的。程序(如多数原则)可能产生不公正的结果(如对少数群体的歧视)"①。其次是为达成这种实质性的审议民主目标,即实质性的公正结果,需要给予女性代表更多的表达意见和建议的机会,尽可能地鼓励所有群体参与到民主恳谈会的讨论中,不完全是为了迎合简单的程序正义。因为"(公民)参与对公共问题的讨论会唤起一种自治感。……现代民主理论家相信群众可以有更多的关注之处,并且建议把更广泛的政治审议参与作为实现这种关注的途径之一。从这个意义上说,公共讨论的主旨和导向对于现代民主理论来说是核心目标,即寻找某种共同的声音,复兴某种形式的公共利益"②。并且,"他者的在场鼓励了这样的观念,即是'我们'而非'我'在思考……当一个社会需要抵制个人的自我利益并鼓励利他主义的时候,公共审议经常能够服务于这样的目标"③。

从我们搜集到的资料和现场观察可知,使女性获得更多发言机会的执行成本并不高。大部分时候,只需要在事前对协商审议的小组主持人进行

①　谈火生.审议民主[M].南京:江苏人民出版社,2007:17.

②　Sanders L M. Against deliberation[J]. Political Theory,1997,25(3):347-376.

③　Mansbridge J. A deliberative theory of interest representation[M]//Petracca M P. The Politics of Interests:Interest Groups Transformed. New York:Routledge,1992:32-57.

提醒,让他们对本小组中沉默的女性代表稍加鼓励,就有可能会出现意想不到的收获。反之,如果仅仅以简单的"公平"的名义,将她们置于一个"完全开放"的、"自由平等"的公共环境中,她们极有可能在超出她们生活经验范围的陌生场合中保持缄默,或者轻而易举地被夺去发言权,不得不继续回到公共生活的边缘。

访谈记录 7

问:在你参加的审议小组会上,妇女讲不讲话的?

答:讲的,有什么事情就讲。

问:不讲话的多不多?

答:也有,但多少会说一些,有自己村庄人,都认识、了解,就会讲。

问:如果有陌生人在,她们会不会讲?

答:不敢讲了(笑)。

问:女代表不讲话的时候,主持人会不会提醒她们发言?

答:有时会,但不总是提醒。

问:提醒以后,女代表会发言吗?

答:提醒了也会说的,不叫到我们说,也不大好意思多说。

  资料来源:20080425 上孚李访谈,分管计生的妇女干部和村妇女主任。

女性在参与公共讨论中的不自信或自卑心理仍然存在。这种男女差异在我们的问卷调查中有明显的显示。参与代表心理上这种"理所当然"的"女不如男"心理和制度执行中的忽视,与女性在历史和现实中不被重视的事实密切相关。与会代表中,认为自己的能力足以应对审议会要求("远远足够"+"基本足够")的女性为 53.3%,比男性低 20.1 个百分点;在关于男性与女性的参政议政能力的认知比较上,认为"男女差不多"的女性比男性低了 17.1 个百分点,认为"男人比女人强"的女性比男性高出 14.9 个百分点。这或许可以解释,在我们访谈的那些"表现不错"的女民意代表中,普遍存在"女不如男"的认识,也许不是由于"谦虚",而正是体现了某种制度意义上的烙印依然存在于她们的内心。图 5.1 和图 5.2 从某种程度上反映出了这一现状。

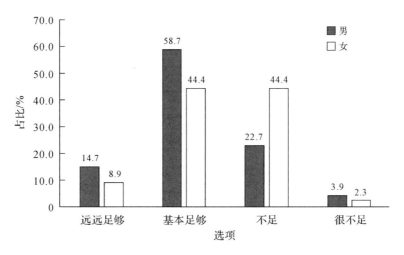

图 5.1　您觉得自己的能力是否足够应对民主审议会上的发言和讨论?

数据来源:2009 年泽国镇民主恳谈会调查问卷(性别预算问卷)。此题共收到 120 份有效数据,男女占比分别为 62.5% 和 37.5%。

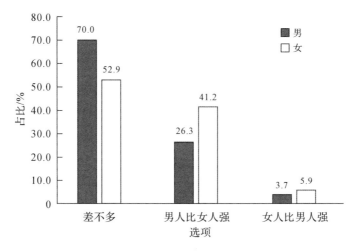

图 5.2　参政议政能力的性别认知

数据来源:2009 年泽国镇民主恳谈会调查问卷(性别预算问卷)。此题共收到 131 份有效数据,男女占比分别为 61.1% 和 38.9%。

　　同理,如果在现实参政制度中,女性依然无法顺利完成自由表达意见的过程,或者缺乏足够的能力行使表达的权力,那么其数量代表对实质性代表的意义就不复存在,与女性赋权的目标就会相去甚远。根据戴维·米勒(David Miller)的观点,审议民主与自由民主之间的差异就在于:"根据自由民主的观点,民主的目标是以尽可能公平而有效的方式将个人偏好聚合为集体选择。……每个人的偏好都应该得到平等的对待。而且,这些偏好是神圣不可侵犯的","审议民主的理想也是从同样的前提出发,即政治偏好之间可能是相互冲突的,民主制度的目标是必须解决这些冲突";"自由民主强调的是给予每个人的独特偏好以应有的分量,而审议民主所依凭的是人们受理性讨论之影响的能力,以及基于对集体之整体公平和共同利益的考虑而将自己的特殊利益和意见置于一边的能力"。① 不同的是,"审议民主强调,公开讨论过程本身就能赋予决策结果以合法性,在这一过程中,所有观点都能够得到倾听。较之最后得出的结果,讨论过程具有优先性。审议并不是一种为发现正确答案而设计的程序"②。无怪乎,艾丽斯·M.杨呼吁参与审议民主的人们应当注意的一个使命就是,"当有着不同目标、价值和利益的人试图通过讨论来谋取公正地解决集体问题时,仅仅提出观点和给出理由是不够的。人们还必须学会倾听"③。这种倾听,尤其是协商中强势一方听取弱势一方的意见,正是为弱者赋权的重要条件。这一审议民主的特征,对于非审议民主的参政过程来说,也具有同样的启发性。

　　我们在温岭性别预算审议民主中发现的女性在表达意见上存在的不足,可以揭示正式制度中女性实质性代表不足的根源。温岭"控制性实验"中女性潜能的检验,不仅可以展现长期被掩盖的女性政治潜力,而且也可以折射出现实制度中的两个核心弊端:一是制度设计中女性比例的模糊规定导致女性比例不足;二是对决策机构中女性代表缺乏必要的程序保障以使她们能真正自由并自信地表达其所思所求。女性某种程度上的信心缺乏或不主动表达只是一种表象,反映的恰恰是一系列制度设计与执行中长期忽视女性存在的根本问题。据此可以说,假如女性在现实制度中的实际参政

---

① 谈火生.审议民主[M].南京:江苏人民出版社,2007:285.
② 谈火生.审议民主[M].南京:江苏人民出版社,2007:286.
③ 谈火生.审议民主[M].南京:江苏人民出版社,2007:119.

能力与男性的确存在差距,那么我们可以推论,必定是现实制度及其执行方式制约了她们本就与男性相同或相似的"潜能"的发展。在下一章中,我们将会看到,当民主审议制度持续实施,女性获得持续平等的参与机会时,她们的实际能力得到了怎样的发展。

第六章　参与协商的实际能力

　　如果说，温岭"控制性实验"中女性在预算审议会前后两次问卷中的回答反映的只是特定民主场景下的"抽象"能力，具有某种程度的超现实性，那么，在历年的持续参与过程中，女性的"政治潜能"是否得到培育并发展了呢？这是考察过程赋权的重要参照依据。在历经十多年的参与式预算及性别预算的平等参与后，随着女性代表数量的持续增长，其实际参政能力是否有了明显提升？理论上，学界对比例制的批评从未停止，每当政府出台倾斜性政策以提高女性代表比例时，总会有人质疑女性是否真的有能力、有资质参与政治决策。因为，一直以来女性被认为缺乏讨论复杂政治议题（如政府财政预算等问题）的能力和经验。① 人们担心，比例制可以快速提升女性代表的数量，但由于普遍缺乏有才能的女性候选人，可能会导致最终被选出来的女性代表实际上并不具备和男性代表一样的参政议政能力。这种全球范围内对女性能力的质疑，在我国同样存在。同样，这种舆论也会折射在对温岭参与式性别预算的比例制的理解上。人们会想当然地认为，这种比例规定只是形式上的，即便女性被平等地选为协商代表，如果她们的实际能力低下，结果还是无法真正代表女性提出诉求。换言之，数量代表不一定带来实质性代表。为回应这些质疑，我们需要进一步证明，随着女性持续不断地展开平等参与行为，她们在"控制性实验"中显现出来的政治"潜能"是否在实际协商讨论中真实地得以体现；女性作为主体的自主参与过程是否推动了其政治"潜能"转化为现实能力，进而从数量代表转向实质性代表。

---

　　① Dahlerup D. From a small to a large minority：Women in Scandinavian politics [J].
Scandinavian Political Studies，1988，11（4）：275-298.

一、"潜能"在协商讨论中的现实转化

长期以来,国内外研究者在观察女性的实际政治参与能力时发现,在男性主导的政治决策机构中,即使女性代表置身其中,其真正的代表性令人怀疑。有研究表明,女性数量代表的增加并没有直接带来她们代表能力的提升。研究者对中国农村女性参政的研究发现,女性参与者反映,村级妇代会的主要工作是配合镇、村党组织工作,有时替村委会传达某些不太重要的决定,基本上是党支部或村委会的代言人。她们认为,"妇联是妇女娘家人"的说法也已经成了一句空话。在村级治理中,妇代会及妇女主任越来越被冷落,其凝聚和号召群众的功能正在日渐消失。同时,妇代会没有经济来源,这加重了妇联对村委会或村党支部的依赖,使其组织功能逐渐弱化,代表与组织女性参与政治自治的功能也逐渐弱化。[①]

也有学者对《中华人民共和国村委会组织法》(以下简称《村委会组织法》)规定的比例制提出批评,认为其对女性的倾斜性政策导致村委会中的女性缺少真正的代表意识。根据该法律的规定,村民委员会成员中,应当有妇女成员。《中共中央办公厅 国务院办公厅关于进一步做好村民委员会换届选举工作的通知》也强调,"要保证妇女在村民委员会选举中的合法权益,使女性在村民委员会成员中占有适当名额"。从实际执行情况来看,各地将这一规定进一步具体化为"至少有一名女性",如有的地方政府和妇联制定倾斜性保护政策,争取"妇代会主任进'两委'",又如"专职专选"等,目的是让农村治理结构中尽可能有女性代表。虽然这些政策与措施发挥了积极作用,使一度明显回落的妇女当选率有了明显回升,但是,对于这种倾斜政策保障下的女性当选途径是否真的能够实质上代表妇女利益,经常会有质疑与批评。这些批评认为,国内农村的参政妇女与普通妇女群体之间缺乏有机联系,原因在于《村委会组织法》中对农村妇女参政的保护政策容易使妇女干部产生惰性,脱离群众。村集体中的妇女主任基本上由村党支部

---

① 向常春. 民主与自主:农村妇女民主参与制的因素分析[J]. 社会主义研究,2003(4):117-119.

任命,而在村委会选举中,妇女主任受益于保护政策的庇护,才能够顺利进入村级权力机构。这使她们产生了只对上负责而忽视服务村民的心理。同时,缺乏竞争压力的保护结果,只会使得女性缺少自我成长的动力,而且还有可能使女性政治素质下滑。①

显然,对比例制的质疑普遍存在,人们看到比例制可能带来的消极后果,而对比例制所蕴含的积极导向则持怀疑态度,忽视了长期以来对村委会中女性占比的规定并没有产生女性比例正向增长的事实。"适当的女性名额"表述下,长期处于边缘地位的农村女性的政治地位并未产生实质性改变。地方层面对村委会中"至少一名女性"的规定,包括专职专选,保障的最高名额也仅限于一名。在这种情况下,根据"临界规模"理论,当某一群体在特定机构中处于绝对少数时,在决策过程中便无法形成规模效应,其代表性仍然难以实现。因此,部分学者对《村委会组织法》中的比例制进行批评并且将批评对象指向政策本身,尤其是女性自身的不足,显然有失公允。

延伸到温岭参与式性别预算的性别比例制,上述疑问同样存在。问题的关键是,如果女性代表缺乏足够能力参与实际的协商讨论,那么审议代表的数量也只是满足指标的需要,对于女性权益的表达与争取依然形同虚设。如前所述,我们的观察与访谈的确揭示了女性实质性代表存在的某些不足,如有的女性代表在预算审议过程中缺乏足够的自信表达自己的观点,以至于制约了她们的潜能发展。

由此引出的问题是,当女性数量代表达到某种程度的高比例时,她们是否能够证明其参与的实际能力呢?为全面评估女性在参与中的能力赋权,我们根据历年的观察与问卷调查,对参与民主协商的女性代表进行跟踪调查,以相同或相似的问题向协商代表发放问卷并进行访谈,测评女性代表在参与中的真实表现,考察其参与质量与实际能力。问卷的问题涉及发言次数、对财政预算项目的理解、独立见解、观点表达四个方面,以此来衡量男女两性的参与质量,特别是女性在审议讨论中表达出来的观点及其在参与争论中形成的自主意见。为更有说服力,我们将一些问题与早期的"控制性实验"数据进行对比,以考察经过历年持续平等参与的女性的实际能力是否得到了提升。

---

① 刘晓旭.农村妇女参政困境的政策因素分析[J].湖北社会科学,2008(1):51-53.

为此,我们将视角再次聚焦于"控制性实验"中已经证明了的参政"潜能",从对公共事务的理解与议政表达两个方面着眼,考察随着时间的推移,在实际协商中"潜能"是否得到真实的展现。众所周知,对公共事务的理解与议政表达是女性参与政治决策的核心指标。前者属于知政环节,后者则是对自身政治认知的公开表达并对公共政策产生影响力。通过对自身诉求的表达,女性影响公共政策,进而改善自身境遇。在温岭参与式性别预算实施过程中,这种认知与表达能力是指女性参与财政预算协商审议期间表现出来的表达能力、理解能力、形成独立见解等能力。换言之,在泽国"控制性实验"中女性显现出来的政治"潜能",是否随着持续不断的实际参与最终转化为现实能力?对该问题的探讨,我们基于一个基本认知,即女性的"潜能"只有在实际参与中才能得以展现,主体只有在自主参与过程中才能将政治"潜能"转化为现实能力,进而证明数量代表可以产生实质性代表,且有可能实现过程与结果的双重赋权。

我们通过四次阶段性问卷进行调查。第一次与第二次分别在 2011 年 1 月和 2013 年 1 月向温峤镇的性别预算审议代表发放问卷进行调查。第三次于 2014 年 1 月向温峤、新河与泽国三镇的性别预算审议代表同时发放问卷。第四次于 2015 年向温峤、新河与泽国三镇的性别预算审议代表发放问卷,主要调查预算审议代表的实际能力状况。问卷发放及回收情况如表6.1 所示。

表 6.1　四次问卷发放及回收情况

项　目	2011 年	2013 年	2014 年	2015 年
问卷发放及回收情况	发放 66 份 回收 52 份 有效 52 份	发放 19 份 回收 19 份 有效 19 份	发放 139 份 回收 133 份 有效 124 份	发放 240 份 回收 218 份 有效 209 份
性别分布	男性 8 人 女性 44 人	男性 8 人 女性 11 人	男性 53 人 女性 65 人 缺失 6 人	男性 73 人 女性 135 人 缺失 1 人

为了验证泽国镇"控制性实验"中女性表现出来的与男性相当的参政"潜能"能否在实际协商中顺利转化为现实能力,我们在问卷调查的基础上,还辅之以会场观察和访谈等方法,结合前期"控制性实验"的相应数据进行对比,综合审视数量代表对女性潜能发挥的影响,尤其是历年持续的数量保

障使得女性有充分的机会学习培育自身的参政能力。再与男性进行比较，以便获得女性能力的综合印象。

（1）对预算项目内容的理解能力。我们在"控制性实验"中发现，女性在会前和会后对预算项目的理解能力均不低于男性，那么，这仅仅是停留于问卷选择层面的知识性答案，还是能够在真实的协商讨论中发展成现实能力？有学者认为，我国农村青年女性虽然对政治参与的认知度较高，但法律知识欠缺，法律意识、法治观念淡薄，连基本的村规民约也不甚了解。[1] 农村女性对合理的村干部权力配置以及外部政治发展了解也不充分，所以农村女性对村庄政治生活的基本规则和技巧都不熟悉，即使关心村务、乐于参与村务管理，也会有较强的无力感。女性对公共事务和政治知识的认知程度比男性更低。[2] 那么，这一结论是否适用于温岭性别预算的女性代表呢？

我们以 2009 年的访谈与 2011 年以来历年的问卷数据为依据进行对比。

在 2009 年的访谈中，我们遇到一位女性代表。她先后被抽中作为 2008 年和 2009 年两年的公共财政预算代表。第一年，她根本看不懂预算草案文本，就缺席了会议；第二年又被抽中，便事先将会议材料拿给丈夫阅读，让丈夫给自己解释以帮助理解，最后不仅出席了 2009 年的预算审议会，还在会上大胆发言。这一转变与她本人的职业经历和家庭背景有关：她年轻时做过出纳，儿子和丈夫都是银行职员，对经济数据相对熟悉。她认为，她能够看得懂，有"运气好"的成分。参见访谈记录 8。

访谈记录 8

问：如果在开会前一天，把女代表集中起来做个专门培训，教大家怎么看预算表，会上应该怎样发言，你觉得女代表在会上发言的人数会不会增加？

答：当然好得多，这样子，都知道了嘛。

问：可能平时女的在家时间多，不大出去，公开场合不大讲话。

---

① 雷才丽，操文锋.三个维度分析农村青年女性参政问题[J].青年探索，2006(4)：7-10.
② 颜晴晴.女性主义视角下农村女性参与村民自治的问题分析[J].江苏教育学院学报（社会科学），2013(2)：86-89.

答:对哎。

问:去年你在会上有没有提意见?

答:我去年没有去参加,意见没有提过。去年我儿子拿来(草案)看看,就
　　说难。他们送来的时候,我讲也讲不来,不知道他开什么会,很烦,根
　　本不知道,你说怎么讲? 我也不去,我叫别人去。

……(介绍大儿子情况和丈夫情况,都是银行职员。)

问:你家里正好有人在金融机构工作,可以给你讲讲,对你帮助很大吧?

答:对,今年预算草案拿来早,我拿来问我老倌(方言:老公),这个预算做
　　多少,预算分下来都有的,还有自己早年做出纳,稍微还是看得来的,
　　看过也晓得。

问:哦,你的情况比较特殊,你当过出纳,你老公儿子都在银行,预算也看
　　得来。如果别家妇女抽到了的话,就不一定能看懂了吧?

答:那肯定差点了。叫她们看,也差点了(方言:看不懂)。

问:(如果那些女代表的)家里人没有在银行的,自己也看不来(意指看不
　　懂),出纳也没有当过,在家里烧饭、做家务,(那么她们)根本就看不来
　　了,会上可能不敢提意见了?

答:(笑)唉。

　资料来源:20090222DJL 访谈,2008 年、2009 年女性民意代表之一。

很显然,在 2009 年的预算协商审议会之前,并没有专门针对女性代表
如何阅读理解预算草案的培训与指导,许多女性代表由于文化程度较低等
原因,对预算草案的理解存在困难,从而影响她们在协商审议过程中有效地
发挥作用。在这种情况下,可想而知,当她们出席会议时,尽管数量比例达
到"临界规模"的要求,但是其实质性的参与协商讨论能力不足以使其自如
表达观点,甚至许多代表不能很好地理解讨论的内容。如此,我们可以认
为,尽管在"控制性实验"中女性对公共事务的知情与理解并不低于男性,可
在参与讨论、辩论环节,她们中的一些人因为对预算草案的阅读与理解存在
困难,也可能仍然难以形成自己的独立看法,同样也不能自如地表达出其真

实所想,从而削减了实质性代表的广度与深度。

为了进一步检验参与式性别预算发展对女性实际能力的影响,从2011年开始,我们通过问卷了解女性代表参与预算审议的专业知识与实际表达能力。具体通过以下问题进行检测。

问题1:您能否理解预算表上的各项内容?

由图6.1可知,多数恳谈代表基本理解预算表中的各项内容,三镇的代表全部能基本理解预算项目内容。其中,2011年女性被调查者中没有人选择"完全理解",2013年选择"完全理解"的女性占9.1%。2014年与2015年的三镇代表中,女性选择"完全理解"的分别占23.8%和24.8%。显然,随着参与式性别预算民主协商审议的持续实施,越来越多的女性审议代表能够理解专业性较强的预算草案,从而更有能力提出高质量的建议,维护自身的权益。女性"完全理解"的比例逐年提高,恰恰证实了女性在平等参与条件下,其参与协商的能力能够持续提升发展,并且能力并不低于男性,相比于非平等参与条件下的女性低比例参与,更能充分发挥其参政能力。这一观察结论与许多学者对农村女性参与村庄治理能力研究的结论也不尽相同。

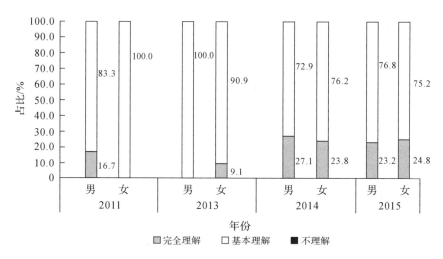

图6.1 能否理解预算表中的各项内容

数据来源:2011年、2013年、2014年与2015年温峤镇、新河镇及泽国镇性别预算代表问卷统计。

（2）形成独立观点和见解的能力。的确，能够理解预算项目方案是女性参与协商能力的重要前提，但是，如果她们无法形成自己的独立见解和意见，那么，参与预算审议的效果仍然不尽如人意，甚至起不到任何作用。部分女性缺乏对公共事务的认知和评判能力，最主要的表现是在某些重大问题上，女性常以丈夫决策为主，缺乏独立思考决断的能力和意识。[①] 正是女性对公共事务较弱的认知和评判能力，制约了其政治参与的实践和能力的发展。

类似的问题是否也存在于温岭性别预算审议讨论中？我们在"控制性实验"中发现，女性在会前和会后对于自身偏好的转移，会向着共同利益方向转变，而非个人或局部利益，说明她们在协商中的意见是独立形成的，而非跟随丈夫或者其他男性代表的观点。那么，在后续的观察和问卷调查中，能否证明女性的这种理性能力在持续地发展完善并发挥着作用？简言之，在年复一年的性别预算协商会上，女性是否有能力持续地形成自己的看法？

问题 2：在性别预算审议会上，您是否有自己独立的观点或见解？

由图 6.2 可知，2011 年有 63.2％的女性有自己独立的观点或见解，而男性只有 42.9％持有自己的观点或见解。在 2013 年性别预算代表中，拥有独立见解的女性与男性均达到 50.0％。在 2014 年的三镇性别预算审议中，拥有独立见解的女性比例为 63.3％，略高于男性。2015 年，有独立观点的女性占 40.7％，低于往年水平，其原因是，该年三镇的预算审议会都扩大了代表规模，为数不少的新代表因初次参与缺少经验与知识积累。即便如此，有独立观点的女性比例仍比男性高 5.3 个百分点。由此不难看出，女性在参与预算审议的过程中，其独立形成意见和观点的能力并不亚于男性，甚至在某种程度上高于男性。

（3）有无充分表达意见。有一种较为流行的观点是，女性在参与公共事务讨论时，其意见表达能力不如男性。这种观点认为，女性在与男性进行协商讨论的过程中，通常会因为男性主导的话语优势而胆怯，不敢主动发言，或者由于缺乏学习与训练的机会而无法清晰表达自己的观点。那么在温岭的性别预算协商会议上，女性代表是否如此呢？

---

① 魏军刚,朱骁,魏军红.西部地区农村女性参政议政调查研究:以甘肃陇西县文峰镇安家门村为例[J].现代妇女(理论版),2013(5):25-26.

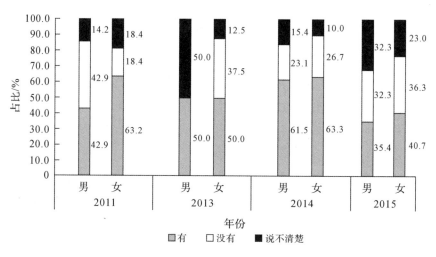

图 6.2　性别预算审议会上是否有独立观点

数据来源:2011 年、2013 年、2014 年与 2015 年温峤、新河及泽国镇性别预算代表问卷统计。

问题 3:在性别预算审议会上,您有没有充分表达出自己的观点或见解?

如图 6.3 所示,在 2011 年与 2013 年的性别预算审议会上,女性充分表达自己观点的比例分别为 56.8% 和 57.1%,均高于男性。2014 年与 2015 年,三镇代表中,女性充分表达自己观点的比例分别为 44.8% 和 40.9%,虽然低于前两年温峤镇的比例,但均高于男性。2014 年与 2015 年充分表达意见者比例之所以低于 2011 年与 2013 年,是因为性别预算审议的时间是既定的,在同样或相似时间内,随着参加人数的增多,每人发言的机会随之减少。不过,从男女两性"充分表达"意见者的比例来看,女性依然占多数。换一个角度看,2013—2015 年,女性代表选择"不清楚"的比例均低于男性,这从一个侧面证明,即便是那些选择"没有充分表达"意见的女性,也明显是拥有独立意见和观点的,只是没有机会表达或者没有准备好发言而已。

（4）发言次数。既然女性与男性一样拥有形成独立观点的能力,并且实际发言能力也不亚于男性,那么在整个协商过程中,女性发言次数又是如何呢?预算协商过程中代表的发言是表达观点最直接也是最有效的途径,"控制性实验"中通过问卷获得的女性参政"潜能"印象,需要在实际会议协商审议过程中表现出来才能证明"潜能"转换成了现实能力。许多学者认为,女

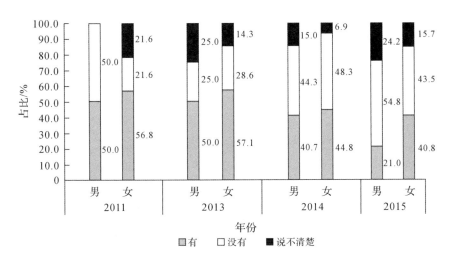

图 6.3　在性别预算审议会上您有没有充分表达自己的观点或见解？

数据来源:2011 年、2013 年、2014 年与 2015 年温峤、新河及泽国镇性别预算代表问卷统计。

性在议政表达能力上是欠缺的。她们不敢在公共场合发表自己的意见,虽然具备一定的技能,却没有与男性同等程度的技能。[①] 娜德姿哈·谢维多娃在研究中发现,女性参与政治时会遇到演讲和表达的困难,并且缺少参与政治的自信,因此难以准确地表达自身诉求,其参与政治的效果也不如男性。[②] 具体情况通过以下问题检测。

问题 4:您在预算审议会上发言了几次?

图 6.4 表明,在发言次数方面,2011 年性别预算审议会上,50.0%的男性发言了 1 次或 2 次,64.1%的女性发言了 1 次,即男性平均每人发言 0.83 次,女性平均每人发言 0.64 次。原因是,在性别预算民主审议会上,女性的发言人数要比男性多,因而每人平均发言次数比男性少。实际上,不发言的女性比例明显少于男性。这从一个侧面反映出,参与预算审议会的女性发言能力普遍较高,且没有出现少数女性垄断话语权反复发言的情况。2013

---

①　Breckinridge S P. Political equality for women and women's wages[J]. Annals of the American Academy of Political and Social Science,1914(56):122-133.

②　Shvedova N. Obstacles to women's participation in parliament [M]//Ballington J,Karam A M. Women in Parliament:Beyond Numbers. Varberg:International Idea,2005:33.

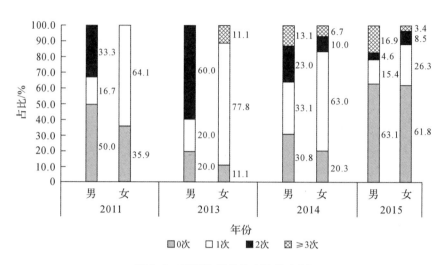

图 6.4　不同性别的发言次数自评

数据来源：2011 年、2013 年、2014 年与 2015 年温峤、新河及泽国镇性别预算代表问卷统计。

年,发言 1 次和 3 次以上的女性比例均高于男性,不发言的女性只占 11.1%,而男性不发言的比例则高达 20.0%。这一结果同样可以证明,参加预算审议的女性代表发言能力并不低于男性,甚至某种程度上高于男性。

为进一步检验这一结果,我们于 2014 年和 2015 年继续发放问卷跟踪调查。受访者对同一问题的回答显示,没有发言的女性分别占 20.3% 和 61.8%,低于男性的 30.8% 和 63.1%。很显然,三镇的性别预算中,女性代表发言比例明显高于男性。至于 2015 年男女两性不发言的比例明显上升,同样是因为各镇都增加了性别预算恳谈代表的数量,有大量从未参加过性别预算的新代表加入,因此,0 次发言的代表数量明显增加。仅就这一结果来看,即便是在都有新代表加入的情况下,女性发言的比例也高于男性;换言之,男性不发言者略多于女性。

在问卷基础上,我们对会场实际讨论中的发言情况进行观察记录,观察结果与问卷调查得到的数据基本一致。在三个镇的性别预算审议会中,各镇的具体时间安排与具体程序不尽一致,如新河镇的性别预算是作为参与式预算的一个分组,在同一时间内,与参与式预算同步进行;温峤镇的性别预算则和参与式预算并不在同一天,而是单独安排时间举行;而泽国镇则选择在特定的人大工作联络站进行,通常早于参与式预算举行。尽管三个镇的具体做法各有区别,但是共同之处在于都安排出单独的时间和会场,让代表对预算草案进行审议与讨论,这为我们的现场观察提供了极好的机会。同时也可以验证,受访者在问卷调查中的回答是否真实可靠。

结合多种证据可见,女性在预算审议会上的能力并不如传统认为的那样明显不如男性。在平等参与条件下,她们与男性相似,不仅对预算草案的理解能力不低于男性,而且对预算分配有明确的观点与独立意见,并且发言次数也不逊色,足以自如地表达出来。因此,当女性平等地参与预算民主审议会,平等地获得赋权,便可以将她们从政治决策的边缘引向中心,通过积极的主体性参与行动,保证她们的决策权力。

二、女性参政能力标准及其偏差

诚然,上述证据可以在某种程度上证明,只要女性能够平等地参与政治过程,其"潜能"可以转化为现实能力,并且不会低于男性。但是,在政治领域中,"女性不如男性"的观点似乎如此地顺理成章,以至于不需要任何论证就会被人们不假思索地接受。反之,若要说明女性能力并不低于男性,则必须提供大量证据以说服人们相信。一个很重要的原因是,长期以来人们对政治领域的能力形成了固有的标准,这些标准往往是按照男性模板建构出来的,以至于当它们用来衡量女性参政行为和方式时,自然会因男性特征的"缺失"而误认为是女性能力不足。同时,产生女性现实政治能力误解的另一原因是,以往研究主要从女性对公共事务的认知和评判、议政和表达以及代表和组织三个方面视角对女性的参政能力进行观察,这种研究通常是基于男女不平等参政的现实基础,只看到现实正式制度中女性作为少数者的参政表现,忽略了对平等参与机会下女性参政潜能的考察。事实上,社会性别差异导致两性在对公共事务的反应与表达方式上必然存在差异,问题是如何解读这种差异。只要我们转换视角,便能发现两性存在这种差异的原因,理解这种差异的价值。

其实,女性并非对公共事务冷漠,而是对公共事务的认知具有独特的视角。格罗·哈莱姆·布伦特兰(Gro Harlem Bruntlund)担任挪威首相时也曾提到过,政府需要女性的参与,是因为她们具有独特的视角。这种视角与女性与生俱来的母性相关,女性关注儿童、福利等公共议题,对与日常生活相关的话题充满兴趣。但是家长主义限制了女性关于母性议题的独特视角。① 当我们采用更为广泛的衡量体系,将公共福利和公共服务的内容纳入对公共知识的考量时,就会发现女性的认知和评判能力与男性相当。因此,制定福利政策时应当考虑到最需要它们的群体。② 国内学者对西部留守女性的调查显示,留守女性对村容整洁、公共设施建设等公益性问题具有强烈偏好。这些议题需要女性独特的视角。同时她们在对关于自身权益的内容和实现程度上有清晰的认知,具有较高水平的维权意识。③ 吕芳将农村的政治参与划分为参与治理和参与选举,通过研究发现,与制度性参与如村委会选举、村民会议等相比,农村妇女更愿意参与村庄里的公益活动,如红白事、调解纠纷等,参与治理的比例要高于参与选举。她们最关心的问题并非村庄选举,而是村庄公共产品的供给,例如怎样获得医疗卫生服务与养老保障、如何提高乡村教育水平、如何改善公共交通等民生问题。④

2010年,国外一项对政治问题了解程度的测试发现,虽然在对政党历史、候选人背景或投票程序等问题的回答上,女性的正确率要低于男性,但在有关福利政策、医疗和教育等问题的回答上,女性表现并不逊于男性。学者以电话访谈的形式对蒙特利尔和多伦多的1286名女性和403名男性进行调查,内容包括传统的政治知识(包括国家元首、政府首脑、法官的名字,以及议会中的多数党等)和政府所提供的公共服务及项目内容(包括房屋、医疗卫生等)。统计结果表明,对于传统的政治知识,除在国家元首和政府首脑姓名的回答正确率上男女持平外,在其余的项目上,男性得分都要比女性高。但在关于国家福利项目的问题上,女性的得分明显要高于男性,特别是在国民健康的福利政策上,女性回答正确率达76%,而男性仅有50%的

---

① Jaquette J S. The women's movement in Latin America: Feminism and the transition to democracy[J]. Foreign Affairs, 1989, 68(5):214.

② Stolle D, Gidengil E. What do women really know? A gendered analysis of varieties of political knowledge[J]. Perspectives on Politics, 2010, 8(1):93-109.

③ 吴亦明. 留守妇女在乡村治理中的公共参与及其影响:来自苏、鄂、甘地区的一项研究报告[J]. 南京师大学报(社会科学版),2011(2):52-57.

④ 吕芳. 农村留守妇女的村庄政治参与及其影响因素:以16省660村的留守妇女为例[J]. 北京行政学院学报,2013(6):13-18.

人回答正确。[①] 女性并不是对政治不感兴趣,只是她们更关注与生活息息相关的事务。一方面,这是因为女性是家庭照护者,她们会更关注与家中的老人、小孩相关的福利政策;另一方面,女性又更依赖于国家所提供的保护,如就业机会等方面的保障。因而可以理解为何相比于男性,女性更支持一个主动积极的政府。也正是如此,女性对国家所提供的公共服务和社会福利也会比男性了解得更深。[②]

在两性关注的政治问题层次上,希尔德·科夫(Hilde Coffé)认为,男性更关心国际以及国家层面的政治,而女性则对地方政治表现出更多的关心。他以 2011 年英国公民参与的数据为基础进行分析时发现,普遍而言,男性要比女性更关注政治,分别有 66.7% 的男性和 55.9% 的女性表示对政治感兴趣。但细分到不同层次时,男性对国际政治和国家层面的政治问题的关注度分别为 63.3% 和 73.2%,而女性则仅有 56.2% 和 67.5%,低了 7 个百分点左右。但在地方层面的政治问题上,男性和女性之间的差异消失了,有 66.8% 的男性关心这一层次的政治事务,而女性则有 68.7% 的人对此有兴趣,甚至超过了男性的比例。[③] 可见,女性并非对政治不感兴趣,只是她们和男性的兴趣点和关注点有所不同,更关心与自己密切相关、对生活影响更大的政治事务。

不难看出,长期以来对女性政治能力存在偏见。当根据男性特征制定的政治能力标准盛行于公共领域时,具有女性生活经验特征的能力表现被认定为"低下",唯独男性所关注的公共话题被赋予意义与价值,而男性习惯的行为方式也被认为是标准的政治行为模式,如"果断"被认为是领导能力必不可少的要素,而"斩钉截铁"的行动也被冠以有执行力的标签。正是在这种充满性别偏见的政治能力标准下,具有女性特征的政治能力被排除在主流视野之外,女性"政治低能"的偏见经久流传。

---

① Stolle D, Gidengil E. What do women really know? A gendered analysis of varieties of political knowledge[J]. Perspectives on Politics, 2010, 8(1): 93-109.

② Stolle D, Gidengil E. What do women really know? A gendered analysis of varieties of political knowledge[J]. Perspectives on Politics, 2010, 8(1): 93-109.

③ Coffé H. Gender and party choice at the 2011 New Zealand general election[J]. Political Science, 2013, 65(1): 25-45.

三、平等参与中的女性能力表现

如果换一个视角,从平等参与的前提出发观察女性的参政能力,那么,女性的能力表现便有可能呈现出不同的景象。温岭的参与式预算在将公众关心的公共产品及公共服务问题引入公众视野的同时,还加入了性别视角,这使温岭女性获得独具特色的政治参与途径。将女性的政治关注与她们熟悉的日常生活场景与需求结合起来,使得高深而又抽象的政治参与变得与她们的生活经历十分接近。在这样的参与过程中,女性的参政机会得到充分拓展,不仅获得了与男性同等的民主参与地位,而且也将女性独特的生活经验融入公共政务的决策过程,为我们从性别视角审视女性在平等参与条件下的参政能力具有怎样的特征提供了很好的条件。

第一,与女性角色责任相应的关怀。国外学者研究发现,在政治协商参与中,女性显著地体现出与男性不同的关注点和偏好。米歇尔·M.泰勒-罗宾逊(Michelle M. Taylor-Robinson)和罗斯娜·米歇尔·希思(Roseanna Michelle Heath)记录了现有文献对女性议员的立法关注点,指出"女性被期待比男性更多地关注女性权利、影响儿童和家庭的需求,以及教育、医疗、社会福利、环境等相关问题……相对的,女性被认为更少地关注集中在男性利益传统的立法领域,如商业"[1]。这样的结论从现有数据和研究来看明显过于简单,但仍然有一定道理。一些研究表明,尽管男女两性关注意义重大的问题时存在很多相似之处,但女性视角的确不同于男性。尤其是在"女性议题"(women's issues)上,女性的关注度和偏好远远高于男性。

女性对女性议题特别关注,很大程度上正是源于其自身经历和实际面临的问题(如乳腺癌筛查、生育权)或社会原因(如性别平等、托幼政策)。[2]

---

① Taylor-Robinson M M，Heath R M. Do women legislators have different policy priorities than their male colleagues? A critical case test[J]. Women & Politics, 2003, 24 (4)：77-101.

② Ballington J，Karam A. Women in Parliament：Beyond Numbers[M]. Varberg：International Idea，2005：33.

保罗·钱尼(Paul Chaney)通过分析 327 份英国威尔士国民议会的会议讨论记录发现,女性有明显的参与"女性议题和平等话题"讨论的倾向,女性议员推动女性主义和追求平等干预的比例几乎是男性的两倍。分歧最明显的是在"女性议题"上,女性在这些问题上运用关键术语的干预(interruption)占总数的 2/3 至 3/4。女性实施了 85.9％的女性主义倾向的干扰,而男性只占 14.1％。此外,男性议员更倾向于做出"中立的"干预,占干预总数的9.1％,而女性的这一比例为 5.4％。①

那么,温岭性别预算女性代表在协商讨论中关注的问题是否也具有这样的特征呢?我们随机抽取温岭市性别预算审议会分组讨论环节中的几个小组,进行全程观察。在 2015 年 1 月 28 日上午举行的泽国镇参与式预算审议会分组讨论环节的第二组讨论中,全组共 19 人,其中男性 8 人(42.1％),女性 11 人(57.9％)。该讨论主要涉及的公共议题包括:①增加村联系员补助;②建立食品药品安全举报奖励制度;③公开敬老院消防投入明细;④公开死亡补助细则;⑤公开伤残补助细则;⑥增加公交车固定停靠点;⑦增加农村退休妇女干部补贴;⑧增加敬老院生活补助(主要涉及失独老人);⑨公共自行车租赁点向农村扩散。其中,议题①、②、③、④由男性组员主导讨论,男性提出主要观点;议题⑤、⑥、⑦、⑧、⑨则由女性主导讨论。同时,女性主导讨论的公共议题普遍表现出了强烈的关怀意识。

我们根据 2015 年 1 月 28 日性别预算审议会上泽国镇另一个小组讨论的观察记录,从一个角度证实男女两性代表对涉及女性问题的议题的关注度。

泽国参与式性别预算小组讨论记录

组别:第五组

时间:2015 年 1 月 28 日

地点:泽国镇某中学 6 楼大会议室

人数:总共 34 人,女性 21 人,男性 13 人

主持人宣布讨论初始,大家都没有发言,只是私下对预算草案进行议论。

---

① Chaney P. Critical mass, deliberation and the substantive representation of women: Evidence from the UK's devolution programme[J]. Political Studies, 2006, 54(4): 691-714.

短暂沉默后,组长开始引导大家发言。开始有人举手发言。

第一位发言者为女 A(以下按顺序均简称女/男 A、B、C……)。女 A 坐在墙边,她主动举手要求发言,提出东河路改造工程要投入更多经费。

第二位坐在前排的黄衣女 B 也示意要说话,她之前一直在和身旁的几位女性热烈谈论预算表。女 B 提出,尽管现在农村环境投入比较多,但农村环境还是差。坐在她旁边的女 C 附和表示赞同。

第三位发言的是坐在靠墙第三排的男 A,他提出要重视东区的发展,保护农田。他身后的女 D 点头附和。接着,坐在靠后排的几位女性开始积极插话。

第四位发言者又是女 A,这次女 A 是帮女 E 发言(实际上是女 E 的意见),提出老城区没有停车场,现在车子只能停路边,导致被罚款。

第五位发言的是坐在女 E 身后的女 F,她说要增加自行车停放点,妇女买菜和送小孩子上学都需要用自行车。

第六位女 G 发言,提出了治水和环保问题,某公司在工业区的河里偷偷排污,该河一边治理一边被污染。

第七位女 H 做出了应和,说拍照反映上去,但不起作用,现在他们连菜都不敢吃。

第八位女 I 顺势提出了食品安全问题,女 G、女 H 附和。

第九位是坐在边缘的女 J,她说到道路规划,那条路光填了土,没有造好,就有很多垃圾往那里倒,她数了一下居然有 8 辆大卡车。

第十位是先前提出过意见的女 F,她提出了建设问题,"三改一拆",拆了以后没整治好,没有规划好。

第十一位是女 K,先附和了女 F 的观点,说现在只改不修。随即又指出,希望镇里有个图书馆,资源经常更新,老城区应该开一个健身馆,现在老城区活动场所太少,她们想要跳舞、锻炼也没有场所。

在这一提意见与讨论过程中,好多男性都在管自己聊天或保持沉默,而女性的发言显得比较激烈。

第十二位是坐在第一排的女 L,她一直和女 B、女 C 谈论得很热烈,提出村妇女主任退休以后没有退休金,慰问金也没有,对她们不公平。

第十三位发言的是女 L 旁边的女 M,她赞同女 L 的观点,说要更关心妇女干部的健康。其余的女性代表都点头表示同意。

观察整场小组讨论可以发现,女性代表主宰了全场讨论。几乎所有发言都由女性主导,女性代表发言并附和的超过 20 人次,整场讨论只有一位男性主动发言并提出意见与建议,其余男性都没有主动独立发言,甚至几乎没有做出呼应与附和,基本上都在私下交谈,或者沉默倾听。最后,主持人特地问没有发言的男性代表有没有意见和建议需要表达的,希望他们不要错过这个表达机会,他们都是笑笑不说话,其中一人表示,"让她们说就好,我就不用讲了"。

会后,我们找到几位没有发言的男性代表进行访谈,问他们为什么没有发言。他们的回答是:"她们女的人多,很会讲,讲得很好,我们就不用讲了。"我们问道:"你们有没有自己的意见想要表达的?"他们回答说:"也没有更多的讲,她们都讲到了。"这一结果使我们联想到 2009 年之前的预算审议会情况。由于早期随机摇号方式产生的代表身份和文化程度差异很大,女性代表中有保洁员、家庭妇女等,文化程度最低的是文盲,且占相当大的比例。当时,在缺少有针对性的特殊培训的情况下,有一部分人"看不懂"预算方案也在情理之中。因此,在协商审议过程中不可避免会影响到实质性代表的质量。反之,2011 年以后的跟踪观察记录显示,决策者发现了早期代表能力不足的问题,有意识地在代表身份构成方面做了改进,每年都会保留部分有参与经验的代表持续参与,同时结合新代表的加入,以保证审议质量。如此,在老代表的带领下,新代表可以较快进入状态,方便学习并熟悉预算审议知识与技巧。

从 2015 年这一小组的讨论中,我们有两个发现。一是数量比例的多数对于增强代表的能力和自信心是有帮助的,尤其是在其中一部分代表多次参与的情况下,其协商审议的经验与能力不仅有助于自己表达观点,而且能带动新代表参与讨论并提升能力。二是具有代表性的数量比例得到保障后,女性作为多数群体代表便能获得更多的发言机会,而其发言的议题和内容往往会与自身的生活经历密切相关。从该小组的发言议题看,女性代表提出的问题主要集中在环境污染,停车、公共自行车站点,食品安全,农村女干部报酬与健康等方面,都是直接针对女性权益或者与女性密切相关的议题。

此外,我们又于 2015 年 1 月 29 日对温峤镇性别预算选民征询会的大会现场进行观察。在温峤镇性别预算协商审议会实际到会的 79 名参会人员中,有男性 28 人(35.4%)、女性 51 人(64.6%)。对预算草案中 13 项内容提出修改意见,具体内容包括:①公开村居体检执行情况;②公开"三八"妇女节活动费用明细;③增加女性健康费用;④增加在职 10 年以上村干部的离退休工资;⑤增加女性健康体检"两癌"筛查项目名额;⑥增加男性健康检查项目;⑦公开关爱留守儿童经费明细,增加经费;⑧公开图书馆建设预算明细,考虑不同群体需求;⑨公开村容整治的预算明细;⑩公开社区行政费用执行情况;⑪公开护村队费用削减原因;⑫公开砍松树费用明细;⑬增加 60 岁以上离任村干部补贴。其中,②、③、⑤、⑥、⑧、⑨、⑩、⑬都是由女性提起讨论并发表意见,其余项目则由男性提起讨论。从项目内容可知,由女性发起讨论的项目基本都是关乎女性生活经验的基本民生,如健康体检、留守儿童、图书馆建设、村庄美化整治等,这些项目不仅涉及性别关怀,而且与女性长期照顾他人所产生的关怀责任密不可分。

在 2011 年对温峤镇性别预算代表的问卷调查中,我们问道:"你是否赞成以下说法:对政府一般性的预算支出(计划生育、妇联等支出除外),不但要评估其经济社会效益,还应兼顾性别平等因素,评估支出项目对妇女儿童福利的潜在影响。"选择"赞成"的代表占 86.3%,其中,男性中有 75.0% 赞成,女性中有 88.4% 赞成。没有女性选择"不赞成",而有 25.0% 的男性选择"不赞成"(见表 6.2)。

表 6.2　对政府一般性预算支出的看法

单位:%

选项	男	女	总计
赞成	75.0	88.4	86.3
不赞成	25.0	0.0	3.9
说不清楚	0.0	11.6	9.8

数据来源:2011 年温峤镇性别预算代表调查问卷统计。

为进一步求证女性能力的这一特征,我们在 2011 年以及随后的 2013—2014 年持续跟踪问卷调查中发现,三年间在以下问题的选择中,其结果几近一致(见表 6.3)。

表 6.3 性别角度审议预算时,您看重的是预算表中的哪些项目(可多选)

单位:%

年份	性别	计划生育	基本公共管理	公共安全	教育	文化传媒	医疗和社会保障	城乡社区建设	农林水电
2011	男	57.1	0.0	0.0	71.4	28.6	71.4	28.6	14.3
	女	65.9	7.3	9.8	80.5	4.9	92.7	19.5	2.4
	总计	35.4	6.2	8.3	79.2	8.3	89.6	20.8	4.2
2013	男	25.0	25.0	25.0	25.0	0.0	62.5	0.0	0.0
	女	72.7	9.1	27.3	45.5	18.2	90.9	27.3	9.1
	总计	52.6	15.8	26.3	36.8	10.5	78.9	15.8	5.3
2014	男	25.0	0.0	58.3	91.7	25.0	100.0	50.0	28.6
	女	68.4	3.2	46.7	86.4	28.6	96.2	56.2	28.6
	总计	40.5	2.3	76.5	77.4	27.3	97.2	53.8	28.6

数据来源:2011 年、2013 年与 2014 温峤、新河与泽国镇的性别预算代表问卷统计。

数据显示,女性对公共事务的关注确实更倾向于与她们生活经验关系密切的内容。排在前三位的分别为"计划生育""教育"以及"医疗和社会保障",这三项与上述结果在内容上虽各有差异,但实际上都与女性生活经验密切相关,都具有明显的女性关怀特征。

第二,讨论风格的柔和性。讨论风格的柔和性是指女性民意代表的发言大多较为温和,以陈述性言辞居多,很少挑起对话题的争论,即便持有不同意见,也少有强烈的辩论意识。温和的话语风格不仅可以直观地表现在声音的分贝数上,也蕴含着言辞本身的保守性(相对于对抗式语言)。对于女性在公共场所语言表达的温和性,艾丽斯·M. 杨认为,"审议的规范赋予正式、普遍的话语以更大的优势。那种有条不紊地将自己从前提到的结论的推理结构清清楚楚展示出来的话语,明显要优于其他话语。那些将普遍性和原则应用于特定实例并以此来表达自己立场的话语,同样更占优势"。这种柔和的讨论方式会给女性的有效参与造成困扰,"那些斩钉截铁、对抗式的话语要比尝试性、探究性或调节性的话语更受重视。这就使得在大多数实际的讨论情形中,男性的话语风格要比女性更占优势……再者,即使当女性的确在这种情景下发言的时候,他们也是倾向于给出信息和提出问题,而非陈述观点或者挑起争论"①。林恩·M.桑德斯(Lynn M. Sanders)认为,尽管这种结果反映了"女性看上去比男性更能容纳各种不同的观点",但事实是这种议政风格和标准会使弱势群体处于更加弱势的地位。② 温岭的预算协商审议讨论某种程度上反映出这些女性讨论的柔和性及其对讨论效果的影响。

我们以2009年泽国镇预算审议会某小组的现场讨论为例,观察某些类似于已有研究发现的场景。

泽国镇财政预算项目审议过程记录

组别:第7组

时间:2009年2月21日

地点:泽国镇第二中学某教室

人物:民意代表共15人,其中女性6人,男性9人;主持人1人(女),记录员1人(女)。女性代表为林某(女A)、叶某(女B)、王某(女C)、程某(女D)、李某(女E)和谢某(女F)。

第一次小组讨论开始。代表入场,翻阅资料,低声交谈;主持人做简短介绍,征询意见。(略)

某老年男性代表率先打破会场沉默,开始表述观点。该老者一边发言,一边用眼神征询其他代表的看法。

意见陈述的过程中,其他男性代表跃跃欲试,并逐渐参加讨论。较晚入场的女E向老者频频点头示意,但未开口参与。

老者讲话的语调越来越激昂,前后有两三位男性代表参与,并且情绪激动,现场的气氛活跃。

约10分钟后,坐在老者旁边的女A开口陈述观点。女A不时对老者点头示意,并与旁边的女B进行眼神的交流。女B和女E也开始简单地表述自己的想法。旁边的女F只低声与女E交流,并不参与男性的讨论。

其间,某中年男性代表开始与老年男性代表争论,情绪高涨,数次使劲地敲击桌子。二人的争论持续升温,几乎所有的男性代表都参与到争论中来,女E、女A、女F开始融入讨论。

---

① 谈火生.审议民主[C].南京:江苏人民出版社,2007:113-114.

② Sanders L M. Against deliberation[J]. Political Theory,1997,25(3):347-376.

　　由于争论过于激烈,主持人示意舒缓一下情绪。女 F 和女 E 在会场出现的片刻安静中,简单发言了几句,但声音随即又被老者和中年男性代表的再次争论盖过,此后基本上再未发言。

　　26 分钟时,女 A 抓住机会发言,并且与其他代表进行眼神沟通,以征得赞同,但除女性代表外,并未得到大部分男性代表的理会。女性代表发言的声音再一次被中老年男性代表的争论盖过。女 A 只能与旁边的女 B 小声议论。

　　40 分钟后,男性代表或离场、吸烟,或随意攀谈起来。6 位女性代表仍然保持倾听状态。

　　10:30,主持人宣布结束讨论,小组的意见由争论最为激烈的老年和中年男性代表记录在各自的大会发言抽签单上。

　　第一次小组讨论结束,10:30—11:30 第一次大会集中,由镇政府各部门负责人与民意代表一同商讨小组提交上来的建议。午休。(略)

　　第二次小组讨论于 12:00 开始。主持人提出问题后,女性代表们均沉默。在第一次大会上发过言的老者开始发表观点,男性代表们跃跃欲试,逐渐参与到讨论中来。

　　在老者发言的过程中,女性代表比上午积极主动,女 E 参与到话题的讨论中,且较为正式地陈述了自己的观点。这时,有男性代表开始与李某争论。几个回合后,主动权很快被该男性代表抢走,女 E 争辩了几句,随即沉默了。男性代表继续发言,女 E 则转而与旁边的女 F 窃窃私语。

　　讨论仍在继续,基本上还是持续了上午的状态,由老年和中年男性代表的争论作为主导进行着。

　　纵观该小组发言全程,基本上由两位男性代表控制了绝大多数时间的主动权,主持人未对代表的发言机会进行有意识的引导和调整。① 第二次小组讨论较之第一次,男女代表的参与程度均有加深,如发言频率、时长和会场气氛等方面。两次讨论过程,男性代表较早、较主动地参与争论,情绪激动,发言时间较长。女性代表在讨论进行到约 10 分钟时开始发言,且经常

---

　　①　在问及假如小组内有代表不发言主持人将如何做时,其中一位审议会负责人表示,主持人会鼓励或点名代表发言。但据现场观察,在小组讨论的分会场内,由于各主持人的引导能力参差不齐,多数主持人采取的是放任自由的态度,只在开场陈述和结束讨论时发挥作用,对于话语权被极少数人长时间把持的状况并不干预。

在小范围内低声交谈,仅有一位代表李某(女 E)进行了较长时间的陈述,其他女性代表只是时不时地附和男性的观点。倾听的时间远远多于发言的时间。

换言之,在温岭早期的参与式预算审议中,女性代表的讨论风格呈现出明显的柔和性。某种程度上可以认为,虽然在"控制性实验"的问卷回答中,女性展示出与男性相当的潜能,但是在实际的讨论中,她们似乎仍然处于较弱的地位。然而,随着时间的推移,我们在对温岭参与式预算的持续观察中发现,虽然早期协商讨论中女性讨论时的柔和风格依然存在,但是,由此可能导致的弱势地位已不明显,在持续十多年的训练与实践中,女性的参与能力得到极大发展。我们通过泽国镇 2015 年 2 月 7 日参与式公共财政预算审议会分组讨论环节第二组讨论会场的现场观察发现,会场自发形成 4 个小型讨论圈,分别由两名男性和两名女性主导。在实际的讨论过程中,由男性主导的讨论风格和女性截然不同。男性主导者在发言时,更倾向于公开辩论,话语风格也更为果断强硬;而女性主导者在开始发表观点时,虽然也表现出相应的强势,气势上不输于男性,但是在几个回合后,更多女性加入讨论发表意见,大多以温和方式参与,表达方式也明显不同于男性。她们会运用讲故事、举例子、用生活小事打比方等方法,说服他人接受自己的意见。

例如,一位女性代表提出农村公共自行车租赁点太少,村里出行的都是买菜、接孩子的女性,认为"公共自行车租赁点向农村扩散"这一项目应该增加预算。但是,这一提议立即遭到一位男性的反对,该男性认为现在开汽车的比较多,公共自行车没有多大意义。此时,提出该意见的女性情绪有点激动并明显出现着急情绪,但是她尽可能保持平静,平和地表达了自己的观点,指出:"村里人出去买菜开车不划算,停车也不方便。"随后另一名女性立即接话表示支持。[①] 在这一过程中,男性村民仍有反驳,试图否定女性的意见,明确表达了反对意见并在话语中流露出"小题大做"的意味。遭到反对的女性代表虽有明显的情绪起伏,但最终仍然思路清晰地坚持自己的观点,理性地将自己的理由表达出来。最后这名男性被说服,同意增加并科学规划公共自行车租赁点的意见。事实上,对该项目的讨论发起者正是某村的一位"女村官",她对村里公共自行车的分布情况十分熟悉,并了解村民的需

---

① 引自泽国镇 2015 年参与式公共财政预算选民协商民主审议会会议观察记录,2015年 2 月 7 日。

要,尤其了解那些每天需要买菜、接送孩子的女性的需求。因而,她在提出自己的观点时态度十分自信,立场很坚定,且用理性的态度反驳男性的观点,而不是用情绪化或冲动的话语与男性争辩。

耐人寻味的是,观察 2015 年的参与式预算讨论可以发现,女性代表不仅能够用温和的语言和态度据理力争,说服男性代表认同自己的观点,而且也有女性代表能够大声与男性代表争辩,其讨论风格也不再仅仅限于柔和的风格。这从一个方面折射出女性在长期的参与和训练中更自信了。这反映在 2015 年泽国镇性别预算审议的小组讨论观察记录中。

泽国镇参与式预算选民协商民主征询会小组讨论记录

组别:第二组

时间:2015 年 2 月 7 日下午

地点:泽国镇泽国中学会堂

人数:40 人(男性:26 人;女性:14 人)

座位图:

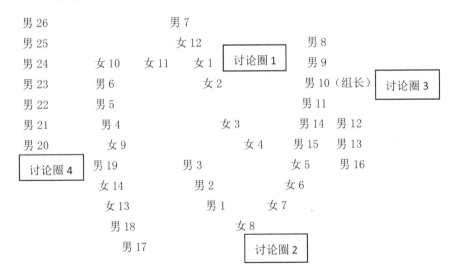

说明:讨论圈 1 以女 1 为中心;

讨论圈 2 以女 8 为中心;

讨论圈 3 以男 10 为中心;

讨论圈 4 以男 21 为中心。

讨论第一场(12:30—13:30)

女 1:五里泾牧场预算要增加,道路要拓宽。

男 8:丹崖寺两边山体要稳固,这一块要增加预算。

(会场大多数人开始小声议论,组长鼓励大家就自己的身边事发表意见。女 1 和女 2 开始窃窃私语,后来女 1 又和女 12 开始议论)

男 23:自己隔壁村有一座桥没有通,道路也没建设好。

(说话间男 22 附和)

女 12:居委会补助太少,建议从商会大厦预算中拿出一部分来补助居委会。

(男 12、男 13 小声议论,女 1 向女 12 询问,男 10 加入了女 12 和女 1 的讨论,女 8 开始公开发表意见,女 12 向男 10 大声提意见。其余人认真翻阅预算表)

女 8:农村的自行车点太少。

(组长和女 8 开始对话,其间组长也跟男 7 交流,最后认同女 8 的观点)

(女 1 附和,男 1 反驳,女 14 公开支持女 8,男 1 后来表示理解了女 8 的意思,开始和女 8 一起跟组长提出要求,4 个小讨论圈开始形成)

女 8:独生子女意外死亡补偿太少,应该增加预算。

(女 12、男 23、男 10 加入对话,组长男 10 提出增加的经费从哪里支出)

男 23:泽国一级公路西面的村应该加强扶持,这一块预算太少。

(女 14 和女 13、女 8、女 12 周围形成讨论圈,开始低声讨论,组长开始提出自己的观点)

(女 8 和女 1 认真翻阅预算表,小声发表意见。女 12 和男 7 一直保持交流状态)

男 22:本村西城公路不通,预算要考虑这个。

女 14:食品药品安全执法监督费用太少,应从 3 万元增加到 10 万元。

(女 12 和男 7、女 1 小声讨论,女 14 又与组长公开对话)

(女 1 和女 12 小声交流,然后女 12 主动跟男 7 交流,说服男 7 认同了自己的观点)

(组长提出举报有奖制度,获得女 8 积极响应)

男 19:(接上一个话题)执法费从 3 万元增加到 10 万元,多出来的 7 万元从哪里支出?

(男 20 向男 19、女 14 解释,女 14 没有立即做出回应,而是先仔细阅读预算表)

女 8:有些村没有设立管理区,设在村外的管理区是否该取消,节约经费?

(女 1、男 20、女 6 附和,组长接着回应,得到了女 1 的认同)

女 12:居委会费用是否可以从"办公室其他费用"支出?

(女 1 直接走下座位,到组长身边近距离交谈,两人一来一往交谈密切)

女 1:认同女 12 的观点,联树村和牧屿村管理区办公场所合并到政府大楼比较合适。

(女 1 和组长开始争辩,女 1 不甘示弱向多个代表表达自己的观点,试图说服大家认同自己的观点,情绪高昂。最后组长同意女 1 的观点,认为空出的大楼可以出租,水电费另收,众人笑)

(会场陷入欢声笑语的讨论中,4 个讨论圈的内部讨论尤为明显)

讨论第二场(14:40—15:20)

女 8 开始和组长讨论自行车点过少的问题。

(组长回应:泽国镇和温岭市的自行车系统联结在一起,但是点比较少,这是应该考虑的问题)

女 8:坚持管理区办公大楼应该撤销合并,因为这些大楼多数是空置的。

男 10:护村队没有固定的经费,消防队招聘临时消防员的费用是否应该转移给护村队?

男 4:护村队应该有固定经费。

(第二场的小组讨论是在众人私下讨论中开始,围绕各个话题展开。女性代表多数在私下讨论,少数几个在翻阅预算表并不发声)

女 8:两者应该都有固定经费。

(女 1、女 12 同意女 8 的观点,女 8 尝试说服身边的男性,积极表达自己的观点,反驳组长意见。后来女 13、女 14 同意女 8 的观点,和女 8 一起开始说服周围的其他人,但是女 13、女 14 都是在私下跟周围其他代表讨论、说服他们,态度比较平和,而女 8 经常公开发表意见,让会场的所

有人都听见,然后大家静下来听女8说,女8气场很强)

女12:村居消防员责任重大,应该有补贴。

(女2在女12发言期间不断进行补充,因为观点是女2先提出的,在组长说临时消防员作用不大时多次试图打断组长并表达自己的观点,无果后在组长说完后进行评论。但是女12让女2公开发表观点时,女2推脱,最后由女12说出来)

组长:消防应发动百姓,不能够完全靠临时消防员。

(女12和男7一直在小声讨论,女12占据话语主导地位。同时,女12和女2保持交流,常常达成一致意见。女1转过身面向男24,不停和男24讨论)

女1:"三改一拆"完成后,土地没有得到充分利用,很多土地浪费。

(女14、男23认同,这几个人比较激动地附和女1,大家纷纷表示赞同。女1不断补充强调自己的观点,语言流畅、声情并茂。组长倾听非常仔细)

总结

第一场

↺ 总共13人公开发言,其中男性5人,女性8人。

↺ 总共涉及10个话题,直接针对女性的2个话题(农村自行车点过少和独生子女意外死亡补助)均由女性提出。

↺ 4个小讨论圈的中心人物为男性2人、女性2人,性别比为1:1。

↺ 所有人都参与了讨论,但并不是每个人都直接公开表达自己的观点,有的委托旁人表达。

↺ 多数公开发表意见的代表倾向于向组长(男10)表达,在公开辩论时容易形成以组长为发射源的单中心多向发射的讨论局面。

第二场

↺ 总共8人公开发言,其中男性3人,女性5人。

↺ 总共涉及5个话题,其中2个话题(农村自行车点过少和管理区空置办公大楼撤销合并问题)在第一次讨论时已经由女性代表提出过:自行车点问题仍然是由女8提出;大楼撤销合并由女1和女12提出,后转变为女8坚持。

▷ 第二场讨论涉及女性问题的只有女 8 坚持的自行车点问题,女 8 表现出了强烈的女性关怀意识。

▷ 第二场讨论主要是在 4 个讨论圈内进行。

由上述 2009 年与 2015 年的观察记录可知,随着时间的推移,越来越多女性作为协商代表参与到财政预算审议过程中,她们从初期的不习惯、不适应、不熟悉、不自信,逐渐发展到越来越习惯、适应、熟悉并且自信。在持续的平等参与中,女性的参政潜能在很大程度上得到了培育与发展。由 2015 年的观察记录可知,女性在实际的讨论甚至辩论中,兼具柔和与强硬两种风格,她们既可以冷静理性地通过讲理说服男性,也可以与男性展开争辩,甚至可以提高嗓门与男性代表争论。她们不再像有些学者认为的那样,不敢在公共场合发表自己的意见,或者即便能发表意见却没有与男性同等程度的技能。① 我们从温岭参与式预算审议过程中观察到的结果恰恰与之相反,随着参与次数的增加与经验的积累,女性参与预算审议的潜能正在转化为现实能力,其自信心也在逐渐提升。

第三,意见表达的条理性。长期以来,对女性参与公共事务协商的能力偏见中,认为女性发言具有表象性和非逻辑性的观点较为普遍。这些观点认为,女性代表发言或思考问题往往比较感性②,很容易受情绪的影响,想说什么就说什么,有什么就说什么,很少考虑事物之间的联系,也不会顾及整体和局部利益、短期和长远利益之间的平衡。加之,她们的口头表达技巧与能力如果不足以参与激烈的辩论,便会以感性的语言甚至非理性的争吵方式达到自己的目的。尤其是当涉及远离她们生活经验的公共事务时,她们的发言就会显得简单、表面、微观,往往会局限于眼前利益,不能很好地独

---

① Breckinridge S P. Political equality for women and women's wages[J]. Annals of the American Academy of Political and Social Science,1914(56):122-133.

② 女性感性或温和的发言特点往往为人所诟病,但这种感性化并非一种缺点,正如艾丽斯·M.杨所说的,理性讨论也包括感性的因素,包括日常中各种讨论方式。缺乏感性的理性思辨自身恰恰是一种男性理性的缺点。杨主张,用问候(greeting)、修辞(rhetoric)、讲故事(storytelling)和桑德斯提出的诉说(testimony)等更为广泛的交流方式来代替协商。其实,这些沟通方式并非与协商理性方式相矛盾,理性的沟通方式可以是陈述式,也可以是诘问式,甚至还可以是肢体语言等表达方式。尽管如此,这一发言特点在绝大多数情况下造成了女性代表的意见被严重忽略的事实。

立完成对公共事务的深层思考。的确，从某种意义上说，个人意愿表达的非逻辑性是我国基层女性尤其是农村地区普遍存在的问题。由于她们的平均文化水平低于男性，参与公共治理的机会总体少于男性，非理性化这一问题在部分女性民意代表身上体现得尤为明显。

那么，温岭参与式预算发展至今，尤其是性别预算实施以来，在女性的高比例参与已经成为常态的情况下，她们在协商审议中表达意见是否仍然呈现出这种消极特征呢？我们在调查过程中发现，温岭女性议政表达并不如传统观念认为的那样缺乏逻辑与条理。通过对参与式预算意见征询会进行观察，我们发现，大多数女性代表发言时条理清晰、富有逻辑性。例如，在2014年泽国镇的参与式预算审议会上，发言的女性代表在对政府执行预算项目提出意见时并没有出表现出这些消极特征。从以下这位女性参与者的发言中也可以理解这一点。

> 第一，镇里预算结算工作能够倾听百姓意见，这对公平正义有极大的意义。我表示感谢。第二，虽然镇里做了很多的工作，但是就执行率来看，目前的工作还存在一些不足的地方。比如，就总体决算情况而言，有的执行率能达到100%，最低的只有零，执行率不够稳定。到底是预算工作没有做好，还是决算工作没有做好？这是需要政府思考并改进的。第三，预算表里有一个"突发事件应急资金"，去年的执行率为零。镇里有一笔1500万元的预备金，类似于这种"突发事件应急资金"是否可以从1500万元预备金中拨出，不用单独列出预算。这样，评估时执行率也不会太低。最后，有的项目中期调整后执行率仍然只有30%，我想，这个肯定是政府的工作做得不太理想。[①]

会后，我们对镇人大干部进行访谈时，提到这位女性的发言，表示我们对她的发言印象很深。他十分认同我们的看法，并补充说："我觉得昨天那位对预算执行率提出意见的妇女，那一番话讲得很有道理。她的发言有三个层次：第一个层次就是对政府的理解，我觉得她的理解也是到位的。第二个层次就是讲了这个过程中要给它（指政府）机会，不要说一定是政府的不

---

① 资料来源：2014年泽国镇财政预算选民征询审议会（中片代表联络站）会议发言记录（女性代表发言）。

对,预算调整需要有个过程。第三个就是她内心的一些想法,也讲得很到位。"①

我们通过历年对性别预算审议会场的观察发现,女性发言普遍呈现出条理清晰的特点。令我们印象深刻的是,女性代表在对某项预算额度提出异议时,如认为某项预算太少需要增加时,不是简单地提出要求,而是在全面考虑预算安排后提出意见和建议。她们善于对预算方案做出合乎逻辑的调整,都会建议从另一项预算中调剂支出,来解决某一项目的资金短缺问题,而并非一味地要求政府增加资金。例如,在 2015 年的泽国性别预算审议会上,有女性代表提出,女性健康检查经费太少了,需要增加。这个经费可以从道路建设 3000 万元中调剂。理由是,这条路每年都有预算,但每年都没有执行到位,这条道路至今还是断头路。既然预算了无法执行到位,就可以减少预算资金,用于补充实际需要的体检项目支出。

事实上,在预算审议讨论中,类似的例子很多。据我们历年的观察,相比于早期预算审议会上的女性发言情况,不知不觉间,原先讨论会上女性腼腆、羞涩、不敢讲话的现象越来越少,女性代表的协商讨论能力明显提升,与此同时,们的自信心也在不断提升。因此可以说,十多年的制度保障使得女性在实际参与中越来越多地获得自主赋权的能力。

第四,女性实质性代表能力的提升。所谓女性的"实质性代表"主要是指女性代表有意识地履行女性群体的民意代表责任,能清晰地知道自己代表的群体利益所在。不少研究者发现,女性在参与决策时,即便拥有足够的数量代表,也未必能真正具有代表性,即女性未必代表女性,反而有可能对女性群体形成排他性。国外学者在考察描述性作用时指出,虽然数量代表对于提高女性地位是必要的,但如果孤立地强调单一性别的数量代表,仍然会有缺陷。如果在决策机构中"仅仅因为是女性"就因此认为她能"代表普通女性的利益或视角",将是极为荒谬且应该警惕和避免的想法。② 因为,政治决策的动态性以及被代表者需求的多样性,使得作为代表的女性需要

---

① 资料来源:2015 年泽国镇人大干部访谈,2015 年 9 月 13 日。

② Williams M S. The uneasy alliance of group representation and deliberative democracy[M]//Norman W. Citizenship in Culturally Diverse Societies. Oxford: Oxford University Press,2000: 124-153.

更强的能力才能真正代表边缘群体的需求。所以,对于"公民的公平代表"而言,仅仅有成员存在于政治机构中是不够的,还应该要求代表能够履行更多的"中介功能"。威廉姆斯将代表看作是参与动态协调的中间环节,从而打破了对于数量代表的单一强调,同时将人们的视野从对代表者与被代表者关系的静态思考,扩展到对代表在政治领域各维度中进行调解的动态认识。

在温岭的参与式性别预算中,女性优势的数量代表能不能真正从实质上代表女性?女性代表是否能认识到担任民意代表的责任,知道自己所代表群体的利益?2011年、2013年和2014年,我们通过问卷对这些问题进行考察,主要从以下三个层面着手。

首先是参与性别预算审议的主观动机。通过询问"您参加性别预算审议的动机",得到的结果如表6.4所示。

表6.4 参加性别预算的动机(多选)

单位:%

动机	2011年		2013年		2014年	
	男	女	男	女	男	女
为女性争取权益	28.6	85.4	12.5	72.7	24.4	52.9
学习和了解公共政策	57.1	82.9	75.0	72.7	51.2	52.9
提高参政议政能力	57.1	78.0	62.5	45.5	63.4	58.6
提高自己的社会地位	0.0	36.6	12.5	45.5	9.8	22.9
感兴趣	0.0	7.3	0.0	9.1	0.0	10.0
为了维护自己(家人)的利益	0.0	4.9	0.0	18.2	14.6	10.0
代人参加	14.3	0.0	0.0	0.0	0.0	1.4
被抽中没办法	0.0	0.0	0.0	0.0	0.0	5.7

数据来源:2011年、2013年、2014年温峤镇、新河镇及泽国镇性别预算代表问卷数据统计。

三年数据中,除2014年女性代表的第一动机为"提高参政议政能力"(58.6%)外,其余排第一位的都是"为女性争取权益"(2011年的85.4%和2013年的72.7%),其次是"学习和了解公共政策"(2011年的82.9%和2013年的72.7%)。这说明女性代表理解自己所承担的为女性代言争取权利的责任,有明确的代表意识。

其次是在实际预算审议中的代表性。这是考察在参与式性别预算的协商审议过程中,女性代表是否如我们所愿地能够自觉代表女性群体的权益。我们以温峤镇为例,通过 2014 年问卷中的下列问题进行考察(见表 6.5)。

表 6.5　在下列部分财政支出预算项目中,你认为预算资金该如何变动?

单位:%

预算项目	维持不变或增加预算		减少预算	
	男	女	男	女
农村妇女干部培训教育	100.0	100.0	0.0	0.0
女性创业就业援助	100.0	100.0	0.0	0.0
关爱女性健康	100.0	100.0	0.0	0.0
"春蕾计划"	100.0	100.0	0.0	0.0
农村妇女走访慰问	87.5	100.0	12.5	0.0
"三八"妇女节活动	87.0	100.0	13.0	0.0
巾帼志愿者活动	84.0	100.0	16.0	0.0
全民健康体检	100.0	95.9	0.0	4.2
文化礼堂建设	74.1	95.3	25.9	4.8
成人教育	88.5	95.0	11.5	5.0
全民健身广场建设	70.3	90.5	29.6	9.5
镇综合文化站建设	75.9	80.0	24.1	20.0

数据来源:2014 年温峤镇性别预算部分支出项目审议意见统计。

很显然,在"维持不变"和"增加预算"两项的选择中,直接涉及女性的项目受到女性的特别关注与支持,虽然男性中也有相当高的支持率,但总体上仍然低于女性。这从某种程度上可以体现女性代表对于直接关涉女性的项目具有更多的关怀。

最后是参加性别预算审议之后女性代表对性别平等的关注度。这是考察在参与性别预算协商审议会期间学习或者感受到的性别平等问题,是否能促使她们将性别关注延伸到后续的日常生活中。这是评价女性代表参与能力的一个重要标志。我们通过以下问题进行检验(见表 6.6)。

表 6.6　性别预算审议会后,您是否会更关注女性权益和性别平等

单位:%

年份	会关注		不会关注		不确定	
	男	女	男	女	男	女
2011	85.7	90.2	14.3	9.8	0.0	0.0
2013	87.5	100.0	0.0	0.0	12.5	0.0
2014	92.3	95.7	7.7	0.0	4.3	0.0
2015	95.5	96.2	3.0	1.5	1.5	2.3

数据来源:2011 年、2013 年、2014 年及 2015 年温峤镇、新河镇及泽国镇性别预算问卷统计。

数据显示,总体上,两性的代表意识比较相似,不过,经逐年考察发现,女性的提升比例高于男性。这有助于我们了解平等参与的性别预算协商是否使女性的代表意识有所增强,并且将其延续到审议活动之后的社会场景中,以便检验参与式性别预算对提高代表能力与意识的有效性。检验结果从一个侧面说明,参与性别预算的女性代表对女性群体的利益确实更具有代表性。对此,2015 年对泽国镇性别预算审议会小组讨论的观察纪录,可以进一步说明问题。

泽国镇性别预算审议会第二组讨论过程记录

时间:2015 年 1 月 28 日上午 9:00—11:30

地点:泽国镇人民政府 6 楼会议室

人数:男 8 人,女 11 人

1. 发言顺序

①男 1:主动表达自己的观点

②女 1:主动表达自己的观点

③女 2:反对

④男 2

⑤女 1

⑥女 3:询问

⑦女 2:反对

根据座次图:

1. 男性与男性相对集中;

2. 女性与女性相对集中;

3. 由男 1 首先发表观点,但随后分成 3 个讨论区域,分别以女 1、女 6 和男 2 为中心。

⑧女 4

⑨女 5

⑩女 6

⑪女 7

2. 座次图

男 7 男 8 女 11 男 5 男 6 男 1

男 4 女 4 女 5 女 2 女 3

男 3

男 2

女 1

女 7 女 8 女 9

女 6 女 10

3. 公开发言次数及话题

⇨ 男 1:3 次——村联系员补助增加、建立食品药品安全举报奖励制度

⇨ 男 2:2 次——敬老院补助增加、敬老院消防投入明细公开

⇨ 女 1:4 次——死亡补助细则公开、伤残补助细则公开、汽车固定停靠点
增加、公共自行车租赁点向农村扩散

⇨ 女 6:2 次——农村退休妇女干部补贴增加

⇨ 女 2:2 次——未提出话题

⇨ 其余均参加讨论,但未公开发言

4. 话题内容归类

(1)与女性有关(共 3 项):农村退休妇女干部补贴增加

敬老院补助增加(涉及失独老人)

公共自行车租赁点向农村扩散(村与村之间的租
赁点增加,便利农村女性)

(2)其他公共议题(共 6 项):村联系员补助增加

建立食品药品安全举报奖励制度

敬老院消防投入明细公开

死亡补助细则公开

伤残补助细则公开

汽车固定停靠点增加

5. 讨论结果

(1)总共 15 人发言,其中女性 9 名,男性 6 名

(2)涉及妇女的议题总共 6 项,均由女性代表提出,分别为:

⇨ 技能培训经费向女性倾斜

⇨ 农村妇女主任退休补助

⇨ 公共自行车租赁点向农村扩散

⇨ 村级干部培训要关注女性干部发展

⇨ 增加妇联经费,增加"两癌"筛查的农村名额以及检查项目

⇨ 增加农村健康体检经费,关注女性生殖健康

(3)男性提出的和妇女有关的议案数为 0

综上,从三个问题与小组讨论观察结果看,一旦女性参与公共生活,被赋予"民意代表"身份,其关注自身代表群体利益的能力并不比男性差。她们会充分听取别人的意见,考虑他人的处境和利益,展现出比男性更强烈的关怀意识。在预算项目选择中,女性表现出为女性群体权益代言的特征,且有意将这种性别平等责任意识延续到日常的社会生活之中。她们通过自己的选择与行动,回应传统观念对女性的消极评判,表现出对公共政策制定和执行的影响力,维护所代表群体的利益。

更有意义的是,参与过性别预算审议会的农村女性代表能够将协商审议过程中学到的知识与技能运用到会后的维权之中,引领农村妇女参与到维权行动中。这在某种程度上颠覆了有些学者的观点,如有研究者通过对农村女性参与村庄治理行为的分析提出,女性缺乏以集体行动影响公共政策的能力,她们的政治参与具有"原子化"和"分散"的特征。女性长期处于离散化状态,未能形成有效抗衡传统性别文化影响下村庄政治传统的强有力的、组织化的女性利益集团。① 或许,对于尚未有足够机会参与政治协商讨论的农村女性来说,因其知识与经验技能无法得到有效培育与训练,缺乏

---

① 潘萍.试论村民自治中的妇女参与[J].浙江学刊,2007(6):211-214.

相应的能力抗衡农村的政治传统及其运行方式,使得她们的参与不足以具有真正的代表性。但是,我们在对温岭性别预算的调查访谈中发现,女性并非不能以强有力的、组织化的集体行为表达诉求。当参与过性别预算的女性具有足够的参政议政经验后,她们会自觉将此延伸到与生活密切相关的日常公共问题的决策中。她们在面对公共利益冲突时,便能够带领妇女形成利益共识,并且在取得共识的基础上联合起来,对特定政策投"否决票",以集体行动促进政策的完善,推动社会发展。

在对性别预算女性代表的访谈中,我们听到了农村女性代表给我们讲的一个故事,生动地诠释了女性影响公共政策的组织能力。

> 市里想在我们镇(某村)建"五洲博览小镇",需要被征地村民签字。村里召开村民代表大会的时候,很多男代表都签字同意了,但是女代表坚持不签字。原因是,女代表们担心政府拿地后会转手卖出去,那么,以后村民就失去了生活来源,这是不能轻易同意的。于是,几个女村民代表在会上与村领导辩论。她们不仅自己不签字,还对村民进行游说,号召大家都不要签字。因此,这个项目拖了好久也没谈成。[1]

访谈中,一位村妇联工作人员告诉我们,2014 年村委会换届,许多女性都推选和自己观点一致的女性进入村委会,认为她们能够代表自己说话。这一背景使得接下来当选的女村干部在开会的时候自主性特别强,发言踊跃。从社区或者村里的工程建设,到妇女的普惠事业发展,女干部充分发挥了自己的作用。她们和女性群众一起,在参与式预算会议上,向政府要求增加预算,开展了诸如"禁毒巾帼娘子军"活动,组织妇女干部慰问、帮扶结对等;妇女群众自发设立了"留守儿童之家",并要求妇联给予支持,为留守儿童购买图书等物品,定期开展互动,培养留守儿童的才艺等,为村庄治理做出很大贡献。[2]

不难看出,在具有多年参与式性别预算实践的温岭,女性的参政能力不仅得到很好的培育与发挥,而且年复一年的协商参与以及广泛表达民意的传统,使得她们的参与能力越来越具有独特的性别特征。这些特征正是男

---

① 资料来源:对温峤镇性别预算女性审议代表的访谈记录,2015 年 9 月 11 日。

② 资料来源:对温峤镇性别预算女性审议代表的访谈记录,2015 年 9 月 11 日。

性长期以来所缺失的。因而,在预算审议中不仅弥补了男性关注之不足,而且也扩展了协商讨论的话题范围,为政府预算决策提供了不可多得的有效建议。不论是问卷调查,还是会场观察和访谈,我们发现,在有充分参与机会的情况下,女性在小组讨论乃至大会公开发言中都有能力表达自己的观点,并且有自觉的代表意识,甚至有很强的组织能力以影响政府政策制定过程。

在实际的协商讨论甚至争辩中,女性的沟通能力也有其独有的特征,正如简·曼斯布里奇(Jane Mansbridge)的研究所揭示的:在聆听过程中,女性代表更易取得女性民众的信任,更易理解对方诉说的内容,从而对女性民众更具回应性并能获取更多有效信息;在表述和传达过程中,女性代表更能够借助自身的女性经验,更加生动地反映女性民众的利益诉求。① 温岭女性平等参与性别预算审议的过程,展现出其独特的参政能力,具体表现在其谈判能力、对议题的优先顺序选择以及解决问题的不同方法等方面。②甚至印证了女性的语言表达能力强于男性的观点,她们口齿伶俐,声音清脆,抑扬顿挫,极富感染力;女性思维敏捷,观察力强,容易从零碎的现象感知其背后的深层脉搏。③ 而在具有性别平等导向的参与式性别预算审议中,即便女性代表未发表言论,她们的"在场"(presence)本身就能提醒其他男性代表对其所代表的女性视角和女性利益引起重视。这可以通过我们的问卷调查结果得以证明,在特定的性别平等制度背景中,男性考虑问题的关注点也会受制于会议主题的引导,而有意识地将性别平等作为主要考虑因素。

综上不难看出,女性对公共事务的认知与评判能力并不弱于男性。她们能够充分理解公共生活中的公共问题,并提出自己的观点;对公共议题的讨论也并非由男性主导,女性也表现出了同等程度的独立评判能力;在对公共事务的关注程度上,女性和男性大体相当,女性更加关注与民生密切相关的公共问题。同时,女性的议政表达能力与男性相当:女性能够和男性一

① Mansbridge J. Should blacks represent blacks and women represent women? A contingent "yes"[J]. The Journal of Politics, 1999, 61(3): 628-657.

② Panagopoulos C, Dulio D A, Brewer S E. Lady luck? Women political consultants in U.S. congressional campaigns[J]. Journal of Political Marketing, 2011, 10(3): 251-274.

③ 左小川. 论村级治理中的女性身影:湖南省岳阳地区"女村官"现状调查分析[J]. 湖南科技学院学报,2005(10):163-164.

样,充分表达自己的观点;女性在议政时注重有理有据,展现出多元的表达风格;在议政表达的效果上,女性更易于取得共识。因此,女性的代表和组织能力并不弱于男性,当赋予女性"民意代表"身份时,她们便能关注自己所代表群体的利益,在与生活密切相关的公共事务上,女性能够自发地联合起来发出自己的声音,影响政策制定。从这个意义上说,只要给予女性平等的参与机会,女性在现实公共事务中的决策能力并不低于男性。

第七章　女性能力赋权的条件

在赋权理论中,能力赋权往往伴随着一些支撑性条件,诸如政治、经济与文化等诸多要素的保障。因此,为女性的参政能力赋权必然涉及特定的参政制度、经济地位、性别文化、教育程度以及社会资本等基本要素。当女性作为政治主体参与实际决策过程时,特定的参政制度可以为女性能力的发挥和发展提供制度空间;经济因素则构成女性参政能力的物质基础;文化可以为女性政治能力的发展提供价值基础;教育程度成为女性能力赋权的知识背景;社会资本则可以为女性能力发展提供重要的资源。根据阿马蒂亚·森(Amartya Sen)的观点,个人能力赋权需要具有实质意义的自由保障,可行能力是一种自由,是实现各种可能的功能性活动所需的各种实质性自由的总和。他称此为"工具性自由",因其是促进发展不可或缺的手段。这种"工具性自由"包括诸多方面,分别是政治条件、经济条件、社会机会、透明性保障与防护性保障。五种工具性自由之间相互关联并相互促进,一种自由的发展将有效推动其他自由的相应发展。[1]在对温岭参与式性别预算的能力赋权分析中,政治条件、经济条件、受教育程度、社会资本和性别文化五个方面具有实质性的决定作用。

一、政治条件

在我国特定的制度背景下,尤其是在温岭协商民主制度中,所谓女性赋权的"政治自由"条件特指温岭参与式预算的民主制度设计中,将公民的平等参与作为基本前提,保障公民具有平等机会参与政府预算决策的

---

① 森.以自由看待发展[M].任赜,于真,译.北京:中国人民大学出版社,2002:33.

自由。拥有政治自由是确保公民主体地位的重要条件,因为对女性而言,她们的发展不仅受到各种社会制度的安排,更取决于是否拥有参与政治生活和公共决策的平等机会。对于关注实质性自由的赋权过程来说,在实际参与中获得相应的能力,不仅关乎社会机会与资源的分配正义,而且还可以将这种政治行为与参与者的个人主体地位相关联。保障女性的权益,并不意味着将她们视为简单的利益接受者,而是作为主动承担政治责任的主体,自由决定如何行使自己的"权力"。当女性能够参与公共决策过程,她们就能为决策提供不同的性别视角意见,也能为女性争取权益提供更多支持。

与此同时,政治自由也对女性的参政机会构成决定性影响,进而影响女性在政治实践中发展政治能力的条件。有学者指出,参政行为能促使人们学习必需的政治知识及政治技能,认识到自己的根本利益所在。① 换言之,参政行为本身能够直接锻炼并培育女性的参政能力。温岭平等参与的制度设计可以为参政行为提供制度空间,为女性提供平等的参政机会,而女性的参政地位和男性越平等,其参政能力就越能够在实践中得到发展和提升。在温岭的参与式性别预算制度实践中,女性的政治自由对参政能力的提升主要体现在以下方面。

首先,平等参与机会提升了女性对公共事务的认知和评判能力。平等的协商参与实践为女性学习相关知识提供了充分的条件,也为掌握决策技能和能力创造了机会。这有助于加深她们对公共事务的了解与理解,进而对预算项目的合理性做出准确评判。我们在 2015 年温岭三镇性别预算代表的问卷中问道:"参加性别预算恳谈会后,您是否能更好地理解预算表上的各项内容",女性选择"完全理解"的人数占被调查女性的 20.8%,选择"基本理解"的为 73.8%(见表 7.1)。也就是说,超过 94% 的女性在参与性别预算协商讨论后,更好地掌握了预算表所涉及的公共事务的预算知识。

---

① Walker J L. A critique of the elitist theory of democracy[J]. The American Political Science Review,1966,60(2):285-295.

表 7.1 会后对预算表内容的理解程度

单位：%

性别	完全理解	基本理解	不理解
男	18.2	80.3	1.5
女	20.8	73.8	5.4
总计	19.9	76.0	4.1

数据来源：2015 年温峤镇、新河镇和泽国镇性别预算问卷统计。

在访谈中，一位女性代表（也是人大代表）说："镇里对女性代表比例进行规定，如女性代表占 30%，刚开始是有点担心女性代表摇到号后也可能不会来。当两性代表比例定为 1：1 时，原以为到会的人数应该是男女各占一半，甚至估计也有可能男性代表会多过女性，但实际上，性别预算审议会上到会的还是女性多。当会场上女性占多数时，她们变得敢于提意见，不懂的就问，其他代表就会耐心解释。这样的会开多了，我们就知道怎么去发表意见。应该说，能力是有提高的。"[①]

另一位女性代表（"女村官"）从另一个角度向我们证实，平等参与的制度保障对于增进女性的协商讨论能力具有实质性帮助："去年换届，妇女干部进'两委'的比例提升约 20%。女干部比例的大幅增加使得女性在开会时自主性特别强，发言踊跃，对工程建设等问题有自己的意见。"[②]

对于参与式性别预算而言，女性平等参与的制度设计中包含着平等接受培训与学习的机会，这是参与式赋权必不可少的组成部分。在召开性别预算民主恳谈会之前，各镇都会对参与代表进行有针对性的培训，培训内容通常涉及一般意义上的预算审议知识与方法，也包括性别预算知识与方法，女性代表得到与男性平等的机会学习与参与预算审议活动。一位女性代表告诉我们："以前对性别预算不了解，有点了解也是比较狭隘的理解。性别预算协商审议会就是要从性别角度讨论政府财政预算，所以镇里在协商审议前给我们做培训，我们也知道了性别预算是什么，该怎么做。开会的时候知道要去看预算表上的什么内容，要讨论什么，怎么样去把这些事情做得更

---

① 资料来源：2015 年对温峤镇村民的访谈记录，2015 年 9 月 11 日。

② 资料来源：2015 年对温峤镇妇联主席的访谈记录，2015 年 9 月 11 日。

好。这个培训就很好。"①我们的问卷调查结果也证实了这一说法(见表7.2)。

表 7.2　在参加性别预算前,是否有必要进行培训

单位:%

年份	有必要		没必要		无所谓	
	男	女	男	女	男	女
2011	71.4	86.8	28.6	10.5	0.0	2.6
2013	100.0	80.0	0.0	0.0	0.0	20.0
2014	97.8	78.1	0.0	14.1	2.2	7.8

数据来源:2011 年、2013 年及 2014 年温峤镇、新河镇与泽国镇性别预算问卷统计。

数据表明,绝大多数代表认为会前的培训是"有必要"的,尽管女性选择此项的比例略低于男性,但仍然占绝大多数。的确,平等的参与机会不仅体现在会议期间发表意见、提出建议等影响公共政策制定的环节,也体现在女性学习并提高自身能力的过程中。她们在持续的参与中不断学习、获取新知,以满足民主参政的要求。在这一过程中,女性对公共事务的理解和认知、对政治知识的学习和掌握程度得到不断提升,参政议政的能力自然也就得到发展。

其次,平等的协商参与促进女性的代表能力。理论上,尽管不少学者质疑女性的数量代表未必能提升她们对女性群体的代表能力,如有学者认为女性一旦被选拔到领导职位上,往往会更注重使自己与男性领导保持同质性,以证明自身的领导能力不低于男性。但是,在具有长期民主参与传统的温岭性别预算协商讨论中,女性对自己作为代表身份的责任意识明显增强。表 6.6 反映的正是女性参加性别预算协商之后会比之前更关注妇女权益。其中选择"会关注"的两性代表占绝大多数,而女性对这一项的选择率又普遍高于男性。

调查中我们还发现,参与性别预算审议会的女性代表不仅在会后更加关注女性权益,而且会有意识地将这种关注融入自己的日常工作,以实际行动推动女性权益的实现。例如,一位女性代表(小学校长)告诉我们:

_____

① 资料来源:2015 年对温峤镇村民的访谈记录,2015 年 9 月 11 日。

　　我以前对性别预算不了解,但是通过这几年的性别预算培训与行动,我越来越清晰地认识到现实中两性权益的实现程度存在差异,在性别盲视的项目实施中,政府财政资源并没有被合理公平地利用,严重影响了资源的有效利用。我有意在工作中弥补这些差异。于是,在校园厕所改造项目实施时,决定将性别预算的目标落实在这一项目中,有意识地考虑男女学生的生理差异与需要,增加了女厕所的数量,女厕所的坑位数量比原来翻了一倍,经检查达到合格标准,使得有限的资金发挥了最大的功效。此外,我把这种对女性权益的关注延伸到对儿童权益的关爱上,对留守儿童、特殊儿童群体的权益进行保障。在关爱留守儿童方面,对离异、丧父丧母等家庭的留守儿童进行家访;在关爱特殊儿童方面,开展关爱女童活动,建立党员妈妈工作室,开展随班就读,举办开心厨房活动等。在这些过程中,我也联系女党员教师来关爱女童,倡导男教师加入对男童的培养中。①

　　在温岭,这种对群体利益的关注和代表意识并非个例。另一位温峤镇的女性代表在大会发言中讲道:"女性健康体检名额不够多,每年才 1100人,要增加'两癌'筛查的名额;同时,还要关注男性的健康,比如可以增加对男性的前列腺检查等。"②这位女性代表也是该镇的政协委员,她在参加性别预算审议会之后,当年便提交了有关增加对男性前列腺检查预算经费的提案,多年的性别预算经历,使她超越了简单的"女性代表女性"的局限,而是自觉地从两性平等意识出发,为男性权益表达意见。这位女性代表的政协提案可从某一角度说明这一事实。

2015 年 3 月 18 日温峤镇性别预算女性代表提交的政协提案摘录

　　近年来,男性健康问题日益显著,越来越多人呼吁要更加关爱男性健康,为此建议温岭开展"顶梁柱"专项体检(男性特有疾病检查),并将活动经费纳入性别预算,使男女平等基本国策的精神在政府预算和公共服务项目中得以充分体现。原因有以下几点。

　　一是男性健康意识薄弱,疾病发病率逐年上升。中华医学会的调

---

① 资料来源:对温峤镇一位小学女校长的访谈记录,2015 年 9 月 11 日。
② 资料来源:温峤镇性别预算选民征询会会议记录,2015 年 1 月 29 日。

查显示,男性疾病发病率每年增长 3%。男性前五位发病癌种为肺癌、肝癌、结直肠癌、鼻咽癌、胃癌,这些癌症的发病率男性均高于女性。最突出的为前列腺疾病,有超过一半的 50 岁以上男性受到前列腺病的困扰。同时,男性看病的频率比女性低 28%,90% 的男性表示自己没有健康体检的意识和习惯,20% 的男性很少甚至从不参加体育锻炼,80%的患病男性承认自己因为小病不看导致大病,错过了最佳的治疗时期。

二是男性健康直接影响家庭以及社会的和谐稳定。男性健康不仅涉及男性本身,也直接影响夫妻和家庭的关系,进而影响到社会的和谐稳定。受传统观念以及社会偏见的影响,明明身体健康出了问题,但许多男性患者"不约而同"地讳疾忌医,不愿承认自己得了病,即使病情严重了,也不愿就诊。此外,医院的男科门诊等对于男性患者的隐私保护不够,也是导致男性患者不愿就医的原因。

三是社会对男性健康的关注普遍不足。党的十八大首次将"坚持男女平等基本国策"写入报告,而性别预算正是实现男女平等的关键步骤和有效途径。让广大台州妇女受益的"红丝带两癌筛查"活动,使妇女成为性别预算最大的受益者。然而,相对于女性健康来说,人们对男性健康的认识十分不够,对男性健康的关爱在政府预算和公共服务项目中并未有所体现。

为此建议:

一是建议在全市深入开展"顶梁柱"专项体检活动。组织男性每年参加 1—2 次免费专项体检套餐活动(如前列腺方面的检查等),倡导广大男性朋友在谋求自身利益和长远发展的同时,要多关注自身健康,养成定期体检的良好习惯,出现健康问题更应及时就医。

二是将关爱男性健康活动经费纳入市财政性别预算。"红丝带两癌筛查"活动使妇女成为性别预算最大的受益者,建议也将男性健康检查活动经费纳入性别预算,通过财政拨款,让男性每年免费享受 1—2次专项体检活动。

三是建议在各辖区医院设立特色门诊。推行"一医一患一诊室"工作机制,严保患者隐私,加强愈后康复指导,让男性患者的诊疗更加高效、便捷、放心,不仅帮男性患者找回健康,还让全社会更加关注男性健康。

四是建议加强关注男性健康的宣传工作。在公共服务项目中多开展关注男性健康的活动,可以在具备条件的村居、社区等设立男性健康俱乐部,在"男性健康日"等活动期间,组织志愿者深入开展爱心义诊活动,发放"男性健康"科普资料,开展"男性健康讲座"等系列活动,呼吁家庭、社会更加关注男性健康。

可见,平等的政治参与提升了女性的代表意识,她们不仅可以代表女性,也可以代表男性提出诉求,进而提升她们平等代表两性平等权益的能力。事后我们对这位女政协委员代表进行访谈,问及怎么会想到为男性权益代言的,她说:"参加性别预算审议以来,接受了很多关于性别平等的观念,意识到性别预算不仅仅是为女性争取权益,也是为了更好地将资源合理且公平地在两性之间分配。每年的预算都有对女性的特别健康检查项目,其实,男性也有一些特殊的需求,需要政府预算予以考虑。我想到了这一点,所以就提了这条建议,希望政府在以后的预算中能增加这一块"。[1] 不难看出,赋予女性平等的参政机会,可以使她们的政治活动从"被动参与"转变为"主动参与",对自身利益的代表能力也开始从形式走向实质,即从单纯的"代表女性"走向"代表两性平等权益"。

二、经济条件

经济条件是指个人分别享有的出于消费、生产、交换的目的而运用其经济资源的机会。经济条件可以为个人带来很多方面的自由,如决策自由、就业自由、交换自由等。改革开放以来,虽然每个人的经济收益都处在不断增长的过程当中,但这种收益的增长份额是不相等的,从性别角度审视,甚至呈现出较大的性别差异。本质上,每个人特别是男女之间拥有资源的多寡存在较大差异。经济条件构成女性参政能力的基础,这种基础性条件对女性参政能力的影响主要包括两个层面:一是宏观经济发展整体水平;二是女性自身的经济地位。前者为女性参政能力的发展提供必要的社会资源,后

---

[1] 资料来源:温峤镇性别预算选民征询会会议记录,2015 年 8 月 30 日。

者则决定女性的自主行为程度。因此,考察经济条件对女性参政能力的影响可从经济发展的整体水平和女性自身的经济地位两个方面展开。

首先,经济发展会加强女性参政意愿。众所周知,随着社会经济发展水平的提高,越来越多的女性会获得政治参与所需的资源,这就会达到一个临界状态:当拥有必要资源的女性数量变得越来越多时,她们就会形成有效的利益群体,要求更大的代表性并影响决策。这一过程的决定性因素正是宏观经济的发展水平。[1] 有学者提出,一个地区的市场化程度对民主政治有正面影响[2],经济发达村比经济落后村的村民选举竞争程度更高,村民参与选举的热情也更高。[3]

在市场经济体制充分发达的地区,市场的活力会激发民众追求利益的热情,女性便有机会逐渐走出家庭,开始自己的职业生涯并获得家庭外的独立收入,其对家庭经济的贡献能够以量化的方式显现出来,并得到家庭成员的认可。随之,女性对家庭中男性成员的经济依附会逐渐减弱,这就使得女性开始获得对家庭重大事务的决策权,同男性一起商量家庭内的重要事项。在这一过程中,女性的能力得到极大提升。由于女性在家庭中经济地位的提升,尤其是参与社会经济活动的机会增加,为了维护自身的利益并提升自己的独立地位,她们便会进一步关注公共事务和公共政策。走上职业生涯的女性,需要以独立的身份与雇主进行谈判,其"讨价还价"的能力也会得到提升。这对于女性的参政能力是一种锻炼。从这个意义上说,经济的发展和经济事务的增多对女性参政能力的提升具有重要意义。

改革开放至今,虽然我国从国家法律层面对女性政治权益做出多重保障,保证女性享有应有的权益,但由于多种因素的影响,女性仍然无法平等地行使法定的政治权利。其中,经济条件不平等是女性政治地位处于弱势的基础性原因。有学者对农村女性参政情况进行研究发现,基于社会分工

---

① Matland R E. How the election system structure has helped women close the representation gap[M]//Karvonen L, Selle P. Women in Nordic Politics: Closing the Gap. Hanover: Dartmouth Publishing Group, 1995: 281-309.

② 中国社会科学院农村发展研究所课题组. 农村政治参与的行为逻辑[J]. 中国农村观察,2011(3):2-12.

③ 何包钢,郎友兴. 寻找民主与权威的平衡[M]. 武汉:华中师范大学出版社,2002: 162-179.

失衡而产生的家庭责任偏重、职业发展渠道不畅、教育投资不力等因素,是影响女性政治权利实现的经济诱因。因此,要改善农村女性的政治地位,必须从改善其经济地位入手。①也有学者认为,影响农村女性参政的决定性因素是农村妇女的经济地位低下,经济基础决定上层建筑。②

访谈中,一位来自偏僻地区的女性代表告诉我们:

> 我们村的妇女开会来是来,但是都坐在后面,自己谈自己的事情,也不会发表意见,村里让签字就签字。这跟村里的经济状况有关:我们村地理位置很偏僻,没有什么集体经济,山坡地复垦,如果投标投出去,有人承包,就会有利润了。但是目前没有招到承包商,因此村民觉得地已经被拿走了,自己没有地耕种了。村里经济是亏本的,亏钱100多万元。

> 村里面没有重大事情不会开会,我们(岙口)村经济状况不好,多年来很少开会,日常工作由"两委"决定就行。因此,即使开会,女性也不愿意发言。而经济好的村,重大项目多,按规定必须开村民代表大会,利益相关度高,因此会发表意见。会议多了,表达能力好的女性一带头,就会形成风气。会议少,参政议政的机会少,能力怎么提升?经济好的村,会议多,女性交流机会多,参政议政能力就提升了。

> 还有,开会也是有成本的,经济好的村有优势,讨论的事情又跟大家利益相关,大家参政议政就比较积极。经济不好的村,开一两次会,觉得自己的意见没有影响力,发言还是不发言都无所谓了。③

由此可见,经济发展程度,尤其是跟自身利益相关的产业发展程度,会影响女性对公共经济事务的参与意愿和能力。正如安东尼·唐斯(Anthony Downs)所说的,个人是否会参与公共事务取决于他从政府活动中得到的预期效用收入。④ 曼瑟尔·奥尔森(Mancur Olson)也认为,理性

---

① 陶立业,刘桂芝. 妇女政治地位的经济诱因及改善路径:基于第三期中国妇女社会地位调查吉林省数据的分析[J]. 人口与社会,2014(1):17-21,48.
② 魏宪朝,栾爱峰. 中国农村妇女参政障碍中的文化和传统因素研究[J]. 聊城大学学报(社会科学版),2005(6):11-15,129.
③ 资料来源:对温峤镇性别预算女性审议代表的访谈记录,2015年9月11日.
④ 唐斯.民主的经济理论[M].2版.姚洋,邢予青,赖平耀,译.上海:上海人民出版社,2010:33.

的、自利的个体不会主动进行集体行动,提供集体物品满足所属集团或组织的需求,必须进行选择性激励才能提高成员提供集体物品的可能性。①的确,对女性的政治参与而言,经济发展水平的提高可以为她们提供更多参与公共事务的机会。由于与自身利益密切相关,女性更愿意表达自己的观点,并且会自发组织起来影响决策结果。

其次,经济地位提高会增强女性参政信心。许多学者认为,经济上的依附性降低了女性的参政信心,进而影响了女性的参政行为,导致女性的参政能力难以在参政实践中发挥。女性在经济上的依附性主要表现为女性在家庭外就业的程度与经济收入水平较低。因此,女性的就业程度和经济收入是探讨女性经济地位的两个重要方面,也是直接影响女性参政能力的因素。

一是就业程度。以 2015 年为例,我们对温峤、新河和泽国三镇参与性别预算民主恳谈会的代表的职业进行调查,发现仅 5.7% 的女性代表为家庭主妇(见表 7.3)。女性的就业率与男性相差并不大。

表 7.3　参会代表职业

单位:%

性别	个体经营户	自由职业者	企事业单位	养殖种植专业户	务农	打工	全职家庭主妇	村干部	乡镇干部	其他
男	24.8	10.2	7.0	1.9	9.6	5.1	0	22.3	8.9	10.2
女	8.1	6.9	6.0	0.9	2.7	5.4	5.7	50.5	6.0	7.8

数据来源:2015 年温峤、新河和泽国三镇性别预算问卷统计。

这与温岭地区市场经济的发展密切相关。在民营经济较为发达的温岭,居民或是有个体作坊,或是有自己的小型企业,再或者外出打工。发达的民营经济为女性就业提供了众多机会,以至于传统意义上单纯管理家务的家庭主妇越来越少。这的确为女性融入社会发展、提升自身参与公共事务的能力提供了良好的条件。

二是代表的收入。从被调查女性的收入状况来看,年收入在 1 万—5 万元的女性占女性总数的比例最大,为 51.8%,说明女性代表大多拥有独

① 奥尔森.集体行动的逻辑[M].陈郁,郭宇峰,李崇新,译.上海:上海人民出版社,1995:70-74.

立的收入。其中,30.6%的女性收入在 1 万元以下(见表 7.4)。

表 7.4　参会代表年收入情况

单位:%

性别	≤1 万元	1 万—5 万元	5 万—10 万元	≥10 万元
男	14.0	41.4	33.1	11.5
女	30.6	51.8	15.5	2.1

数据来源:2015 年温峤、新河和泽国三镇性别预算问卷统计。

　　那么,收入与女性参与协商的能力有怎样的相关性呢? 我们对女性恳谈代表的年收入和发言次数进行单因素方差分析,得到 $p=0.037$,在 $\alpha=0.05$ 的条件下达到了显著性水平。会场上的发言次数在某种意义上可以说明女性对自己能力的自信心,如果缺乏自信,即便形成了自己的独立观点与意见,也未必能无障碍地主动发言表达。所以,当数据显示女性的收入水平对其发言次数具有显著影响时,实际上意味着她们对自身参与能力的自信心与其经济收入具有相关性。从图 7.1 来看,随着收入的增加,女性的平均发言次数也相应增加,二者整体上呈正相关。

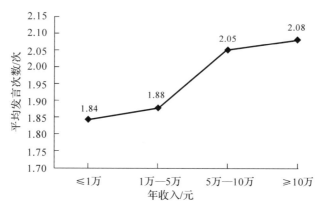

图 7.1　2015 年参与式性别预算恳谈会女性代表年收入和发言次数均值

数据来源:2015 年温峤、新河和泽国三镇性别预算问卷统计。

　　数据显示,当女性普遍实现在家庭外就业时,她们的职业收入水平越高,就越愿意在公共生活中发表自己的意见。这种自信心不仅表现在对自身能力的评估上,而且体现在她们对自己意见影响力的自信上。当女性主动发言时,她们会期待自己的意见和建议可以影响公共政策的制定。访谈中,许多女性表示:"经济活动参与多了,我们自己有钱,敢于做决定。""我们自己挣钱,就敢发表意见了。政府也要听听我们是怎么说的。"①受访的女性普遍认为,当自己拥有工作并且能够获得独立收入时,就会更加关心公共事务,在公共讨论中敢于发表自己的意见和建议,促进公共政策更加符合老百姓的需要。不难看出,经济独立使得女性逐渐摆脱对家庭的依附,并有信心做决定和发表意见,在公共事务中发挥自己的影响力。

然而,我们在调查中也发现,虽然随着女性经济地位的日益提高,其参政信心也得到增强,但是从两性比较来看,女性的职业收入整体上仍低于男性:男性年收入在 1 万元以下的比例低于女性,而年收入在 5 万—10 万元及 10 万元以上的高收入区间内的比例均远高于女性。不过,我们通过在温岭市的调研发现,尽管女性整体的经济地位仍然低于男性,但在参与预算审议过程中,她们依然表现出了与男性同样的参政能力。这在某种程度上证明了,在自由开放的政治与经济环境下,女性如果能获得更多的机会与男性平等参与经济活动,其能力与自信便能得到持续发展。当然,经济地位是一个重要因素,而非全部决定性条件。

三、受教育程度

研究者普遍认为,教育是公民政治参与的关键,也是公民政治态度的重要决定因素。妇女的受教育程度会直接影响妇女的政治参与能力。② 在男性主导的社会中,女性要同男性竞争,就必须显示出比男性更高的素质,特别是与受教育程度相关的文化素质。女性受教育程度高低对女性的政治态度和政治行为有直接的影响,受教育程度高的女性对政治信息更清楚,有更深刻的了解,具有更强的政治效能感。③

---

① 资料来源:对温峤镇性别预算女性代表的访谈记录,2015 年 9 月 11 日。

② 李莹. 中国农村基层少数民族妇女政治参与困境的思考[J]. 云南民族大学学报(哲学社会科学版),2015(2):116-121.

③ 时树菁.农村女性参政的困境与出路:以河南省南阳市为例[J].社会主义研究,2008(1):90-92.

教育水平的限制会使女性在经济收入、职业成就与社会声望上弱于男性，从而降低女性对自己的能力认知，削弱女性的参政意愿。通过接受一定年限的教育，女性对自我的认知和对外界的感知程度会相应提升，对公共信息的理解和接受程度也会更高，便会更加关注公共生活。

接受良好的教育是了解政治程序、产生政治意识、具备参政能力的前提。女性受教育程度提高，对社会政治的评判能力就会增强，参与社会、参与政治的能力就会相对较高。① 对于生活在基层的女性而言，受教育权利不仅影响识字率，更影响她们的生存与发展机会。在现代社会，女性接受的教育对她们的生存和生活发展具有非常重要的意义，而女性政治赋权的现实可能性很大程度上取决于她们接受基础教育的程度。在温岭性别预算的参与中，女性能否有效地行使她们的权利，与受教育程度的高低有较大的相关性。

我们从两个层面对女性代表的受教育程度进行考察：一方面是女性的文化水平；另一方面是女性接受政治教育的程度。文化水平的提高有助于女性理解基本的政治知识和政治制度规则；接受一定的政治训练则会提升女性参与政治的意愿和信心，进而增强政治效能感。我们结合她们在会场的表现来进行思考。

首先考察女性的受教育程度。在我们的调查对象中，接受过高中及以上教育的女性占女性总人数的72.8%；男性的这一比例为57.8%。女性受教育程度在本科及以上的比例为9.5%，而男性的这一比例为11.9%。从整体上看，女性受到的基础教育程度与男性大体相当，没有表现出很大的差异。在受过大专及以上教育的代表中，女性比例总体上也高于男性（见表7.5）。

表7.5　民主恳谈代表的受教育程度分布

单位：%

受访者性别	无	小学	初中	高中	大专	本科	研究生及以上
男	1.4	9.4	31.4	34.0	11.9	11.3	0.6
女	0.6	4.7	21.9	47.3	16.0	9.5	0

数据来源：2015年温峤、新河和泽国三镇性别预算问卷统计。

---

① 雷才丽，操文锋.三个维度分析农村青年女性参政问题[J].青年探索，2006(4)：7-10.

我们对女性受教育程度和发言次数进行 Spearman 等级相关分析,发现两者相关系数 $r=0.61$, $p=0.015$,在 $\alpha=0.05$ 条件下达到了统计上的显著性相关且相关程度较高。从图 7.2 来看,总体而言,随着受教育程度的提高,女性的发言次数也随之增加。因此,随着受教育程度的提高,女性在参与公共生活时的活跃度也会提高,并愿意表达自身的观点和诉求。[①]

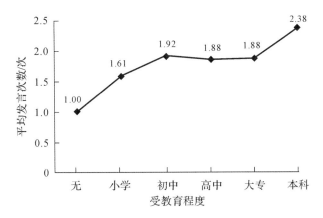

图 7.2　2015 年参与式性别预算女性代表受教育程度和发言次数均值
数据来源:2015 年温峤、新河和泽国三镇性别预算问卷统计。

与此相应,受教育程度越高,其形成独立见解的可能性也就越高。研究者普遍认为,受教育程度越高,女性参与公共政治生活就越活跃,其参政能力就越能得到增强。她们更愿意发表自己的观点,并且观点的独立性也更强。反之,受教育程度越低,则受别人影响的可能性就越大(见图 7.3)。我们对两者进行单因素方差分析,发现两者之间存在显著的相关性,其显著性为 0.015,小于 0.05。

如前提及,2015 年在泽国镇的性别预算会场我们发现,一位女教师发言时侃侃而谈,从三个方面表达了自己对政府预算工作的看法:一是对政府工作的理解。二是对完善预算工作的建议。她认为,完善参与式性别预算需要一个过程,要给予政府改善这方面工作的时间。三是自己对

[①]　关于 2015 年温岭市参与式性别预算民主恳谈会女性代表的调查显示,研究生学历的女性代表数为 0。因此,在受教育程度和发言次数均值图中均未显示研究生学历的代表的发言次数数据。

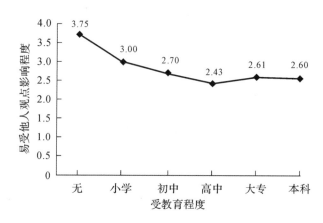

图 7.3　2015 年参与式性别预算民主恳谈会女性代表受教育程度与形成独立观点均值
数据来源：2015 年温峤、新河和泽国三镇性别预算问卷统计。

政府预算过程中的具体问题的看法。这位女性发言结束，会场上响起热烈的掌声。会后，很多代表都认为这位女教师说得很有道理。我们在会后也采访了她，她告诉我们，她是温岭市的人大代表，一位小学教师，她工作之余会去大学进修。"我觉得人总是要不断学习、不断进步的。像我老公，他在银行工作，很多年前就做了行长。但是他也在不断学习。所以，我平时比较关注新闻，知道怎么在会议上发表意见，领导才比较容易接受。我就觉得，既然要发言，就得要把事情说清楚。不管提的建议政府会不会用，提总比不提管用。而要做好代表，为老百姓表达意见，自己不断学习很重要。"①

　　相比于 2005 年、2006 年与 2008 年这三年的协商审议代表，2015 年代表的受教育程度明显较高。这与代表的理解、表达能力有密切关系。有效地参与民主协商审议需要多方面的能力，若从狭义的文化水平讲，则与一个人的受教育程度密不可分。长期以来，文化水平偏低制约着农村妇女的参政水平已经成为共识。从整体看，农村妇女的受教育程度相对低于男性。就预算协商审议来说，协商讨论要求民意代表们具备"读懂议题""流畅陈述""准确理解""果断决策"等基本素质。基本的识字水平和理解能力是完成议题解读的必备条件。在重男轻女落后观念的影响下，许多农村女性在

_____

①　资料来源：对泽国镇性别预算女性代表的访谈记录，2015 年 9 月 12 日。

教育等人力资源开发上获得的投资远远小于同龄的男性,女性受教育程度偏低制约了农村妇女综合素质的提高。据统计,我国 15 岁及以上文盲人口中,女性占比远高于男性。这个差距在温岭参政式预算的早期阶段同样反映在民意代表的受教育程度上,以 2005 年泽国镇的数据为例说明之(见表 7.6)。

表 7.6　泽国镇民意代表的受教育程度

单位:%

性别	文盲	小学	初中	高中	中专	大专	大学
男	1.96	26.14	39.87	12.42	7.84	10.46	1.31
女	14.83	41.89	31.08	9.50	0.00	1.35	1.35

数据来源:2005 年泽国镇预算审议代表问卷统计。

从这些数据中我们可以看到,男性民意代表的文盲率明显低于女性,分别为 1.96% 和 14.83%;受教育程度为小学的男性比例为 26.14%,女性为 41.89%;而受教育程度为初中以上的男性比例明显高于女性。可见,在温岭早期通过摇号方式产生的民意代表中,女性的受教育程度总体上明显低于男性,这对于女性代表在协商讨论中的意见表达产生直接影响,低文化程度的代表阅读和理解预算方案的能力通常不如高文化程度者,并且也制约了其发言的主动性与有效性。我们通过问卷对代表的发言次数、动机(时机)做了调查,发现女性被动性发言较多。男性排在前两位的发言动机(时机)分别是"主持人提问我"和"议题和我的利益相关",而女性则是"主持人提问我"和"轮到自己发言"(见表 7.7)。

表 7.7　2005 年泽国镇参与式预算代表发言的时机选择(多选)

什么情况下,您会发表自己的看法	男		女	
	排名	比例/%	排名	比例/%
主持人提问我	1	58.90	1	36.73
轮到自己发言	3	17.81	2	28.57
议题和我的利益相关	2	21.92	4	16.33
议题正好是我的兴趣	4	16.44	3	18.37

数据来源:2005 年泽国镇预算审议代表问卷统计。

民主协商审议是一种高层次的参政形式,对民意代表提出了较之选举投票更为复杂的能力要求,而文化教育水平的高低与政治参与能力往往呈正相关。同时,发言的主动性也会随之受到影响。我们会后访谈时了解到,两位未发言的女性代表,其文化程度均低于初中文化程度。这就可以理解,为什么在早期协商审议中,女性的发言主动性并不高,显然是因为当时女性民意代表的低教育水平束缚了她们的政治能力发展。

其次考察政治教育对女性能力自信的影响。国外学者加布里埃尔·A. 阿尔蒙德(Gabriel A. Almond)和西德尼·维巴(Sidney Verba)的研究表明,在某一组织中的成员资格与个体政治能力的增强和政治活动的增加有关。① 国内学者胡荣对城市居民政治参与影响因素的研究表明,参与社团组织对个人的政治参与具有显著的促进作用。② 我们将民众参与政治组织或民间社团视为培育政治能力的途径,同时也将个人在各级政府或民间自治组织中任职的经历作为政治能力提升的条件,通过考察 2015 年性别预算代表中为党员、团员和民主党派成员以及担任村级和乡镇干部的参与者,了解其预算审议期间表现出来的现实能力与其组织身份之间的关系。我们认为,入党对个人的政治素质具有基本的要求;而担任村干部和乡镇干部不仅需要必要的文化教育程度,而且还需要学习领导和处理公共事务的知识与技能,包括理解和执行政策等能力。这些政治经验对于代表协商讨论财政预算及政策具有促进作用。根据 2015 年对三镇性别预算代表能力的问卷调查,我们发现这两种类型的政治经历与代表在会上的发言次数具有显著相关性。

如表 7.8 所示,有 62.8% 的男性代表政治面貌为共青团员、中共党员和民主党派成员,女性代表的这一占比为 76.4%。采用独立样本 t 检验,考察政治面貌(共青团员、中共党员和民主党派成员、群众)是否对性别预算会上的发言具有显著影响,检验结果显示 $p=0.003$,在 $\alpha=0.05$ 的条件下显著,即两类政治面貌的发言次数存在显著差异,共青团员和中共党员及民主

---

① 阿尔蒙德,维巴.公民文化:五国的政治态度和民主[M].马殿君,阎华江,郑孝华,等,译.杭州:浙江人民出版社,1989:248-268.

② 胡荣.社会资本与城市居民的政治参与[J].社会学研究,2008(5):142-159,245.

党派成员的平均发言次数为 0.99 次,群众的平均发言次数为 0.72 次,即共青团员、中共党员和民主党派成员的发言次数显著多于群众。同样,担任村级和乡镇干部职务的代表,在预算审议过程中,也表现出明显高于普通群众的能力与自信,其发言次数明显多于后者。

表 7.8　政治面貌

单位:%

性别	共青团员	中共党员	民主党派成员	群众
男	3.0	59.8	0.0	37.2
女	6.1	70.0	0.3	23.6

数据来源:2015 年温峤、新河与泽国三镇参与式性别预算问卷统计。

如表 7.9 所示,男性中非干部代表占 68.8%,女性中的这一占比为 43.5%;男性中村或乡镇干部代表占 31.2%,女性中的这一占比为 56.6%。采用独立样本 t 检验考察职业(非干部人员,村或乡镇干部)是否对性别预算会上的发言具有显著影响,检验结果显示 $p=0.022$,在 $\alpha=0.05$ 的条件下显著,即干部人员和非干部人员的发言次数存在显著差异,村或乡镇干部平均发言次数为 1.02 次,群众平均发言次数为 0.80 次,即村或乡镇干部发言次数显著多于非干部人员。

表 7.9　职业

单位:%

性别	个体经营户	自由职业者	企事业单位	养殖种植专业户	务农	打工	全职家庭主妇	村干部	乡镇干部	其他
男	24.8	10.2	7.0	1.9	9.6	5.1	0	22.3	8.9	10.2
女	8.1	6.9	6.0	0.9	2.7	5.4	5.7	50.5	6.0	7.8

数据来源:2015 年温峤、新河与泽国三镇参与式性别预算问卷统计。

综上可以发现,参与式性别预算协商审议中,总体上女性表现出与男性相似或相同的参政能力,这种能力与两性受教育程度呈正相关。当女性的受教育程度和政治教育水平提高时,其获取信息的能力也会增强,表达政治诉求的能力也随之提高。同时,女性政治知识的增长和参与公共事务的经验积累,也会使她们更容易形成自己的独立观点并敢于表达出来。

四、社会资本

"社会资本"概念最初由谁在何时提出至今仍无法找到公认一致的答案。较为流行的看法认为,这一概念首先由法国社会学家皮埃尔·布尔迪厄(Pierre Bourdieu)提出,他将经济学中的资本概念引入社会学,认为社会资本是一种资源的集合体,这些资源来自持久的关系网络。①根据学者刘林的研究②,也有学者如迈克尔·伍科克(Michael Woolcock)认为,莱达·贾德森·哈尼凡(Lyda Judson Hanifan)写的《社区中心》(*The Community Center*)一书首次使用了"社会资本"(social capital)一词。③ 莱达·贾德森·哈尼凡指出,"社会资本"是指人们日常生活中大部分的有形资产,也就是组成社会单位的家庭和个人之间的善意(good will)、友谊(fellowship)、同情(sympathy)以及社会交往(social intercourse)。④ 詹姆斯·S.科尔曼(James S. Coleman)则将社会资本的范围扩大到社会结构中各个要素之间的关系。他认为社会资本是由构成社会结构的各个要素组成的,它们为结构内部的个人行动提供便利……与其他形式的资本不同,社会资本存在于人际关系的结构之中,它既不依附于独立的个人,也不存在于物质生产的过程之中。⑤ 罗伯特·D.帕特南(Robert D. Putnam)的定义则更加宏观,将"社会资本"定义为社会组织的某种独特要素,如信任、规范和网络等,各要素具有自我增强性和可累积性,相互之间又可以促进更高水平的合作、互惠、公民参与和集体福利,进而提高社会效益。⑥ 国内学者则将"社会资本"定义为:在社会或其特定的群体之中成员之间的信任普及程度。社会资本

① Bourdieu P. The forms of capital[M]//Richardson J G. Handbook of Theory and Research for the Sociology of Education. Greenwood: Greenwood Publishing Group, 1986: 24-58.

② 刘林. 社会资本的概念追溯[J]. 重庆工商大学学报(社会科学版). 2013(4):22-38.

③ Woolcock M. Social capital and economic development: Toward a theoretical synthesis and polity framework[J]. Theory and Society, 1998, 27(2):151-208.

④ Hanifan L J. The Community Center[M]. Boston: Silver, Burdett & Company, 1920.

⑤ 科尔曼. 社会理论的基础[M]. 邓方,译. 北京:社会科学文献出版社,1999:354.

⑥ Putnam R D. Making Democracy Work: Civil Traditions in Modern Italy[M]. Princeton: Princeton University Press, 1993:163-171.

是无形的,它表现为人与人之间的关系。良好的人际关系,即好的社会资本为人们实现特定目标提供了便利。①

社会资本是一种社会资源,有如下特征:一是社会资本存在于人际关系之中;二是社会资本是一种资源;三是社会资本的投入和产出是不平衡的;四是社会资本的分布具有非均衡性。所谓非均衡性,主要是指社会资本在不同的时间、空间位置上的存量不同,使得处于不同位置的人对社会资本的拥有量存在差异,从而使其拥有的社会资源不同。②

社会资本的这些特征对女性参政具有重要影响。实践中,1995年联合国第四次世界妇女大会《行动纲领》也提出,要敦促多种行为主体采取措施,支持女性在各个层次中的决策制定和权力参与(包括而不仅限于政党、私人部门、工会、国家、地区)。这些行为主体即女性参政宏观社会资源的整合,其中,"社区发展模式"便是充分利用女性社会资本的重要尝试,它有助于社区中的女性参政能力得到进一步发展。③

可以看出,女性获取社会资本主要有两个渠道:一是通过制度的、正式的渠道;二是通过制度外的、非正式的渠道。女性通过制度渠道获取社会资本主要是通过法律、法规对女性参政的方式、渠道等进行明确规定,使女性获得正式的制度支持,获得更多的政治资源;而女性获得非正式的社会资本主要来自制度外的社会关系网络。在我国,关系取向是社会运作的重要特征。这种关系主要指的就是制度之外的、非正式的个人联系。个人获得的社会关系越多,获取社会资源的能力也就越强,其社会行为也就越成功。

在中国特定的文化背景下,强关系的非正式支持系统对女性参政具有积极作用。这种强关系主要来自社会支持系统,包括家庭、朋友、同事等对参政女性的支持。④现实中,男女两性在社会资本的获取上是有差异的,男性在政治社会资本的获得上比女性有优势,他们可以接触到更多的社会关

---

① 沈湘平.全球化与现代性[M].长沙:湖南人民出版社,2003:155.
② 陈丽琴,卓慧萍.社会资本获得的性别差异与女性参政[J].江西社会科学,2010(2):199-202.
③ Porter E. Women, political decision-making, and peace-building [J]. Global Change, Peace & Security, 2003, 15(3):245-262.
④ 祝平燕.社会转型期妇女参政的社会支持系统研究[D].武汉:华中师范大学,2006.

系,获取更优质的社会资源。① 对于女性而言,亲属关系与政治社会资本的获取之间存在着正相关关系,强关系(主要是亲属关系)提高了女性对政治社会资本的获取水平,可以获取更好的政治社会资本。②林南(Nan Lin)则认为,亲属关系的概念包括以婚姻为基础的家庭关系和以共同血缘为基础的族群关系。在中国的情景中,亲属关系只是强关系的一个方面,其他的密切协作关系是强关系的另一个方面,包括同事、朋友等。③

总之,社会资本对女性参政能力的影响首先是基于资源论的视角,认为女性参政需要获得相应的社会资源和社会关系支持系统,进而实施参政行为,发展参政能力。对女性而言,制度外的、非正式的社会关系网络对女性参政行为和能力的影响更为显著,包括家庭内的亲属关系和家庭外的其他密切协作关系。因此,我们对温岭市性别预算代表的考察,将借鉴这一思路,通过以下问题,对涉及社会资本的相关因素进行考察。

问题一:"如果我参加各种社会活动,家人会支持我。"此问题考察家人的支持与女性对社区(村)事务的关心程度。女性选择"完全符合"和"比较符合"的比例为78.7%,男性为59.8%,说明女性获得的家庭支持比男性更多(见表7.10)。

表7.10 参加各种社会活动,家人会支持

单位:%

性别	完全不符合	比较不符合	一般	比较符合	完全符合
男	0.6	5.0	34.6	37.7	22.1
女	1.2	0.0	20.1	41.7	37.0

数据来源:2015年温峤、新河与泽国三镇参与式性别预算问卷统计。

通常而言,当女性获得来自家人的支持时,其对公共事务的关注程度就更高。有学者研究发现,家庭的开放性等因素对公民政治参与具有重

---

① 孙凌云.女性领导者的特点与优势:基于组织多样化的视角[J].党政干部学刊,2010(7):58-59.

② 祝平燕.社会关系网络与政治社会资本的获得:论妇女参政的非正式社会支持系统[J].湖北社会科学,2010(2):27-30.

③ 林南.关于社会结构与行动的理论[M].张磊,译.上海:上海人民出版社,2005:274.

要影响。[①] 我们分别对女性获得家人支持的程度和对社区(村)的关心程
度、对时事新闻的关注程度进行皮尔逊(Pearson)相关分析,发现两者相关
系数 $r=0.72, p=0.02$,在 $\alpha=0.05$ 条件下达到了统计显著性相关且相关程
度很高,即女性获得家人支持与其对社区或村里的事务以及时事新闻的关
注程度均呈正相关(见图 7.4、图 7.5)。

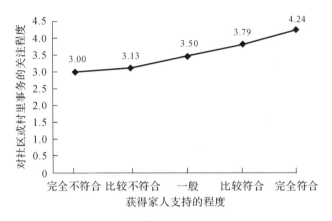

图 7.4　2015 年女性代表获得家人支持的程度和对社区或村里事务关注程度的均值
　　数据来源:2015 年温峤、新河与泽国三镇参与式性别预算问卷统计。

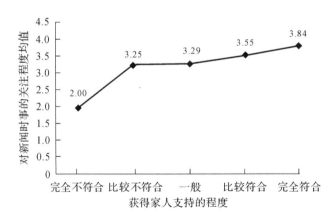

图 7.5　2015 年女性代表获得家人支持的程度和新闻时事关心程度的均值
　　数据来源:2015 年温峤、新河与泽国三镇参与式性别预算问卷统计。

①　阿尔蒙德,维巴.公民文化:五国的政治态度和民主[M].马殿君,阎华江,郑孝华,
等,译.杭州:浙江人民出版社,1989:464-479.

同时,已有研究发现,家庭支持系统中,配偶的支持对女性参政的影响最大,体现在两个方面:一是丈夫为妻子提供实际的工具性支持,如主动承担更多家务劳动、照顾子女等,这有利于促进女性更多地参与公共事务,发展参政能力;二是丈夫为妻子提供精神上的支持、建议和指导,为女性参与公共事务提供有力的精神支持。[1] 为考察女性与男性代表在家务劳动分配中的差异,我们提出以下问题。

问题二:"照顾家庭是我的主要责任,占据了我大部分时间。"女性选择"完全符合"和"比较符合"的比例为 43.2%,男性的这一比例为 39.0%,女性略高于男性(见表 7.11)。

表 7.11　照顾家庭是我的主要责任,占据了我大部分时间

单位:%

性别	完全不符合	比较不符合	一般	比较符合	完全符合
男	4.5	7.8	48.7	20.8	18.2
女	2.4	10.9	43.5	30.6	12.6

数据来源:2015 年温峤、新河与泽国三镇参与式性别预算问卷统计。

由此可见,在家庭支持系统中,女性代表受到的支持率与男性基本相似,某些方面仅存在细微差异。在非制度层面,她们对社会资本的获取途径也不少于男性。这促使她们有充足的时间和精力关注社区或村庄事务。对女性而言,来自配偶和家庭的支持包括实际的工具性支持,如分担家务和照顾孩子,尽管家务劳动的主要承担者依然是女性,但从预算审议代表的情况分析,有相当高比例的男性与女性分担家务的程度相当。同时,女性拥有的家庭支持也包括精神支持,如理解、鼓励等,都可以影响女性参政能力的发展。这一现象与传统性别分工观念认定的"女主内"有明显区别。正如西蒙·马丁·李普塞特(Seymour Martin Lipset)的研究所证明的那样,大多数国家的妇女投票率都低于男人,主要原因是已婚妇女难以得到可利用的时间。然而,一些妇女摆脱了照顾家庭的负担,她们的政治参与率可能与男性并无不同,甚至还会超过男性。[2]

---

① 祝平燕. 妇女参政的强关系支持系统探析:以社会资本理论为分析视角[J]. 山西师大学报(社会科学版),2011(4):135-138.

② 李普塞特.政治人:政治的社会基础[M]. 刘钢敏,聂蓉,译.北京:商务印书馆,1993:177.

温岭性别预算女性代表明显获得了较高的家庭支持率,使她们有更多的时间和精力关注公共事务。

这一发现印证了许多学者的研究结论。这些研究结论认为,随着越来越多的女性进入职场,男性与女性都被发现能够有效地协调工作和家庭的关系。① 比如,罗伯特·托马斯·布伦南(Robert Thomas Brennan)等对美国 180 对双职工夫妇的研究发现,被调查的男性和女性同样看重自己的家庭角色。② 权永英(Young-in Kwon)对韩国 19 位年龄在 28—48 岁且属于工薪阶层的父亲进行了定性研究,这些父亲都至少有一个 12 岁以下的孩子。他们通过访谈发现,多数的韩国父亲将他们的家庭角色放在身份角色的中心。③ 我们的调查数据也表明,温岭作为市场经济发达地区,有大量女性参与经济活动,成为与男性共同经营企业的合作伙伴,即便是普通妇女,也大多参与有酬劳动,成为家庭经济的重要支持者,其家庭地位因此得以提升,受到家庭中男性的尊重。

问题三:"在家庭中是否有发言权?"长期以来,由于女性是家务的主要承担者,而不是家庭经济的主要贡献者,因而在家庭中缺乏话语权。女性习惯于听从父亲、丈夫的意见,而没有自己的观点,即使有自己的想法也不会表达。这就削弱了女性对自身能力的认同感,进而缺乏参政信心和意愿,不仅压抑了女性自身的表达,使得女性的能力在长期"沉默"中退化,更限制了利益表达能力的发展。因此,女性在家庭中的话语权成为女性锻炼议政和表达能力的"初级平台"。通过参与家庭重要事务的讨论、发表自己的观点、表达自身诉求,女性的表达能力得到提高,对自身能力的认同感增强。当女性有足够的信心参与社会公共事务时,这种效能感也会转移到对公共事务

---

① Kaiser P. Strategic predictors of women's parliamentary participation: A comparative study of twenty-three democracies[D]. Los Angeles: University of California, Los Angeles, 2001.

② Brennan R T, Barnett R C, Marshall N L. Gender and the relationship between parent role quality and psychological distress: A study of men and women in dual-earner couples[J]. Journal of Family Issues, 1994, 15(2): 229-252.

③ Kwon Y I. Paternal involvement within contexts: Ecological examination of Korean fathers in Korea and in the U. S. [J]. International Journal of Human Ecology, 2010, 11 (1): 35-47.

的讨论中,进而促进女性议政和表达能力的发展。

对"我在家庭中很有发言权"问题的选择中,女性选择"比较符合"的人数比例最高,为39.6%;其次是选择"一般"的人数比例,为36.4%;再次是选择"完全符合"的比例,为22.5%。男性选择"一般"的人数占44.3%;其次是选择"比较符合"的比例,为29.7%,再次是"完全符合"的比例,为19.0%。选择"比较符合"和"完全符合"的女性(62.1%)高于男性(48.7%),这说明女性更普遍地觉得自己很有发言权(见表7.12)。

表 7.12　在家庭中很有发言权

单位:%

性别	完全不符合	比较不符合	一般	比较符合	完全符合
男	1.3	5.7	44.3	29.7	19.0
女	0.0	1.5	36.4	39.6	22.5

数据来源:2015年温峤、新河与泽国三镇参与式性别预算问卷统计。

从被调查女性的回答中可以发现,我国传统的家庭话语体系已经开始消解。女性不再是男性观点的依附者和男性决策的顺从者,而是开始享有和男性平等的话语权,能够发出自己的声音,表达自己的观点和诉求,并开始拥有决策影响力。

访谈中,一位男性告诉我们:"我们这里,家里女性强势。(我们家)很多事情上就她自己(指这位男性的妻子)做主了,都不跟我商量。我儿子谈对象、买房子,最后也是她说了算。我也提意见,但是我儿子听她的,我也没办法。"[1]这种变化的意义在于,女性在家庭中的话语权可以提升她们表达的自信心,在参与式性别预算的参与过程中,女性在家庭内话语权的获得以及由此提升的自信心,开始从家庭延伸到公共领域。这一观点得到另一位男性代表的认同,他说:"现在的女的都很厉害。我们村里好多人家,都是女婿往丈母娘家跑。村里开会,我们家都是我老婆去。开会也能说个一二三。"[2]现在的女性"不仅敢说话,也敢表决"[3]。这一现象表明,当女性在家

---

① 资料来源:对温峤镇性别预算男性代表的访谈记录,2015年9月11日。

② 资料来源:对温峤镇性别预算男性代表的访谈记录,2015年9月11日。

③ 资料来源:对温峤镇性别预算男性代表的访谈记录,2015年9月11日。

庭中的话语地位提升了,她们便开始从家庭中男性的依附者转变为平等参与者。

那么,家庭中具有发言权的女性是否在预算协商讨论中能够形成较多的独立见解并且有能力充分表达出来? 我们以下列问题进行调查。

问题四:"女性在家庭中的发言权是否有助于形成预算审议中的独立见解并充分表达出来?"我们采用独立样本 t 检验分析发现,会议上有独立见解的女性在家中的发言权均值为 3.93,没有独立见解的女性在家中的发言权均值为 3.63(见图 7.6),在 $\alpha=0.1$ 的条件下存在显著差异。在会议上充分表达自己观点的女性在家中的发言权均值为 3.91,没有充分表达自己观点的女性在家中的发言权均值为 3.65(见图 7.7)。

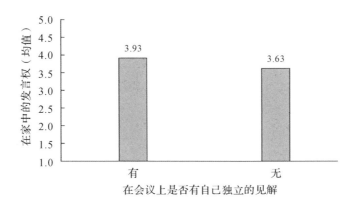

图 7.6　女性在家中的发言权与在会议上是否有独立见解的关系

数据来源:2015 年温峤、新河与泽国三镇参与式性别预算问卷统计(女性代表数据)。

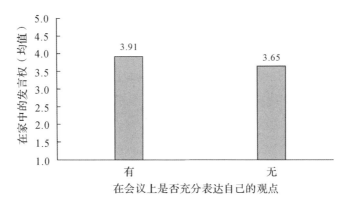

图 7.7　女性在家中的发言权与在会议上是否充分表达自己的观点的关系

数据来源:2015 年温峤、新河与泽国三镇参与式性别预算问卷统计(女性代表数据)。

这一结果表明,一方面,在会议上具有独立见解并且能够充分表达自己观点的女性,一般都在家庭中拥有较大的发言权。因而,家庭平等地位的取得,对她们参与公共事务的信心及能力可以产生积极作用。她们在公共事务讨论中就会愿意表达自己的观点,并且在议政和表达能力方面得到提升。经过对比分析可知,女性在家庭中的发言权与预算审议中的发言次数之间存在明显关联。

另一方面,社会资本理论认为,促进女性参政能力发展的社会资本还包含来自家庭外的社会关系内容,主要指来自朋友、同事等的社会资本。这部分社会资本对女性的参政实践具有重要意义,它能够直接影响女性的参政自信心和效能感。访谈中,一位女性村党支部委员讲道:"实际上,女性敢于提意见,不懂的就问。我们村里做预算审议时,代表手上没有详细的预算表格。但是,如果女的在讨论中提出要求,村里也会同意预算拨款。村里对女性还是很尊重的。村里的女干部一般在计划生育、广场舞、村里的健身仪器等项目上要求拨款,男干部对女干部还是比较热心的,会主动帮忙。"①女性对公共利益的诉求得到满足,就会感到自己的参与发挥了作用,进而提升她们参政议政的信心和积极性。因此,在女性的社会支持系统中,来自亲属等特定的社会关系,包括社区或村干部的认可与支持,对她们的参政态度与行为具有直接影响。

五、性别文化

性别文化,作为社会文化的重要构成部分,指的是通过社会化过程得到的与生物性别相关的一套社会规范的期望和行为,包括男女两性所持的不同态度、人格特征和社会行为模式。②由于性别文化是被建构的非自然存在,因而以此为基础的性别能力也是在社会化过程中被建构出来的。与生理性别概念相比,社会性别概念突出强调人的性别意识、性别行为都是在社

---

① 资料来源:对温峤镇一位女性村党支部委员(性别预算女性代表)的访谈记录,2015年9月11日。

② 杨青.性别角色与女性的发展[J].特区理论与实践,2003(12):53-55.

会生活过程中形成,受特定社会制度规约的。女性扮演的性别角色并非由她们与生俱来的生理和心理因素决定,而是社会生活的产物,并随着社会生活的发展而变化。①

国外学者罗纳德·英格尔哈特(Ronald Inglehart)和皮帕·诺里斯(Pippa Norris)对性别文化影响女性参政行为做过研究。他们强调性别平等文化的重要性,认为在这种文化中女性有向上晋升的机会;而在反对性别平等的文化中,传统性别价值观盛行,女性参政行为受到限制,参政能力得不到发挥。② 对女性政治家而言,参政的最大障碍在于深植于政治体制中的男性文化主导、政策以及政治组织中的性别偏见,这些都与深植在政治体制中的男性文化密切相关,比如对女性的敌对态度、工作与家庭责任的冲突以及男性主导的网络等。③ 娜德姿哈·谢维多娃认为,男权文化会降低女性的参政意愿。现实政治生活和政府主体中的"男性模式"表现在:男性主导政治领域;男性主导制定政治活动的规则;男性制定评价标准;政治生活由男性化的规则和价值所引领,甚至可以说是由男性生活方式所组成的。④

我国学者也普遍认为,中国传统性别文化对女性的定位和认知是限制女性参政能力发展的一个重要因素。传统文化对女性参政能力的影响主要表现在三个方面:第一,传统文化中对女性参政能力的认知是"女子无才便是德"与"男强女弱",造成女性群体性自卑心理障碍⑤;传统的性别分工对女性的角色分工是"主内","女子不宜干政",理想的女性应当成为配偶的"贤内助",而男性的领域则在家庭之外,其角色是"主外",从而将女性禁锢在家庭领域,游离于公共政治生活之外,使女性对外界的了解和接触越来越

① 鲍静.女性参政:社会性别的追问[M].北京:中国人民大学出版社,2013:15-16.

② Inglehart R, Norris P. Rising Tide: Gender Equality and Cultural Change around the World[M]. Cambridge: Cambridge University Press, 2003: 151.

③ Lovenduski J. Feminizing politics[J]. Women: A Cultural Review, 2002, 13(2): 207-220.

④ Shvedova N. Obstacles to women's participation in parliament[M]//Ballington J, Karam A M. Women in Parliament: Beyond Numbers. Varberg: International Idea, 2005: 33.

⑤ 颜晴晴. 女性主义视角下农村女性参与村民自治的问题分析[J]. 江苏教育学院学报(社会科学), 2013(2):86-89.

少,参政能力随之越来越弱。① 因此,传统性别文化成为制约女性发展政治能力的重要因素。

第二,现代化转型过程中的多元文化也会对女性的参政行为和参政能力产生影响。混合文化不仅会导致对女性参政的偏见,而且,即使女性被政治体系接受,也会被视作满足政党或一些特定领导利益的工具。② 我国对农村女性参与基层民主的研究则发现,在基层民主发展的过程中,农村女性虽然对政治参与具有较高的热情,但对集体活动的参与呈现出非理性、非制度化的特征。在宗族、派系为获得公共资源展开的竞争中,女性沦为政治工具。③

第三,文化发生作用的机制会影响女性参政。有学者从传媒的角度研究文化影响女性参政的机制。比如娜德姿哈·谢维多娃在研究女性参政障碍时,就提到大众媒体对有关女性利益的事件和组织的报道较少,削弱了社会对女性参政的关注。④ 在我国,有学者认为,对女性形象的宣传和定位主要存在三个方面的问题:一是对女性家庭角色的不断强化;二是对女性干部的刻板化形象宣传;三是女性形象的"商业娱乐化"。传媒对女性形象的塑造往往将女性"配角化"。⑤ 这种舆论导向也加深了传统性别文化对女性参政能力发展的阻碍。性别文化通过塑造生活在其中的社会成员的性别观念,影响人们对自我和异性角色的认知。对女性而言,性别文化影响着女性积极或消极的参政态度及参政行为,进而影响女性参政能力的发挥和发展。

那么,温岭性别预算代表在何种程度上受到性别文化的影响呢?我们从受性别文化影响最明显的基本要素着手,即从性别禀赋、性别气质、行为

① 周娟.传统性别文化和政治心理因素对农村妇女参政的影响:以皖北 B 市为例[J].淮北师范大学学报(哲学社会科学版),2012(1):12-14.

② Benavides J C. Women's political participation in Bolivia: Progress and obstacles [C]. Lima: International IDEA Workshop "The Implementation of Quotas: Latin American Experiences", 2003: 104-110.

③ 黄海燕.农村妇女在基层民主中政治参与研究:以浙江省望里镇为例[D].上海:华东理工大学,2011

④ Shvedova N. Obstacles to women's participation in parliament[M]//Ballington J, Karam A M. Women in Parliament: Beyond Numbers. Varberg: International Idea, 2005: 33.

⑤ 金一虹.从公众对妇女参政的认知看传媒对妇女参政的影响:一项有关传媒与妇女参政的实证研究[J].妇女研究论丛,2002(2):15-22.

模式以及社会分工四个方面进行分析。

第一是对性别禀赋的认识。对"女人的智力比男人低"一问,男女选择"完全不符合"的人数占各自比例都是最高的,但女性选择"完全不符合"和"比较不符合"的人数占被调查女性的 81.8%,男性的这一比例为 56.6%(见表 7.13)。女性反对的倾向仍比男性明显。这说明多数人意识到男女两性在先天禀赋上并不存在差别,但女性的这种意识更为强烈。

表 7.13　女人的智力比男人低

单位:%

性别	完全不符合	比较不符合	一般	比较符合	完全符
男	34.6	22.0	25.8	13.8	3.8
女	55.1	26.7	12.5	3.9	1.8

数据来源:2015 年温峤、新河与泽国三镇参与式性别预算问卷统计,本章后同。

第二是对性别气质的认识。对"女人更优柔寡断,不如男人果敢"一问,多数被调查者都不认同这个观点。女性选择"比较不符合"的人数占被调查女性的比例为 33.2%,且选择"完全不符合"和"比较不符合"的所有女性人数占被调查女性的 61.4%,远高于男性的这一比例(31.4%)。男性选择"一般"和"比较符合"的人数占被调查男性的比例为 61.5%(见表 7.14)。女性对于这一说法的反对程度远高于男性,男性更倾向于中立或比较同意。

表 7.14　女人更优柔寡断,不如男人果敢

单位:%

性别	完全不符合	比较不符合	一般	比较符合	完全符合
男	12.2	19.2	34.6	26.9	7.1
女	28.2	33.2	25.5	10.7	2.4

第三是对两性行为模式与美德的认识。对"在大事上,男人更适合做决定,女人应该服从决定"一问,近七成的女性受访者不认同这一说法。分性别来看,69.6% 的女性选择"完全不符合"和"比较不符合",而男性的这一比例仅为 28.9%。男性认为"比较符合"和"完全符合"的占 37.7%,而女性只占 9.9%,两性对此的认识存在很大差异(见表 7.15)。

表 7.15 在大事上，男人更适合做决定，女人应该服从决定

单位：%

性别	完全不符合	比较不符合	一般	比较符合	完全符合
男	20.1	8.8	33.4	30.2	7.5
女	33.9	35.7	20.8	6.3	3.3

在对传统品德的认识方面，对"顺从男人是女人的美德"一问，超过七成的女性受访者表示不认同。选择"完全不符合"和"比较不符合"的女性占被调查女性人数的74.1%，而男性的这一比例是39.0%（见表7.16）。这说明女性对于这一说法的反对程度比男性更为强烈。

表 7.16 顺从男人是女人的美德

单位：%

性别	完全不符合	比较不符合	一般	比较符合	完全符合
男	17.0	22.0	34.6	18.9	7.5
女	41.4	32.7	17.2	5.7	3.0

第四是对"社会分工"的认识。对"我同意'男主外，女主内'的说法"一问，女性选择"完全不符合"和"比较不符合"的比例为44.4%，男性的这一比例仅为22.5%（见表7.17）。这说明男性更倾向于同意"男主外，女主内"的说法，女性更倾向于反对这一说法。

表 7.17 我同意"男主外，女主内"的说法

单位：%

性别	完全不符合	比较不符合	一般	比较符合	完全符合
男	10.6	11.9	31.3	31.2	15.0
女	17.3	27.1	31.0	19.6	5.0

数据显示，当女性具有较高程度的社会性别意识时，她们不仅对传统性别文化要求的认识和男性出现差异，而且对自身能力的认知也会随之提高。对"在大是大非问题上，女人的判断力不如男人"一问，女性选择"比较不符合"和"完全不符合"的占比达到62.5%，而男性的这一比例为35.0%（见表7.18），女性显然更倾向于反对这一说法。

表 7.18　在大是大非问题上,女人的判断力不如男人

单位:%

性别	完全不符合	比较不符合	一般	比较符合	完全符合
男	14.6	20.4	26.1	25.5	13.4
女	28.1	34.4	21.9	11.1	4.5

同时,女性也比男性更能清晰地认识到自身的处境,即女性要获得和男性同等的参政地位和决策影响力,需要付出比男性更多的努力。对"我认为女人要参政,需要付出比男人更多的努力"一问,女性选择"比较符合"和"完全符合"的占 62.0%,男性的这一比例为 49.0%(见表 7.19)。不难看出,女性更倾向于同意这一说法。

表 7.19　女人要参政,需要付出比男人更多的努力

单位:%

性别	完全不符合	比较不符合	一般	比较符合	完全符合
男	6.4	10.8	33.8	29.3	19.7
女	3.3	6.6	28.1	35.1	26.9

从上述数据可知,女性对自身的认知开始超越传统性别文化定式,呈现出性别意识觉醒的特点。相较而言,男性则更为"保守"。在对先天禀赋认识上,多数女性认为自己具有和男性同等的智力;在对性别特质的认识上,多数女性不同意传统社会认知中女性应当具备"顺从""优柔寡断"的特征;在对决策能力的认识上,女性认为其判断能力、决策能力不弱于男性;在对社会分工的认识上,女性更倾向于反对将女性群体禁锢于家庭私人领域;在对自身政治地位的认识上,女性也意识到为了获得同等的政治资源,她们要付出更多的努力。

综上,女性参与民主协商的能力需要诸多条件的保障。其中,平等的参与制度的设计是女性获得政治自由的前提条件;独立的经济地位有助于增强女性的参政意愿与自信心;文化教育与政治教育对女性参政能力具有直接的促进作用;社会资本的获得可以为女性提供更广泛的政治参与场域;而超越传统性别文化则可以使女性更自信地与男性平等地发展自己的潜能。

第一,平等的政治参与能锻炼女性的参政能力。一方面,平等的政治参

与能提升女性对公共事务的认知和评判能力。平等的政治参与需要女性和男性拥有同等的主体身份,这对女性参政能力提出一定的要求,因而女性需要不断学习政治参与所需的政治知识和技能,关注公共事务和公共议题,形成自己独立的观点。另一方面,平等的政治参与能增强女性的代表和组织能力。平等的政治参与使得更多的女性进入社会公共领域,她们能认识到自身所代表的群体利益所在,并以自主行动推动利益的实现。

第二,经济因素对女性参政意愿和信心有促进作用。一方面,外部经济发展水平提高、公共事务增加,导致政治活动与女性自身利益的关系更加密切,女性的参政意愿也随之增强;另一方面,女性自身经济地位的提升会增强女性参政的信心,使她们敢于对与自身利益相关的公共议题发表意见,从而影响公共决策。

第三,超越传统性别文化对女性参政能力提升具有积极意义。首先,性别意识觉醒提升了女性的自我认知。在性别能力上,女性认为自己具有和男性一样的禀赋和能力;在性别角色上,女性不赞同传统性别文化对女性的角色期待和社会分工;对于自己的处境,女性具有清晰的认识。其次,家庭话语权的改善有助于女性议政表达能力的提升。当女性逐渐掌握和男性同等的家庭话语权时,她们对公共事务的参与信心得到增强,在公共领域就敢于发表自己的观点。

第四,受教育程度和参政能力之间呈正相关。当女性的文化素质提升时,其获取信息的能力也相应得到发展,对公共事务会有更深刻的理解,相应的独立认知和评判能力也会提升。因此,受教育程度构成女性参政能力的基础。民主恳谈会上,女性表现出和男性同等的参政能力,首先是因为其具有和男性同等的教育水平。

第五,充分的社会资本能增强女性参政的信心和效能感。非正式的强社会关系对女性参政能力的影响更为重要,主要来自两个方面:一方面是家庭内的亲属和家庭外的同事、朋友。而在亲属关系中,配偶对女性的支持至关重要。当配偶分担一定的家庭责任时,女性的参政信心就会增强。另一方面是同事、朋友等家庭外的社会关系。在这类社会关系的支持下,女性的利益诉求得到回应,其参政效能感也会增强。

第八章　参与式性别预算的赋权成效

如前所述,赋权意味着向现有权力关系发起挑战并赢得更多的权力资源。女性主义者则将此推延到长期以来被剥夺权力的女性群体重新获得权力的过程。对于女性群体来说,赋权过程应该始于她们认识自身受压迫的制度性力量,并且开始行动起来以改变现有的权力关系。赋权既是一个过程,又是该过程的结果。① 女性赋权是通过提供资源和渠道以激发被赋权女性的潜力和自主能力的过程;同时,也是女性从客观上获得实际权力、主观上拥有权力感的状态,其核心是使被赋权者能够自觉地代表自己的价值做出选择,而自觉选择的前提是拥有一定的权力和自由。对于女性来说,赋权意味着使原本被剥夺相应权力的女性重新拥有与男性平等的权力,而女性对自身"失权"状态的清醒意识则是促使她们以自主行动"收回"权力的动力。正如塞缪尔·亨廷顿所说,社会挫折感促使人们向政府提出各种要求,并导致了政治参与的扩大以满足这些要求。② 从根本上说,世界各地的政府和非政府组织在为促进女性赋权所做的各种努力中,都是通过从政治、经济和文化方面为女性参与创造条件,从而为她们的自主赋权提供自由选择机会。

在温岭参与式性别预算为女性赋权的过程中,她们是否获得了曾经失去的权力并且在主观上也获得相应的权力感?自从性别预算在全球范围内推广实施以来,其赋权功能及相关问题得到诸多关注,其中性别预算为女性赋权的功能是否已经实现这一问题尤其得到重视。但是,迄今为止,并没有普遍开展针对性别预算实施效果的全面评估,只有澳大利亚、奥地利等少数

---

① 巴特里沃拉.赋予妇女权力:来自行动的新概念[J].胡玉坤,编译.妇女研究论丛,1998(1):40-43.

② 亨廷顿.变革社会中的政治秩序[M].李盛平,杨玉生,等,译.北京:华夏出版社,1988:55.

国家为之付出过努力。综观各国关于性别预算的文献与研究报告，发现涉及的内容大多关于性别预算实践，介绍实施情况，评估其初步成效，进而提出需要改进之处①，较少有对一国的性别预算成效进行全面评估的实践和研究，而这恰恰是评估性别预算为女性赋权的前提，也是性别预算持续发展必不可少的重要依据。在国内，尚未有学者对此做过系统的成效评估，至于性别预算为女性实质性赋权效果的分析，至今依然停留于模糊的认知层面。为补充这一缺失，我们借鉴国外性别预算效果的评估方法，通过对温岭实践的问卷调查、访谈、观察和项目追踪等方法，评估参与式性别预算的成效，以便理解女性是否通过预算决策的参与，客观上获得了权力，且主观上拥有了权力获得感，进而考察持续的平等参与过程是否为女性赋权带来实质性改变。

一、性别预算的赋权评估

自性别预算在全球范围内实施以来，对某些国家和地区的性别预算进行实施效果评估是研究者的一个重要议题，也是检验性别预算对女性赋权绩效的重要途径。近年来，国内外学界越来越多地关注如何将性别预算与女性赋权结合起来进行评估。通常，评价者会从赋权的基本要素出发，考察女性赋权的实现程度，如乔·罗兰兹(Jo Rowlands)从社会劳动和教育方面考虑赋权，她认为女性赋权是个人的发展，包括个人、亲密和集体行动三个维度。② 奈拉·卡比尔认为，女性赋权是被剥夺决策权的女性重新获得对生活重大决策的支配权。③ 苏妮塔·基肖尔提出，赋权是女性对自身生活

---

① Parikh A, Acharya S, Krishnaraj M. Gender budgeting analysis：A study in Maharashtra's agriculture[J]. Economic and Political Weekly, 2004, 39(44)：4823-4830; Patel V. Cities, gender budgeting and civic governance[D]. Mumbai：SNDT Women's University, 2007; Schratzenstaller M. Gender budgeting in Austria[R]. CESifo DICE Report, 2008.

② Rowlands J. Questioning Empowerment：Working with Women in Honduras[M]. London：Oxfam Publications, 1997：15.

③ Kabeer N. Resources, agency, achievements：Reflections on the measurement of women's empowerment[J]. Development and Change, 1999, 30(3)：435-464.

主要方面有决策权。① 也有学者从赋权保障角度提出,评价女性赋权需要从保障女性权力的基本条件出发,即主体能动性(agency)、资源(resources)和取得的成就(achievements),据此评估人们实现潜能的程度。②

在实际的评估中,国际社会更多地根据赋权的分类进行测量,认为女性赋权可以分为经济赋权、社会赋权和政治赋权。其中,UNIFEM 把女性经济赋权定义为:女性能够找到有收入并可长期谋生的职业,不仅在法律上不被限制参与机会,还包括在家庭、社会和市场层面的权力关系。③ 例如,女性在家庭中对家庭财产的支配权,在社会中获取微型基金、信贷、投资的机会等都成为研究女性经济赋权的重要标志。④ 中国学者李树杰和唐红娟认为,微型金融有利于提高女性赋权水平,通过消除普遍存在的对女性的资本抑制现象,可以帮助女性致富,提高女性文化水平和家庭对女孩的重视程度。⑤

而政治赋权是指女性在决策机构中有公平参与的机会,其意见能在决策中得到体现,从而影响社会。⑥ 测量政治赋权重要而直观的指标是议会中女议员的比例或者行政机构中女性领导的比例。在社会赋权方面,女性生育权、身体健康、受教育权都成为考量指标。UNFPA 提出,与男性相比,女性在医疗保障、财产权、信贷、教育培育、就业、政治活跃度等方面处于弱势地位,而女性掌控生育权是女性赋权非常重要的一个方面。中国学者刘俪蔚则提到通过妇女赋权增强妇女的自主性和独立性,改善性别不平等的状况。⑦

---

① Kishor S. Empowerment of women in Egypt and links to the survival and health of their infants[J]. Psychological Reports,2000,105(2):610.

② Kabeer N. Gender equality and women's empowerment:A critical analysis of the third millennium development goal[J]. Gender & Development,2005,13(1):13-24.

③ L De Pauli. Women's empowerment and economic justice:Reflecting on experience in Latin America and the Caribbean[R]. New York:UNIFEM,2000:1-15.

④ Soares F V,Silva E. Empowering or reinforcing traditional roles:Can CCTs address gender vulnerabilities? [Z]. International Policy Center for Inclusive Growth,2010,9(115).

⑤ 李树杰,唐红娟. 微型金融与女性赋权研究概述[J]. 妇女研究论丛,2010(5):80-86.

⑥ Lopez-Claros A,Zahidi S. Women's empowerment:Measuring the global gender gap[C]. Geneva Switzerland World Economic Forum,2005:2-20.

⑦ 刘俪蔚. 贫困地区的妇女赋权和生育控制[J]. 南方人口,2001(1):22-27.

世界经济论坛(World Economic Forum)提出测量女性赋权的五个重要指标,分别是:经济参与(economic participation)、经济机会(economic opportunity)、政治赋权(political empowerment)、受教育机会(educational attainment)、身体健康(health and well-being)。[①]其中经济参与不仅包括女性工作机会,还包括男女同工同酬;经济机会关乎女性经济参与的质量;政治赋权主要测量女议员或者女性公务人员的数量;受教育机会的测量指标有文盲率、入学率、平均上学年限等;身体健康与男女获取营养、健康保健、生育率等权利相关。

在实际评估分析中,有学者从实现女性赋权途径的角度对女性赋权进行考察。朱莉·保灵顿(Julie Ballington)等认为,实现女性赋权有两种途径:一是通过性别平等机构推动制定和实施国家政策,从而提高女性在公权机构中的地位;二是提高女性机构的地位和独立性,更好地促进女性赋权,保护家庭和社会中女性的权利。[②] 世界银行集团性别问题高级主管卡伦·戈洛文(Caren Grown)等则认为,要实现女性赋权应该实现以下转变:一是国家和国际组织履行男女平等的承诺;二是有科技能力推动社会改变;三是组织结构能够支持女性争取自身权利;四是足够的经济资源;五是完善的监督和执行系统。[③] 另外,有研究者认为,女性赋权要满足七条最基本的要务:一是增加女性接受高等教育的机会;二是保障女性的生育选择权;三是减少女性无报酬家庭劳动时间;四是保证女性的财产权和继承权;五是通过减少就业歧视解决两性就业不公平问题;六是增加女性在国家或地方层面政府或立法机构中的比例;七是反对针对女性的暴力行为。

有的学者从理论层面提出性别预算为女性赋权的评估标准,这些标准包括:制度化和资源、战略管理和流程设计、参与和公共领域、将性别预算分

---

① Lopez-Claros A, Zahidi S. Women's empowerment: Measuring the global gender gap[C]. Geneva Switzerland World Economic Forum, 2005: 2-20.

② Ballington J, Karam A. Women in Parliament: Beyond Numbers[M]. Varberg: International IDEA, 2005: 85.

③ Grown C, Geeta R G, Kes A. Taking action to empower women: UN Millennium Project on education and gender equality[J]. Global Urban Development Magazine, 2006, 1 (2): 1-19.

析作为财政资源得到更好利用的基础。① 这种观点强调,女性的赋权需要各种制度保障。以此为标准,国外研究者从性别预算与女性赋权相结合的角度,提出了更为实用的性别预算分析方法,其中影响最大的是黛安娜·埃尔森的六维分析法②,主要关注政策制定过程,前期对公共政策进行性别影响分析,并且预估政策执行过程中或过程后给男性、女性、男童、女童带来的不同影响,主要衡量方法为受益者评估、公共支出对不同性别群体的影响分析,以及预算对男女两性在家庭劳动中的时间分配影响分析,从而形成具有性别敏感性的预算报告。这些方法为性别预算提供了有效的分析工具。

然而,上述对女性赋权标准的研究注重的是赋权的普遍要素与评估指标,真正在实践中作为评估标准的并不多,至今影响较大的是在澳大利亚和奥地利两国实施了性别预算的评估。朗达·夏普和雷·布鲁姆希尔根据性别预算目标,对澳大利亚的女性预算实现目标的程度进行评估,识别所面临的障碍③;伊丽莎白·克莱茨(Elisabeth Klatzer)等则对奥地利中央和地方层面的相关实践进行了评估④。

(1)澳大利亚的性别预算评估。朗达·夏普和雷·布鲁姆希尔依据澳大利亚性别预算的目标对其实践进行了评估。该评估主要采用例证方法,即列举在各个目标上所取得的成功案例。他们认为,在一定程度上,澳大利亚实践成功实现了每个目标。然而,在达成每个目标上所面临的阻力和限制,也让他们更清楚地认识到澳大利亚"政府内部"模式的内在矛盾。其评估包括以下三个方面。

第一,提高人们对预算及相应政策性别影响的认识。提高认识的目标最初是针对官僚结构的。由于多数部门在制定政策时并没有涉及男性或女

---

① Klatzer E, Schratzenstaller M, Buchinger B, et al. Gender budgeting in the constitution: A look at formal and real conditions in Austria[J]. Internationale Politik und Gesellschaft,2010(2):48-64.

② Elson D. Progress of the world's women 2002: UNIFEM biennial report[R]. New York: United Nations Development Program,2002:116-118.

③ Sharp R, Broomhill R . Budgeting for equality: The Australian experience[J]. Feminist Economics,2002,8(1):25-47.

④ Klatzer E, Schratzenstaller M, Buchinger B, et al. Gender budgeting in the constitution: A look at formal and real conditions in Austria[J]. Internationale Politik und Gesellschaft,2010(2):48-64.

性的具体特点,政策制定者认为政策就应该是性别中立的,因此在衡量性别预算带来怎样的转变时,对政策的性别导向就成为一个基本出发点。通常这一评估涉及两方面认识:一是政府部门认识到男性和女性不公平的经济和社会地位有可能导致不平等的预算影响,进而强化现有的性别不平等;二是认识到政府资源影响女性作为社区决策者的角色。

第二,促使政府对它们的性别平等承诺负责。性别预算的组织者认识到,性别预算提供了一种促使政府为性别平等承诺负责的手段,能够拓展现有的性别问责措施和指标,并有利于收集新的数据。在这方面的一个重要成果是在项目层面开发了更好的数据和进展指标。此外,性别预算成为监督政府执行针对女性的政策和法规的途径。然而这一目标的实现也面临诸多障碍,如传统形式的预算过程仅为监控性别平等提供了有限框架,而且各年的性别预算工作都相当独立,难以系统地审查政府部门的财政预算执行进展。

第三,改进政府的政策和预算,以提高女性的经济社会地位,促进两性平等权利的实现。对家庭政策的研究表明,在女性预算的鼎盛时期(1985—1996年),对女性有重要影响的预算支出有明显增长。然而,这一目标的实现面临两个限制:一是改变预算需要权力,而女性政策机构的权力十分有限;二是无法有效影响宏观经济政策。[1]

(2)奥地利的性别预算评估。[2] 伊丽莎白·克莱茨等依据性别预算成功实施的标准,评估奥地利中央和地方层面的实践。他们提出性别预算成功实施的标准包括:制度化和资源、战略管理和流程设计、参与和公共领域、将性别预算分析作为资金更好利用的基础。在对中央层面实践的评估中,他们通过考察政府在性别预算改革上的实际做法,发现没有一项标准是完全实现的。

第一,制度化和资源。性别预算有强大的法律基础,并被融入绩效预算过程中,这意味着有明确的法定职权范围。然而,这一法定职权范围在多大

---

① Sharp R, Broomhill R. Budgeting for equality: The Australian experience[J]. Feminist Economics, 2002, 8(1):32.

② Klatzer E, Schratzenstaller M, Buchinger B, et al. Gender budgeting in the constitution: A look at formal and real conditions in Austria[J]. Internationale Politik und Gesellschaft, 2010(2):48-64.

程度上具有约束力,或者对这一法定职权范围的解释能否在预算政策中带来有利于平等的改变,仍然不明确。

第二,战略管理和流程设计。该评估发现,尽管有诸如性别意识主流化的跨部门工作组和联邦总理府中的女性部门等负责性别主流化的机构,然而很难找到对这一过程的战略管理和设计。

第三,参与和公共领域。到目前为止,性别预算的实施主体集中于行政机构,性别预算过程中的参与问题至今没有很好地得以解决。尽管性别预算分析结果是公开的,但并没有采取措施去实现更广泛的公共性。

第四,将性别预算分析作为资金更好利用的基础。从奥地利的评估结果看,其至今并没有将性别预算分析结果应用于提高资金利用率。从性别视角看,具有建设性的分析结果也没有被进一步利用,而且随后几年开展的创新试点项目在一定程度上与之前的研究结果和经验也没有多大关系。

在中国,自引入性别预算理论与实践以来,对于其实施效果如何,产生了怎样的成效,学术界的研究大多停留于理论层面的探讨。诸多研究的主要关注点集中在概念的定义、分类、意义、发展过程、对国内外经验的总结、策略框架和技术性分析工具等。多数学者从社会性别主流化和女性赋权的角度研究社会性别预算,认为社会性别预算能促进妇女权益保障、妇女人力资本投入、医疗保健、教育和就业等基本权利,认为性别预算是一种促进社会公平正义的政策分析工具。[1] 也有学者从公民参与角度对性别预算的有效性进行探讨,提出应该完善性别预算中公民参与的追踪问责机制。[2] 简言之,参与式性别预算有助于促使政府履行实现性别平等的承诺、公平分配政府预算,并且对实施成效进行阶段性评估。综观国内对性别预算的各种评价性研究,基本上都是针对某些实践尝试进行定性评述,且通常都是局部性的,即便在评估某一地区政府的性别预算实施成效时,也往往是针对具体项目结果的局部评估,而不是对整个实施过程的系统评价。

为弥补这一缺陷,我们对温岭的参与式性别预算进行整体性评估,从而确认在何种程度上为女性赋权做出了贡献。为此,本书将结合性别预算与

---

① 李兰英,郭彦卿.社会性别预算:一个独特视角的思考[J].当代财经,2008(5):27-30.

② 马蔡琛,李红梅.社会性别预算中的公民参与:基于社会性别预算和参与式预算的考察[J].学术论坛,2010(12):130-133.

女性赋权的内涵,借鉴国外学者朗达·夏普和雷·布鲁姆希尔提出的三个方面的性别预算目标(一是提升人们对预算及相应政策的性别影响的认识;二是促使政府对它们的性别平等承诺负责;三是带来政策和预算的变化,以提高女性的经济社会地位并促进两性平等)①,结合女性赋权客观上拥有的权力与主观上的权力获得感两个指标,对女性在参与性别预算过程中的赋权状况进行分析。从全球性别预算发展趋势来看,性别预算的基本目标与女性赋权目标具有高度重合性。为此,尼斯林·阿拉米(Nisreen Alami)提出,通过性别预算制度化的努力方向,即改进和完善现有规划和预算体系以保证性别回应的政策内容和政策产出的过程,使性别预算成为组织长期工作中稳定的一部分②,以便为女性赋权建立制度保障。因为它们可以衡量人们对预算和政策的性别敏感性,推动性别意识主流化,促进政府部门制定有性别回应性的政策,同时促进女性的自我意识觉醒,增加潜在女性参政者的数量,从而更好地实现女性政治赋权。

为此,本书从赋权的主观和客观两个层面的内涵切入,结合性别预算的三大目标进行考察。主观层面的评估,将观察性别预算参与者及相关人员对性别预算功效的评价;而客观评价,则通过政府的预算调整,以及对历年预算项目的男女受益人分析,观察参与式预算是否在男女两性之间公平地分配公共资源,审视性别预算有没有对长期被忽视的女性重新赋权。

二、参与式性别预算的主观评价

所谓参与式性别预算的主观评价是指对作为参与者的个人、作为组织者的地方政府以及相关成员的赋权感知进行评估。评估内容主要包括:组织者与参与者对性别预算成效的主观认知,政府预算政策对女性诉求的回应性、审议代表对自身参与活动的效能感。我们搜集政府文件、统计数据资

---

① Sharp R, Broomhill R . Budgeting for equality：The Australian experience[J]. Feminist Economics，2002, 8(1)：32.

② Alami N. Institutionalizing gender responsive budgeting：Lessons learned from UNIFEM's programmes[R]. UNIFEM，2008：22-23.

料,并于 2011 年、2012 年、2013 年和 2014 年进行了问卷调查。其中,2012 年问卷主要向乡镇干部、未参加性别预算的人大代表以及参加过性别预算的人大代表发放,其余三年的问卷均向性别预算审议代表发放。然后对相同问题的回答进行对比,力求全面分析参与主体的权力获得感。与此同时,对部分性别预算代表和干部进行访谈,综合运用多层面的数据资源,对参与式性别预算成效进行主观层面的考量。本书借鉴具有广泛共识的澳大利亚与奥地利性别预算的评估标准,结合温岭实践的特点,从以下四个方面开展分析。

(一)参与式性别预算主体对性别预算的认知

性别预算自 2005 年引入国内至今已有十多年,无论是实践者还是研究者,都经历了从一无所知到知之甚少直至清晰了解的探索过程。温岭参与式性别预算的实践者同样经历了这一过程。考察市人大与实施性别预算的镇领导班子和预算代表对性别预算的认知程度,既是对性别预算实践的质量与成效的考察,也是测量性别预算赋权成效的前提。因此,我们在 2012 年针对温峤与新河两镇领导班子和人大代表的问卷调查中,将被调查者分为镇领导班子、参加过性别预算的人大代表(他们是性别预算的参与者)、未参加过性别预算的人大代表三类,包括 2011 年与 2013 年预算审议代表对干部的评价,以干部自评为参照,对比考察各方的评价结果,具体包括两个方面:一是性别预算的概念和含义;二是性别预算的具体内容。

问题 1:您是否赞成对政府的预算支出,不但要评估其经济社会效益,还应兼顾性别平等因素,评估预算支出对妇女儿童福利的潜在影响。

这一问题是考察人们对性别预算含义的基本认知。传统政府财政预算通常是性别中立的,因此,在多数情况下,预算结果往往会给女性带来不利影响,性别预算的目标正是从预算源头阻止这种长期被忽视的男女不平等根源。从个体层面看,凡参与过性别预算协商审议过程的,都会或多或少形成关于性别预算的基本认知,进而影响他们对性别预算知识的了解和掌握程度。对上述问题,在领导班子、参加过性别预算的人大代表、未参加过性别预算的三个群体中分别有 85.2%、84.5% 和 73.8% 的人选择了"赞成",这说明大多数人认识到了预算的性别影响(见图 8.1)。

值得注意的是,未参加过性别预算的人大代表对性别预算含义的基本认知率达到 73.8%,这一结果出乎意料。为了解原因,我们对部分未参加

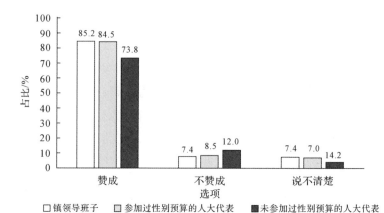

图 8.1　2012 年温峤、新河与泽国三镇审议代表对性别预算概念含义的认知

数据来源：2012 年温峤、新河与泽国三镇审议代表问卷统计。

过性别预算审议的人大代表进行访谈，了解到这些人大代表虽然没有参加过性别预算协商审议，但是作为人大代表，他们参加了历年的财政预算审议，其间接触到各种来自性别预算审议会的意见与建议，并且在人民代表大会上进行讨论甚至争论，进而发表意见。因此，他们因为"听得多了，也知道一点性别预算知识"。

　　为从多层面调查当地民众对性别预算的了解程度，我们也对参与不同年份性别预算审议的代表提出同样的问题（"您是否赞成这种说法：对政府的预算支出，不但要评估其经济社会效益，还应兼顾性别平等因素，评估支出项目对妇女儿童福利的潜在影响"），结果如表 8.1 所示。

表 8.1　对政府预算支出的看法

单位：%

年份	性别	赞同	不赞同	说不清楚
2011	男	75.0	25.0	0.0
	女	88.6	0.0	11.4
2013	男	100.0	0.0	0.0
	女	90.9	0.0	9.1
2014	男	90.3	6.5	3.2
	女	96.0	0.0	4.0

　　数据来源：2011 年、2013 年和 2014 年温峤、新河与泽国三镇审议代表对性别预算概念的认知。

显然,随着性别预算实践的持续发展,参与代表对性别预算基本概念及含义的了解也日益加深,2011 年选择"赞同"的男性占 75.0%,女性占 88.6%;2013 年,同一选项两性的选择率均上升到 90% 以上,尤其是男性的提升特别明显,达到 100%;同样,2014 年两性选择这一选项的占比均达到 90% 以上。这表明,通过持续多年的性别预算实践,随着性别预算知识越来越普及,参与者自然会越来越清晰地理解性别预算的含义,这也可以从未参加过性别预算审议的人大代表的回答中得到印证。图 8.1 显示,未参加过性别预算审议的人大代表选择"赞同"的占比达到 73.8%,这说明性别预算的实施过程中的宣传与普及收到了良好效果,即便从未参加过,也能从各种宣传动员的活动中了解相关知识。

问题 2:以下哪些说法符合性别预算的要求?(可多选)

(1)实现性别平等的重要工具　(2)分析政府预算对男女两性的不同影响

(3)促进政府改进政策及预算　(4)满足男性和女性的不同需求

这一问题是考察对性别预算具体内容的了解程度。我们列举了多项关于性别预算的正确说法,被调查者选择的个数越多,则表明他们对性别预算内容的了解越全面。由图 8.2 可知,三类群体中选择两项及以下的比例由小到大排序是:镇领导班子(66.6%)、参加过性别预算的人大代表(78.9%)、未参加过性别预算的人大代表(80.4%);选择三项及以上的比例由大到小排序是:镇领导班子(33.4%)、参加过性别预算的人大代表(21.1%)、未参加过性别预算的人大代表(19.6%)。不难看出,作为参与式性别预算的推动者与支持者,以及性别预算知识的宣传者,镇领导班子对性别预算内容的认知明显优于其他两者;参加过性别预算的人大代表对性别预算内容的认知要好于未参加过性别预算的人大代表(见图 8.2)。

上述两组数据蕴含两层意思:其一,无论是作为组织者和发起者的镇领导班子还是普通的性别预算代表,对性别预算基本知识的理解与他们接触并参与其中的行为直接相关,并且随着时间的推移越来越接近正确理解。对于性别预算的普通参与者来说,性别预算实施的时间越长,代表的认知程度越高。其二,即便是未曾参加过性别预算的人大代表,对性别预算知识的了解程度也比我们预期的高。无论是问题一还是问题二,尽管未参加者的回答准确率均低于参加者和镇领导班子,但是,第一题的正确率仍然很高

(73.8%),第二题中未参加过的人大代表选择三项及以上的比例与参加过的人大代表并没有明显差异。

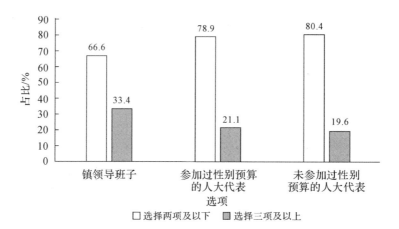

图 8.2　2012 年温峤、新河与泽国三镇审议代表对性别预算内容的认知
数据来源:2012 年温峤、新河与泽国三镇审议代表问卷统计。

(二)促使政府履行性别平等的承诺

自 1995 年以来,国务院连续颁布的《中国妇女发展纲要》是规范和指导我国妇女工作的纲领性文件,确定了在若干优先领域促进妇女发展的主要目标和策略措施。然而,时至今日,其中的目标并未充分实现,妇女发展仍面临诸多问题与挑战。在这一宏观背景下,性别预算的开展提供了一种促使政府对其性别平等承诺负责的手段,将政府针对妇女和女童的政策承诺与实际的资源分配相结合。在对温岭市政府是否履责的评估中,通过领导班子的自我评价和他人评价,我们能从一个角度考察参与式性别预算是否推动了政府履行实现性别平等的承诺。

首先是领导班子的自我评价。我们首先让领导班子自我评价性别预算对他们履责的影响,包含三个方面:性别意识、女性权益保障、女性诉求回应。由图 8.3 可以看出,89.7%的乡镇干部非常赞同或比较赞同性别预算提高了领导班子的性别意识,93.1%的人认为性别预算使政府在决策时更加注重保障女性权益,89.6%的人认为性别预算使自身更加关注女性对财政预算提出的意见和建议,即绝大多数领导班子成员比较赞成或是非常赞成性别预算促进了政府履行性别平等的承诺。作为镇领导班子成员,也是政策的制定和执行者,他们对这三个方面的感受,对实际行动具有促进作用。如此高比例的赞成率,说明通过性别预算实施,政府对履行性别平等承诺的意识有了明显提升。

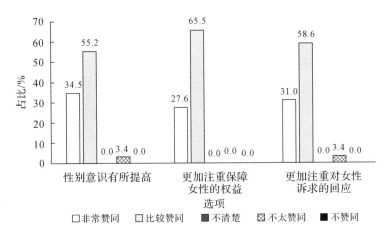

图 8.3　领导班子的自我评价

数据来源:2012 年温峤、新河与泽国三镇领导干部问卷统计。

其次是未参加过性别预算审议的人大代表对政府领导班子的评价。为了印证上述领导班子自我评价的可信度,我们向镇人大代表提出了相同的问题,看他们是否持有相似看法。图 8.4 显示,未参加过性别预算审议的人大代表非常赞同和比较赞同这三方面说法的比例分别是 85.2%、83.6% 和

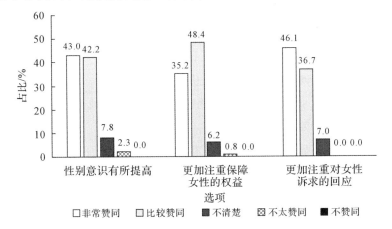

图 8.4　未参加过性别预算审议的人大代表对领导班子的评价

数据来源:2012 年温峤、新河与泽国三镇人大代表问卷统计。

82.8%,略低于政府领导班子的自我评价,但仍然比较高,可以理解为基本相合。由于一些人对性别预算或政府工作不太了解,其选择"不清楚"的比例高于领导班子。

最后是参加过性别预算的人大代表对政府领导班子的评价。在上述两个角度对比的基础上,我们进一步从参加过性别预算审议的人大代表的角度进行验证,发现参加过性别预算审议的人大代表在这三方面说法上选择"非常赞成"和"比较赞成"的比例分别为 86.5%、94.3% 和 92.7%,三项比例均高于未参加过性别预算审议的人大代表。与领导班子自评结果相比,除第一项略低之外,其余两项都高于领导班子自评(见图 8.5)。

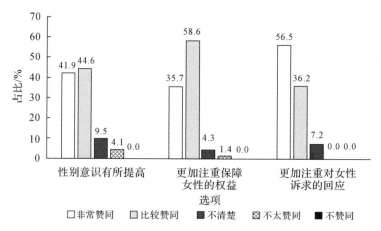

图 8.5　参加过性别预算审议的人大代表对领导班子的评价

数据来源:2012 年温峤、新河与泽国三镇人大代表问卷统计。

为进一步检验该结果的可靠性,我们引入 2011 年与 2013 年针对各镇性别预算审议代表发放的问卷数据,从两个问题切入:一是"通过性别预算,你认为政府领导班子的性别意识是否提高了";二是"通过性别预算,政府决策是否更加注重保障女性权益了"。

问题一的结果显示(见表 8.2),审议代表认为政府领导班子的性别意识"有很大提高"和"有一定提高"的代表占绝大多数。其中,2013 年选择"有很大提高"的比例明显提高,男性从 0.0% 上升到 28.6%,女性则从 10.0% 提高到 27.3%。相应地,2013 年,认为"没有变化"的代表比例有了明显下降,分别为男性从 2011 年的 14.3% 下降到 0.0%,女性则从 12.5% 下降到 0.0%。

表 8.2 通过性别预算,你认为政府领导班子的性别意识是否提高了?

单位:%

年份	有很大提高		有一定提高		没有变化	
	男	女	男	女	男	女
2011	0.0	10.0	85.7	77.5	14.3	12.5
2013	28.6	27.3	71.4	72.7	0.0	0.0

数据来源:2012 年、2013 年温峤、新河与泽国三镇性别预算代表问卷统计。

问题二的结果也显示(见表 8.3),不论是"有很大提高"还是"有一定提高",两年间选择这两个选项的均占绝对多数。2013 年,代表选择"有很大提高"的比例明显高于 2011 年,分别为:女性代表选择"有很大提高"和"有一定提高"的比例达到 100%,男性选择"有一定提高"的比例达到 100%。相应地,男性选择"没有变化"的代表的比例从 2011 年的 14.3% 下降到 2013 年的 0.0%,女性从 2011 年的 4.9% 下降到 2013 年的 0.0%。这说明,在性别预算代表的心目中,政府领导干部的性别意识正在逐渐提高。从比例来看,虽然总体上没有领导干部自评结果高,但整体分布十分相似。

表 8.3 通过性别预算,政府决策是否更加注重保障女性权益了?

单位:%

年份	有很大提高		有一定提高		没有变化	
	男	女	男	女	男	女
2011	0.0	4.9	85.7	90.2	14.3	4.9
2013	0.0	18.2	100.0	81.8	0.0	0.0

数据来源:2012 年、2013 年温峤、新河与泽国三镇性别预算代表问卷统计。

通过上述比较可见,政府领导班子对三项内容的自评都较高。通过与未参加过性别预算审议的人大代表和参加过性别预算审议的人大代表的评价对比,可以相信政府领导班子的自评并非无依据的自夸,而具有客观性。事实上,在具有长期参与式预算的制度背景下,性别预算的推出本身就是当地政府意识到其重要性之后的创新举措。因此可以说,在决定推行性别预算之前,当地政府对性别预算已经有基本认识,包括对实现性别平等意义的认识。实施性别预算之后,在历年与代表的协商和互动讨论中,政府的及时回应也为代表的积极评价提供了依据。因此,不论是领导班子成员的自我评价,还是参加过或未参加过性别预算审议的人大代表对其的评价,都可以从某一侧面证明,参与式性别预算推动了政府履行实现性别平等的承诺,从而为推动性别平等的资源分配及赋权打下了基础。

(三)性别预算审议代表的主观效能感

女性赋权的一个重要标志是参与主体的主观获得感。按照赋权理论,这种获得感并非凭空产生,而是与主体权力获得的实际体验密切相关。只有当主体真正体验到自己拥有权力对与自身权益相关的事务进行决策时,才能从主观上感知到权力的获得,并产生相应的效能感。为此,我们于2011年、2013年和2014年对性别预算审议代表发放问卷,通过下列问题进行检验。

问题1:历年来本镇持续开展性别预算,有没有对促进男女平等起到积极作用?

由图8.6可以看出,多数人认为性别预算对促进男女平等有积极作用。其中,参加过性别预算的人大代表的比例最高,达到79.2%。这在某种程度上说明,性别预算的参与者对性别预算产生的影响有更直接和更深刻的感知;而选择"说不清楚"的大多是未参加过性别预算的人大代表,他们因较少接触性别预算,对性别预算的影响也了解较少。

为了从另一角度测试性别预算参与者的主观效能感,以便更直接地了解赋权主体的主观效能感,我们在2011年、2013年与2014年对普通性别预算代表的问卷中,变换提问角度:"你认为,自开展性别预算以来的一般性公共支出中有没有兼顾到妇女、儿童的权益?"

由表8.4可知,选择"充分兼顾"与"适当兼顾"的代表在男女两性中均占绝对多数,这种权力的"获得感"随着时间的推移而持续增长,以"充分兼顾"为例,女性的选择率从2011年的29.5%增长到2013年的36.4%,再到2014年的57.7%,呈持续上升态势。换言之,在温岭市持续多年的参与式性别预算实践中,由于女性的充分参与,女性在政府财政预算决策中的获得感持续上升。这从一个侧面反映了政府对性别预算成效的主观认知具有现实基础。

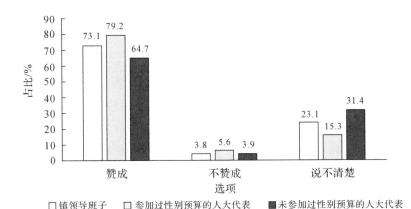

图 8.6　对性别预算影响的感知

数据来源:2011 年、2013 年与 2014 年温峤、新河与泽国三镇性别预算代表问卷统计。

表 8.4　一般性公共支出中有没有兼顾到妇女和儿童的权益?

单位:%

年份	性别	充分兼顾	适当兼顾	没有兼顾
2011	男	12.5	50.0	37.5
	女	29.5	70.5	0.0
2013	男	12.5	87.5	0.0
	女	36.4	63.6	0.0
2014	男	56.7	40.0	3.3
	女	57.7	38.5	3.8

数据来源:2011 年、2013 年与 2014 年温峤、新河与泽国三镇性别预算代表问卷统计。

(四)改进政府预算以提高预算分配公平性

如前所述,性别预算并不是单独为女性制定预算或为女性增加支出,而是追求公共资源在两性之间的公平分配。但在现实中,一个不容忽视的事实是,所有政府预算基本上将两性作为无差异的主体分配资源。这种形式上的公平分配,往往会使人忽视历史上与现实中女性实际的不平等地位,长此以往,女性的从属地位难以通过资源分配得以调整。从历史上看,推动性别预算发生与发展的一个重要目的正是改变这种资源的不平等分配方式。

性别预算的宗旨便是在政府分配财政资源时,从这种已经存在的不平等出发,通过调整不公平的资源分配方案,以补偿女性的独特需求。据此可以说,女性通过性别预算获取的预算资源越多,预算分配越具有公平性。国内外研究者和实践者都认为性别预算的最终目的是朝着男女平等的方向改变政府预算。温岭的参与式性别预算是否实现了这一目标,并且在两性之间更加公平合理地分配资源?我们在针对人大代表的问卷中,从专门的女性预算支出和一般性预算支出两个层面,调查他们在性别视角下对预算公平性和合理性的主观评价。

问题 1:您认为,本镇以往年度直接用于妇女的支出(计划生育、妇女活动经费等)是否足额?其使用效果是否令人满意?

这一问题是评价针对女性的预算支出的效果。对其评价越高,表明这部分预算支出越具有公平性。从图 8.7 中可以看出,认为直接用于妇女的支出"足额"的女性比例(58.8%)要比男性(48.2%)高,而且女性对这部分支出的使用效果也有较高的满意率(52.9%)。而男性中则有相当一部分(37.6%)表示,并不了解这部分支出的状况。这说明,与男性相比,对于直接用于妇女的支出,女性代表比男性更加关注并了解,有更多的女性认为这部分预算是公平合理的。

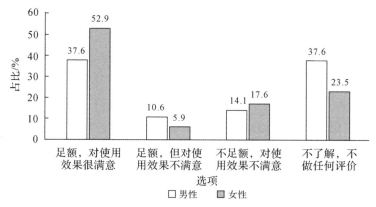

图 8.7　对有关女性的预算支出的评价

数据来源:2012 年温峤、新河与泽国三镇人大代表问卷统计。

问题 2:您认为,本镇以往年度一般公共预算支出(计划生育、妇女活动经费等支出除外)有没有充分兼顾到妇女、儿童的权益?

这一问题是从性别角度评价一般性预算支出,对其评价越高,表明这部分预算支出越具有公平性。图 8.8 显示,多数女性(63.6%)和男性(53.1%)都选择了"有一定考虑,但兼顾不充分";而认为"充分兼顾"的男性(43.2%)要比女性(33.3%)多。这说明,多数人认为一般公共预算支出对妇女、儿童的利益有一定考虑,但兼顾并不充分;而且与男性相比,更多的女性认为这部分预算缺乏公平与合理性,说明女性对预算资源的匮乏具有更深的感受与认识。换言之,女性更能深切感到资源分配的性别不平等。具有这种性别不平等感正是性别意识觉醒的前提。

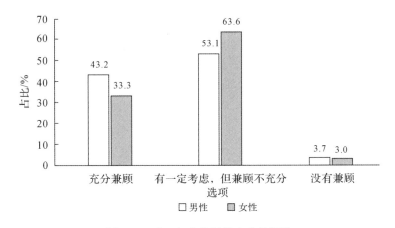

图 8.8 对一般公共预算支出的评价

数据来源:2012 年温峤、新河与泽国三镇人大代表问卷统计。

综上,通过对参与式性别预算的主观评估可知,以女性参与为核心的性别预算正在朝着保障女性权益并赋权于女性的方向发展。首先,不论是政府领导班子还是参与过或未曾参与过性别预算审议的人大代表,都对这种发展趋势有真切感知。例如,我们以政府领导班子的主观自评为参照,对性别预算认知、政府实现性别平等承诺、参与主体的主观效能感,以及促进财政资源的公平分配等方面进行考察,发现镇领导班子和性别预算审议者对性别预算的认知有所提升。其次,通过政府领导班子的自评和人大代表对其的评价,综合领导班子在性别意识、女性权益保障、女性诉求回应三方面的情况得出,性别预算促进了政府更加积极地履行其实现性别平等的承诺。

再次,性别预算参与者的主观效能感不断提高,也说明了性别预算对女性赋权产生了积极影响。最后,通过性别预算,人们越来越多地感受到政府财政资源的分配正在日趋公平,进而从更现实的层面为女性赋权。不过,相比于男性,女性对自身的资源剥夺感具有更深切的体会,即便是在性别预算环境下,其权力获得感日益增加,但相比于男性,她们会更敏锐地发现政府预算项目中的不公平之处。

三、参与式性别预算的客观评估

获得感固然可以从某种程度上评估性别预算成效,但是,女性之所以能够产生权力获得感,通常是由于实际成效的支持,并且也与这种主观获得感能否具有持续性直接相关。为更具体地理解性别预算赋权功能的现实基础,我们需要对女性的权力获得感进行客观层面的考察与分析。按照赋权要素,拥有权力意味着被赋权者具有对生活中重大事务进行决策的自由,被赋权者必须参与决策过程,而不是被动接受他人的给予。因此,需要评估参与式性别预算过程的具体要素,才能了解性别预算在何种程度上为"失权"女性提供权力保障。

为此,有必要回顾温岭性别预算框架是如何运行的,这可从其运行的具体过程中理解。如前所述,温岭的参与式性别预算框架与黛安娜·埃尔森开发的框架十分相似,即注重对预算周期(an outcomes/results framework for relating budgets to gender equality)的性别分析。该框架以预算周期为出发点,关注预算所涵盖的活动及其影响。按照该框架,通常会选择某些特定项目,分析其实际投入、活动、产出和效果。其中,投入包括分配和花费的资金;活动包括计划和提供的服务;产出包括活动的计划和交付使用;效果包括规划出更广泛的目标及其实际成效,如居民收入的持续增长等。通过探究计划和实际成效是否促进了性别平等及其相关目标、政策的产出是否在两性之间公平分配并足以达到性别平等之目的、活动的目的是否同样适合男女两性并足以达成性别平等目标,以及投入是否足够实现性别平等目标,便可以评估政府财政预算在多大程度上有助于实现两性的平等权利,并为女性实际赋权。[①]

依据这一评估框架,我们结合温岭参与式性别预算实践,确定以预算周期的阶段性分析框架作为分析工具,研究各阶段的女性受益情况;同时收集整理温峤镇、泽国镇、新河镇相关会议文件资料和恳谈代表名单;筛选预算草案项目,选择与女性和弱势群体关系密切的民生项目进行追踪评估,解剖三镇的农函大培训项目和失独人员扶助项目,包括温岭市女性"两癌"筛查项目的评估。通过统计数据、问卷和访谈等方法,跟踪性别预算关注的重点项目的投入、活动、产出与效果全过程,从性别预算角度跟踪分析具体项目,以了解温岭性别预算实践的产出和影响。由于我们的考察角度是性别预算对女性赋权的成效评估,因此,在对性别预算实施效果的评估中,将"产出"与"效果"合并为一类指标进行考察。因为对于每一具体项目而言,两者的内容在很大程度上是重合的,所以具体将从三个层面进行考察:投入、活动、产出与效果。

除了对性别预算代表的问卷调查(问卷内容与对象同前),为进行项目评估,我们与三个镇的镇政府和村委会合作,以镇所属管辖区为单位,从各镇随机抽取两个管理区,然后从两个管理区中选择两个经济条件迥异的村庄进行农函大培训项目问卷调查。其中泽国镇农函大发放问卷 510 份,回收508 份,其中有效问卷 362 份,有效率为 71.0%;新河镇农函大发放问卷 500份,回收 365 份,其中有效问卷 352 份,有效率为 70.4%;而温峤镇农函大发放问卷 400 份,回收 375 份,其中有效问卷 260 份,有效率为 65.0%。三镇共回收有效调查问卷 974 份,其中参加过农函大培训的人员有 542 名,占 55.6%;没参加过的有 431 名,占 44.3%;另外有 1 人该项信息缺失(见表 8.5)。

表 8.5　农函大问卷情况

情况	温峤镇	新河镇	泽国镇
问卷发放及回收	发放 400 份 回收 375 份 有效 260 份	发放 500 份 回收 365 份 有效 352 份	发放 510 份 回收 508 份 有效 362 份

---

① Elson D. Gender responsive budget initiatives: Key dimensions and practical examples[M]//Judd K. Gender Budget Initiatives: Strategies, Concepts and Experiences. New York: UNIFEM, 2002: 18-19.

续表

情况	温峤镇	新河镇	泽国镇
性别	男性 147 人 女性 109 人 缺失 4 人	男性 177 人 女性 175 人	男性 165 人 女性 192 人 缺失 5 人
是否参加过	参加过 194 人 未参加过 66 人	参加过 242 人 未参加过 110 人	参加过 106 人 未参加过 255 人 缺失 1 人

数据来源:2014 年温峤、新河与泽国三镇农函大培训课程评估调查问卷统计。

与此同时,我们还对三个镇的所有失独人员进行问卷调查,了解他们的特殊需要和政府补助项目的落实情况。这部分问卷由各村计生联系员直接下发至个人。其中,温峤镇共 18 人,男女各 9 人;泽国镇共有 56 人,男性 26 人,占 46.4%,女性 30 人,占 53.6%;新河镇共有 37 人,男性 19 人,占 51.4%,女性 18 人,占 48.6%。

(一)参与式性别预算投入分析

女性作为"失权"群体,通过性别预算重新赋权意味着首先需要在资源分配中获得她们应有的份额。因此,我们对性别预算所审议的项目进行详细分析,特别对预算投入中的妇女专项资金和与妇女相关的资金投入进行分析,了解女性在参与预算决策过程是如何赋权的。如前所述,温岭的参与式性别预算审议主要针对三个方面:女性专项预算支出、与女性关系更密切的预算支出以及一般性预算支出(见表 8.6、表 8.7 和表 8.8)。我们以三镇 2014 年性别预算重点项目为例进行分析。

表 8.6　2014 年温峤镇"性别预算"审议会讨论项目

单位:万元

项目及科目名称	2014 年度预算数		
	合计	其中镇本级	部门补助
(1)妇联	8	8	
农村妇女干部培训教育	1	1	
农村妇女走访慰问	1	1	
女性创业就业援助	1	1	

续表

项目及科目名称	2014 年度预算数		
	合计	其中镇本级	部门补助
巾帼志愿者活动	1	1	
关爱女性健康	2	2	
"春蕾计划"	1	1	
"三八"妇女节活动	1	1	
(2)农民健康体检	13	13	
(3)成人教育	6	6	
(4)全民健身广场建设	80	20	60
(5)文化礼堂创建	5	5	
(6)镇综合文化站建设	600	600	

数据来源:2014 年温峤镇性别预算民主恳谈会审议的部分项目统计。

表 8.7　2014 年泽国镇性别预算审议项目

单位:万元

类别	项目及科目名称	基本支出总数	减:上级各部门补助	基本支出全年预算数	基本支出明细	
					对个人和家庭的补助支出	商品和服务支出
人口与计划生育事务	独生子女意外死亡补助	30	10	20	20	
妇联	"三八"妇女节活动	8		8		8
	妇联活动经费	3		3		3
医疗保障	1.优抚对象医疗救助	80		80		
	2.城乡医疗救助(农民健康体检补助)	15		15		
成人教育	农函大培训、双证制教育、建电脑教室等	20		20		
文化	1.农村文化设施补助	70		70		
	2.群众文化(镇级节日文化活动)	20		20		
城乡社区公共设施	城区公共厕所改造	120	35	85		

续表

类别	项目及科目名称	基本支出总数	减:上级各部门补助	基本支出全年预算数	基本支出明细	
					对个人和家庭的补助支出	商品和服务支出
重点工程支出	文体中心阅览室、舞蹈室装修器材等	50		50		

数据来源:2014 年温峤镇性别预算民主恳谈会审议的部分项目统计。

表 8.8 2014 年新河镇性别预算讨论项目

单位:万元

项目及科目名称	项目支出投资情况		项目支出全年预算	资金来源		
				镇(街道)本级预算支出		
	项目支出总投资预算	2014 年计划投资数		一般预算	基金预算	小计
失独家庭补助	20	20	20	20		20
"三八"周年系列活动	6	6	6	6		6
妇女培训、学习费用	3	3	3	3		3
维权宣传、"巾帼建功"、"双学双比"活动	4	4	4	4		4
青年文化活动	4	4	4	4		4
"春蕾计划"、空巢老人扶助、巾帼志愿者活动	3	3	3	3		3
成人教育	10	10	10		10	10
文化下乡及俱乐部展示比赛	30	30	30	30		30
公共文化服务中心	250	250	250	250		250
村级健身路径更换及修理	50	50	50	50		50
农民健康及公共卫生	30	30	30	30		30
农业扶持补助	30	30	30		30	30
劳动力素质培训	5	5	5	3		3
企业家培训	20	20	20	20		20
公共自行车建设	300	50	50		50	50

数据来源:2014 年温峤镇性别预算民主恳谈会审议的部分项目统计。

首先是针对女性的专项投入。针对女性的专项预算投入主要指"妇女线"(妇女活动经费)部分。在历年财政预算方案中,妇女活动经费投入都是不可缺少的项目,投入费用基本保持平稳。妇联作为致力于推动女性平等、维护女性权益的组织,其预算投入主要用于为女性活动提供经费。这部分经费的审议不仅有利于提高女性的议价能力,而且也为女性争取权益提供机会,提高其受益程度。我们选取三个镇的上述重点项目中专门针对女性的项目进行梳理分析。

由表 8.9 可知,三镇每年的财政预算支出方案中都有固定的妇女经费投入,主要用于妇联活动经费、妇女干部培训、女性健康检查、"春蕾计划"等女性专项支出。各镇资金额度不同,但相同的是,"妇女线"专项投入在预算总额中占比极小。例如,2014 年温峤镇预算支出总额为 12939 万元,妇联预算投入仅为 8 万元;新河镇 2014 年合计预算支出为 27869.23 万元,妇联预算投入仅为 16 万元。从趋势上看,虽然近些年预算投入有所上升,但也有镇出现明显下降。其中,温峤镇 2013 年妇联预算支出 12 万元,实际支出 4 万元,其中 4 个分项各自实际支出 1 万元,远低于预算水平。于是,2014 年预算便出现了下降。泽国镇 2014 年的下降幅度较大。针对这一情况,在泽国镇进行性别预算审议时,有女性代表提出异议,认为这是因为妇联没有很好地执行完预算经费,反映出妇联在动员组织妇女、为妇女维权等方面并没有很好地履行职责。审议会上有女性代表十分尖锐地提出,希望妇联能够在新的预算年里,切实把自己的责任履行好。

表 8.9 三镇预算项目中"妇女线"专项投入

单位:万元

温峤镇						新河镇					泽国镇			
项目	2010年	2011年	2012年	2013年	2014年	项目	2011年	2012年	2013年	2014年	项目	2009年	2013年	2014年
妇女干部培训	1	1	1	1	1	妇女干部培训学习	3	3	3	3	妇联活动	2	3	3
"春蕾计划"贫困妇女扶助巾帼志愿者活动	2	2	2	3	2	巾帼志愿者活动、"春蕾计划"、贫困妇女和退职女干部扶助	2	2	3	3	妇联活动	2	3	3

续表

温峤镇						新河镇					泽国镇			
项目	2010年	2011年	2012年	2013年	2014年	项目	2011年	2012年	2013年	2014年	项目	2009年	2013年	2014年
女性活动（"三八"妇女节活动等）	3	3	4	5	3	庆"三八"活动	5	5	6	6	"三八"妇女节活动	7.5	12	8
关爱女性健康	2	3	3	3	2	"三大主体活动"（维权宣传、"巾帼建功"、"双学双比"）	2	2	4	4	其他工作	5	3	2
小计	8	9	10	12	8	小计	12	12	16	16	小计	14.5	23	13

数据来源：温峤、新河与泽国三镇性别预算"妇女线"项目统计。

对于针对女性的专项支出是否具有合理性，我们对性别预算代表进行问卷调查。在 2014 年的问卷调查中，当被问及"您认为本镇针对妇女的专项支出是否合理"，如表 8.10 所示，大多数恳谈代表认为针对妇女的专项支出是合理的。这一结果是我们不曾预计到的。我们在访谈中了解到，以妇联活动经费为基础的"妇女线"预算金额，对于预算代表来说，其实并没有切身感受，虽然审议讨论中也有代表提及这部分金额不足，但是对于大多数审议代表来说，并未真正有强烈的"缺乏感"。她们更多地把这部分看成是镇妇联使用的经费，这在某种程度上弱化了审议代表的关注度。

表 8.10　您认为本镇针对妇女的专项支出是否合理？

单位：%

选项	温峤镇		新河镇		泽国镇	
	男	女	男	女	男	女
合理	100	91.7	75.0	81.3	100	50.0
不合理	0.0	8.3	0.0	18.7	0.0	12.5
不清楚	0.0	0.0	25.0	0.0	0.0	37.5

数据来源：2014 年温峤、新河与泽国三镇性别预算代表问卷统计。

不过，耐人寻味的是，选择"不合理"的代表全部为女性，男性代表无人选择该项。虽然选择"不合理"的女性比例并不高,但至少说明,女性对专门涉及女性的支出比男性更敏感。从而在某种程度上表明,对女性需要的理解和表达方面,女性代表显然比男性更具代表性,至少她们会投入更多关注,她们对预算方案中专门针对女性的资金支出的解读也更能代表女性群体的利益。从这个意义上说,女性的高比例参与对于弥补决策机构中女性代表的数量不足具有明显的积极作用,也是女性赋权的实质性举措。正是女性代表关注针对女性的项目支出并提出意见与建议,促使各镇政府对女性项目投入更加重视并做出改进。

与此同时,我们通过对预算修改方案的分析与访谈发现,参与式性别预算对财政预算已经产生某种程度的影响,通过预算审议过程,女性获得的预算资源在不同程度上得到增加。如新河镇 2011 年的预算修改方案将 40 周岁以上的妇女健康检查预算从 0 元增调至 10 万元,2012 年的预算修改方案将妇女活动经费从 12 万元增调至 17 万元(见表 8.11)。同时,尽管温峤镇的预算表中并未明显增加针对女性的预算,但在与恳谈者代表的访谈中,一些代表提到,妇女"两癌"筛查的交通费用、失学女童救助、退休女干部慰问等都是通过性别预算提出并得到解决的。[1] 很显然,参与式性别预算中女性的参与本身就具有传统决策体制未曾有过的新进展,许多长期以来存在的性别盲区,由于女性的参与而被揭示出来,并在预算支出中得以体现。所以,尽管在现阶段参与式性别预算中针对女性的预算支出比例极小,例如,2012 年新河和温峤两镇的预算支出总额分别是 15650 万元和 10080 万元,而针对女性的专项支出占比则更小。但是,女性代表在预算审议中自主发现了历年资金分配中的性别盲区,并直接向镇政府提出,政府接受代表的意见与建议,并将建议纳入预算项目修正中,这本身的象征意义远大于资金数量的意义,对于唤醒决策者的性别意识,并将性别意识融入预算决策起到了启蒙作用。

---

[1] 资料来源:对温峤镇参与式性别预算恳谈者代表的访谈记录,2013 年 3 月 1 日。

表 8.11　新河镇预算修改方案

单位:万元

2011 年			2012 年		
预算项目	修改前	修改后	预算项目	修改前	修改后
天网工程	20	50	塘下工业区基础设施工程	0	50
道路设施建设	0	110	城西交通节点改造	0	50
＊妇女干部培训及 40 周岁以上妇女健康检查	3	13	＊妇女活动	12	17
会议接待	200	180	基本农田代保费	700	650
宣传经费、"七一"活动、各类评优	85	75	商品市场拆迁改建	100	45

资料来源:引自新河镇 2011 年、2012 年预算修改方案;带 ＊ 号的为性别预算民主恳谈会提出的审议意见。

　　数据显示,尽管专门涉及女性的支出比率很低,在完整的预算金额中只占极少部分,但是,性别预算审议中女性代表从性别视角进行分析,发现存在问题,并将意见与建议纳入预算方案修正过程,这本身的意义不能以数量衡量,其部分经费的增减对女性赋权而言,更多的是象征女性自主行使"权力"表达诉求、争取正当权益的能力,它有助于唤醒决策者的性别意识,揭示长期被掩盖而忽视的性别议题。的确,当女性通过审议发现某些项目预算存在不合理之处并要求政府修改预算时,哪怕其金额微不足道,这一过程本身就象征着女性的自主赋权,对长期"失权"的女性来说,其获得的是更为根本的主体性及其自主能力,主体的"权力"获得感便由此而生。

　　其次是与女性关系密切的项目投入。在温岭参与式性别预算中,除上述专门针对妇女的专项预算支出外,还有与女性关系更密切的预算项目也是审议热点。这些项目主要包括健康、教育、福利等与女性生存发展直接相关的项目,如健康体检、成人教育和失独家庭补助等。

　　如表 8.12 所示,农民健康体检投入保持在 15 万元左右,且较少随时间和地区的变化而变化。其中,温峤镇 2013 年农民健康体检预算为 15 万元,实际支出 13 万元,因而 2014 年预算支出减少为 13 万元。成人教育投入变

化较大,如 2013 年泽国镇预计投入 40 万元,2014 年预算为 20 万元;温峤镇
2014 年预算仅为 6 万元。这与各镇的经济水平有密切关系,相对而言,泽
国镇作为温岭市的经济强镇,投入相应较大。失独家庭补助在 2013 年受到
重视,温岭市和各乡镇出台相关扶持政策,其中 2013 年新河镇镇财政支出
83900 元;2013 年温峤镇帮扶支出共计 249500 元,其中市财政为 190800
元,镇财政为 36700 元,企业捐赠 22000 元。2014 年泽国镇和新河镇的预算
草案中将失独家庭补助列为预算支出明细,泽国镇预算 30 万元,新河镇预
算 20 万元。

表 8.12　与女性关系密切的项目投入

单位:万元

地区	年份	农民健康体检	成人教育	失独家庭补助
温峤镇	2012	15		
	2013	15	17	
	2014	13	6	
泽国镇	2013	15	40	
	2014	15	20	30
新河镇	2014	30	10	20

数据来源:温峤、新河与泽国三镇预算草案项目金额统计。

　　我们在对三镇性别预算审议的观察中发现,上述项目都是审议讨论最
热烈的焦点。在泽国镇的性别预算审议中,代表们对失独家庭补助的讨论
十分热烈,许多代表尤其是女性代表提出,"对失独家庭的补助实在是太少
了,政府应该尽最大可能承担他们的生活与养老需要"。同样的观点在温峤
镇和新河镇也十分普遍。特别是女性代表,在讨论这一项目时,有的甚至眼
含泪花。

　　最后是一般性项目投入。一般性项目是指除上述两类项目外的其他项
目。这类支出占性别预算项目的比例极高,且大多为大规模投入项目,比如
公共自行车建设、农村文化设施建设和文体中心建设等。一般性项目虽然
没有明显的性别倾向,但其实在其资金安排和设计规划方面对性别影响
很大。比如,体育文化基础设施建设、桥梁道路改造、美好村庄建设等,都
会对女性产生诸多影响。在传统的政府财政预算中,这些预算项目无视性

别差异,预算决策忽视女性利益,预算编制中无法体现两性的差异性需求。

这类项目在整个政府财政预算中投入支出大,涉及的人群广,其合理与否对公平分配产生极大影响。例如,泽国镇 2013 年农民文化俱乐部培育预算 15 万元,农村文化设施建设补助 50 万元,公共自行车建设 100 万元,公共厕所改造及新建实际支出 35 万元;2014 年城区公共厕所改造预算 85 万元。2014 年文体中心阅览室、舞蹈室装修器材等预算 50 万元,农村文化设施建设补助 70 万元,公共自行车建设 230 万元。新河镇 2014 年公共文化服务中心预算 250 万元,村级健身路径更换及修理 50 万元,公共自行车建设 50 万元。另外,温峤镇文体中心建设 2012 年预算 200 万元,2013 年预算 800 万元;文体场所建设及活动 2012 年预算 50 万元,2013 年预算 12 万元;2014 年文化礼堂建设预算 5 万元,镇综合文化站建设预算 600 万元,全民健身广场建设预算 80 万元。在预算项目中,这些项目的描述中缺乏必要的分性别数据,因而,已经处于不利地位的群体权益很容易被忽视。

正是这些看似与性别无关的项目,实际上在执行过程中往往会忽视女性的特殊需要,导致资金使用达不到最大效率,以至于财政资源被不合理地分配。性别预算审议有助于政府对未曾意识到的性别问题进行思考,性别预算代表的意见与建议也会成为预算调整的依据。比如,泽国镇公共厕所改造项目 2013 年实际投入 35 万元,2014 年预算 85 万元。由于男女生理特征差异,政府预算初期缺乏性别意识,导致预算项目也缺乏性别关注,没有意识到公共厕所改造资金的分配和男女厕所设计会直接影响到男女受益程度。性别预算审议中,女性代表提出,"在建公厕时应该多建一些女厕所的坑位"。在讨论过程中,代表与领导干部对相关项目公共政策的理解也得到拓展与深化。代表们会寻找政策依据,而政府领导干部也会在此过程中获得更多政策信息。2005 年的《城市公共厕所设计标准》明确指出:公共厕所应适当增加女厕的建筑面积和厕位数量。厕所男蹲(坐、站)位与女蹲(坐)位的比例宜为 1∶1 至 2∶3。独立式公共厕所宜为 1∶1,商业区域内公共厕所宜为 2∶3。但此规定并非强制性规定。2010 年,珠海市在《珠海市妇女权益保障条例》中明确规定了男女厕位比例应当不低于 1.5∶1。预算审议中的意见与诉求,拓宽了政府领导干部与男性审议代表的视野,使其能理解女性审议代表提议的合理之处。

实际上,在性别预算审议之前,温岭市财政预算对此从未投入更多关注。然而,当各镇的性别预算审议都将此类项目列入重点讨论范围后,长期被掩盖的性别盲区被揭示出来。由于审议会的程序规定,政府领导干部必须亲自到场听取并回答审议代表的意见,因此,当代表们面对面向政府提出意见和建议时,对政府领导干部来说,无疑是接受了代表们上的性别启蒙课,对于唤醒他们的性别意识具有重要的作用,也促使他们转换视角,思考项目资金分配中的性别问题。

的确,在历年的政府预算中,对类似公厕建设支出项目金额的使用从来没有考虑到性别差异,而性别预算恰恰揭示出预算编制中的性别盲区,促使政府每年投入大量资金用于民生项目时能够考虑到性别差异,将有限的资金用于最需要的项目及其群体,充分发挥资金的有效利用率,真正做到财政资源的高效利用。从这个意义上说,温岭的性别预算正从社会性别视角出发,提高财政资金投入的效率,某种程度上更好地满足了社会不同性别群体的需求,促进社会资源得到更加公平合理的分配。

(二)参与式性别预算活动分析

预算活动是指计划和提供的服务等。预算活动可以弥补预算投入中的性别缺失,也可以提高预算投入的使用精度和效率。希拉·奎恩认为,性别预算不仅与预算内容有关,也应该把性别敏感的方法应用到预算过程中。[①]这是指性别预算活动过程同样可以并且需要进行性别分析。对于温岭的性别预算审议来说,会期通常为一天或者半天,但是,围绕会议内容需要开展一系列的活动,即计划和提供的服务,不仅有助于提高性别预算审议的效率,而且可以为会后项目的有效实施提供保障。例如,在性别预算审议之前,设计有效的方法抽取性别预算审议代表,对性别预算进行宣传与倡导,对预算代表进行培训;审议会议中,需要主持人引导并解读预算,小组自由讨论并提出议案,大会集中表达诉求,乡镇领导进行回应;审议会之后,公示预算修改方案,成立性别预算监督小组对预算执行进行跟踪等。在性别预算讨论会中与会后,需要提供条件以保障项目的实施,包括对特定项目的分析评估等(见图8.9)。

---

① Quinn S. Gender budgeting：Practical implementation Handbook[R]. Strasbourg：Council of Europe，2009：16-20.

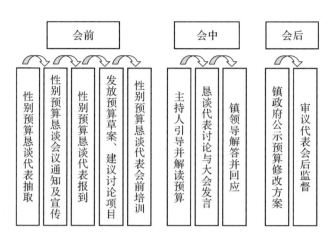

图 8.9　围绕性别预算民主恳谈会的活动

我们重点对审议会之前和之后的活动进行分析。

首先是性别预算审议会之前的准备活动。政府首先需要抽取性别预算代表,发放会议通知,进行宣传报道,发放预算草案和建议讨论项目资料,审议代表会前培训等。具体而言,各镇政府在确定性别预算代表名单之后,便会发放性别预算民主恳谈会通知,通过各种媒体宣传性别预算相关信息。镇政府负责电话通知恳谈代表,各村在村部公告栏公示,感兴趣的村民可以自由地到性别预算审议会旁听。性别预算审议当天,镇政府还会邀请媒体和学者到场,从而扩大性别预算的影响力。与此同时,在性别预算民主恳谈会召开之前,还会组织代表报到,发放预算草案、调查问卷等资料,对代表进行培训等。为了提高性别预算民主恳谈会的讨论效率,各镇还会从总的财政预算项目中挑选出与女性相关的重点审议项目,以提高性别预算审议效率。

在选择项目的基础上,三镇都对性别预算代表进行培训,培训内容包括性别预算的概念、分析框架、各镇目前所做的工作等,并且以公共厕所改造、农函大、失独家庭扶持等项目为例,讲解各项目实行性别预算的必要性和可行性。这些培训为女性在审议预算项目时提供了必要的知识,对增强她们的审议能力很有帮助,使她们有能力洞察政府预算中的性别缺失问题,并提出建设性建议。一般情况下,恳谈代表要求提出预算修改议案,各镇领导大多数情况下会实时回应。例如,2014 年,温峤镇一名女性代表建议增加对年轻妈妈的家庭教育培训,温峤镇镇长当即答应可以吸收该意见,在妇联社区培训中落实。

其次在性别预算民主恳谈会召开之后,镇政府会通过各种辅助性措施,推动性别预算项目的落实。依托于参与式性别预算的实施程序,镇政府根据恳谈代表建议修改预算方案并提交人民代表大会审核通过,并且对修改方案进行公示。尤其重要的是,为有效监督性别预算项目的实施,各镇建立了性别预算监督小组,对性别预算审议中提出意见与建议的项目进行跟踪监督,以有效实现项目宗旨。通常,各镇在年中评估时,都会将性别预算项目的实施纳入评估范围,因此,性别预算监督小组便能发挥积极的作用。监督代表除了对立项支出进行监督,还会主动收集与女性相关的利益诉求,镇人大组织他们对性别预算项目的实施情况进行评估,听取他们对相关项目实施进展的意见反馈,提出建议。同时,中期评估也是对项目进行微调的机会,各镇针对实施中出现的新情况,为项目实施提供辅助性支持。例如,在市农民健康体检项目基础上,各镇会根据需要配备适量的经费资助农民进城检查等。正是各种有效的活动与措施为性别预算项目的实施提供了便利。

在性别预算的活动执行中,各镇围绕失独家庭补助项目开展的活动更是体现了性别预算为弱势群体赋权的关怀。为有效实施该项目,温岭市以及泽国镇、新河镇和温峤镇均出台了相关政策和扶持标准。主要环节包括政府出台扶持政策、确定失独人员名单、按补助标准将政府补贴下发至个人等。

第一,出台特殊家庭扶持政策。2013 年,温岭市出台《温岭市关爱计划生育特殊家庭实施办法》,各镇都已开展该项工作。计划生育特殊家庭是指温岭市独生子女死亡或伤、病残后未再生育或收养子女的家庭。扶助对象应同时符合以下条件:1933 年 1 月 1 日以后出生;女方年满 49 周岁;只生育一个子女或合法收养一个子女;现无存活子女或独生子女被依法鉴定为残疾(伤病残达到二级及以上)。温岭市级政府采取的措施有发放一次性抚慰金、发放生活扶助金、提供心理危机干预救助、提供养老保障、提供健康医疗保障和提供子女教育援助。而温峤镇、新河镇和泽国镇则将失独人员划分为不同类别,并通过年度发放、季度发放、按月发放等方式将补贴发放至个人。另外,温峤镇通过爱心企业与失独家庭配对扶持的方式实现对失独家庭的最大关怀。

第二,确定失独补助人员名单。扶助对象的确认由人口计生部门负责,具体程序为:本人申请,村委会和镇政府(街道办事处)进行资格初审,温岭市人口计生局审批并公示,台州市和省人口计生委备案。截至 2013 年底,泽国镇共有失独补助人员 59 人,其中男性 31 人,女性 28 人;温峤镇有 19 人,其中男性 10 人,女性 9 人;新河镇有 37 人,其中男性 18 人,女性 19 人。

第三,发放补贴至个人。温岭市级补贴一次性发放,而泽国镇按季度发放,温峤镇和新河镇按年度发放,直接发放至个人并且持续发放直至亡故。泽国镇发放扶助金采取一人一卡(存折)的方式,直接发放给扶助对象。

总之,围绕性别预算开展的活动对于预算项目的有效实施起到了良好的作用。其中,女性的参与使这种效果有利于向资源分配更平等的方向迈进。各种创新的措施与途径为预算项目中蕴含的女性权利提供保障。尤其重要的是,通过性别敏感的政策与预算分析,揭示出长期隐藏的性别盲区,为预算调整及其公平执行开拓新的前景。

(三)参与式性别预算的产出效果

不论是性别预算的投入还是为项目实施所配套的各种活动,其实施的直接结果便是不同层面的产出效果。作为财政预算产生的直接目标,其产出效果可以作为参与式性别预算赋权女性的重要指标。为此,我们以性别预算审议代表对预算项目的看法和提出的建议为例,了解审议代表关注的项目类型,这从一个侧面反映了参与式性别预算的产出效果。

首先是预算项目支出修改建议的产出效果。如上所述,性别预算审议的项目十分丰富,既包括专门针对女性的项目,也包括与女性关系密切的预算支出,甚至是一般性项目支出,都属于性别预算审议范围。不过,由于审议会时间有限,不可能对全部预算项目逐一审议,因此,各镇通常会在会前将重点项目罗列出来,以提高审议效率。审议会期间,代表们会特别关注在一般的参与式预算审议中被忽略或者来不及审议的项目,如专门针对女性以及与女性关系密切的项目,从性别角度补充常规预算审议所遗漏的性别议题。表 8.13 可以反映出这一特点。

表 8.13　温峤镇、新河镇性别预算审议代表提出的意见

地点	年份	针对女性的专项预算支出	与女性关系更密切的预算支出	一般性预算支出
温峤镇	2010	妇女活动经费 妇女素质培训 妇女健康体检 妇女干部培训 外来女照顾 女童教育	计划生育 幼教经费 困难家庭救助 和谐家庭建设 反家庭暴力宣传	农村文明道德 农村基础设施 环卫工作 社区文化建设 老干部慰问金
	2011	妇女活动经费 妇女素质培训 妇女健康体检 妇女干部工资 女村民代表培训	计生宣传 幼教经费 反家庭暴力宣传	—
	2012	妇女健康体检 妇女保健培训 女村民代表培训 妇女活动场所建设	农民体检 建设老年活动中心 弱势群体投入	环卫工作 河道整治
	2013	妇女活动经费 妇女健康体检 关爱妇女干部	独生子女补助 家政培训 公共厕所改造	村庄整治 X 河道保洁 城乡环卫 老街保护规划
	2014	妇女健康检查 妇女干部培训 女性创业培训 农村妇女走访 "三八"妇女节活动 X	农民健康体检 月嫂培训 家庭教育培训 全民健身广场建设	公共卫生 * 预备费 * 村干部体检 温西中学图书馆改造
新河镇	2011	妇女活动经费 妇女体检 * 妇女素质培训 妇女干部、代表培训	幼教经费 困难家庭救济 老年人托老 农民体检 *	巡查队工资
	2012	妇女主任活动经费 妇女体检 退职妇女主任待遇	—	便民服务中心支出
	2014	妇女体检 妇女素质培训 妇女干部、代表培训	失独家庭补助 公共厕所改造 农函大培训	农业扶持补助 企业家补助 X

续表

地点	年份	针对女性的 专项预算支出	与女性关系 更密切的预算支出	一般性预算支出
泽国镇	2014	—	公共厕所改造 * 失独家庭补助 农民健康体检和红丝带	场长基金 * 公共自行车 文化基地建设 河道桥梁改造 社会抚养费去向 *

资料来源:民主恳谈会会议记录、财政预算初审报告、访谈记录。带 * 的为要求将预算
细化,带 X 的为要求减少预算额,其余为要求提高预算额。

由上可见,在各类审议项目中,审议代表最为关注的是医疗、社会保障、
教育和公共安全类项目。我们对 2014 年温峤和新河两镇的性别预算代表
最关注或最看重的项目进行统计,对会前与会后的看法进行比较,观察两镇
代表对预算项目重要性的看法(见表 8.14)。

表 8.14　新河、温峤两镇性别预算审议代表关注的项目

单位:%

项目	新河镇		温峤镇	
	会前	会后	会前	会后
计划生育	33.3	42.9	28.9	4.5
计划生育外的其他基本 公共管理	9.5	4.8	13.2	4.5
公共安全	61.9	61.9	26.3	31.8
教育	52.4	61.9	10.5	22.7
文体传媒	4.8	23.8	0.0	0.0
医疗和社会保障	81.0	90.4	13.2	31.8
城乡社区教育	33.3	33.3	5.3	4.5
农林水电等其他项目	4.8	14.3	2.6	0.0

数据来源:2014 年温峤镇、新河镇性别预算代表问卷统计。

由表 8.14 可知,代表们最关注医疗和社会保障、教育,以及公共安全三
类项目。两镇代表对医疗和社会保障最为关注,特别是性别预算审议会后,
新河镇和温峤镇的代表对此类问题的关注度有较大幅度的提高。通过对新

河镇性别预算民主恳谈会前后关注项目的比较我们发现,医疗和社会保障类项目的关注率从 81.0% 提高到 90.4%,教育类项目的关注率从 52.4% 提高到 61.9%,而公共安全类项目的关注率会后未发生变化。温峤镇 2014 年性别预算代表会前最看重的项目类型是计划生育,关注率为 28.9%,其次是公共安全,关注率为 26.3%。而会后最看重的项目类型则是医疗和社会保障以及公共安全,关注率分别从 13.2% 上升到 31.8%,从 26.3% 上升到 31.8%。

　　调查中我们发现,新河镇和温峤镇都对审议项目是否应该增加或者减少经费支出提出了诸多意见与建议。由新河镇 2014 年的问卷调查可知,妇女培训学习、"三八"周年系列活动、维权宣传、"巾帼建功"、"双学双比"活动、公共文化服务中心、文化下乡及俱乐部比赛、村级健身路径更换及修理、农民健康及公共卫生、农业扶持补助、公共自行车建设、劳动力素质培训等项目前后变化不大,70% 以上的代表要求维持现状。而 70% 以上的恳谈代表认为,应该增加对妇女培训、"春蕾计划"、空巢老人扶助、巾帼志愿者活动、失独家庭补助等项目的预算。其中,绝大多数代表要求增加对"春蕾计划"、空巢老人扶助、巾帼志愿者活动的预算,比例从会前的 85% 上升到会后的 95%。同样,要求增加失独家庭补助预算的比例从会前的 77.3% 上升至会后的 95.5%。然而,对于企业家培训的支出,恳谈代表会前要求减少预算的比例为 85.7%,会后则上升到 90%。

　　温峤镇 2014 年恳谈代表调查结果显示,审议代表对文化礼堂创建、农村妇女走访慰问、巾帼志愿者活动、"三八"妇女节活动、全民健身广场建设、镇综合文化站建设等项目要求提出的意见建议最密集,对大多数项目持维持现状的态度,且比例超过 50%,会前会后变化不大。同时,要求减少企业家培训项目支出,而对农村妇女干部培训教育、女性创业就业援助、关爱女性健康、农民健康体检等项目"要求增加预算"的呼声较高。随后,这些意见与建议大多被镇政府接受并在预算调整过程中得以体现。

　　其次是具体项目实施的产出效果。上述预算审议的产出结果仅仅反映性别预算审议过程中代表们审议各项支出的结果,其重要性在于可以帮助政府发现预算时疏忽的问题,及时弥补预算草案的性别缺失,为预算调整提供依据。当确立特定项目并付诸实施后,能否如期实现项目宗旨,则需要对实施后的产出效果进行评估。为此,我们选取农民健康体检、成人教育、失独家庭补助三个项目,分析这些项目实施后的产出效果,以此反映男女两性在预算分配中的受益情况。

[项目一:农村妇女健康检查]

温岭市农村妇女健康检查项目初设于 2009 年。当年,温岭市财政预算中专门列出针对女性生理特征的健康检查项目,目的是针对女性特有的生理特征,为女性健康提供特别资助。例如,对妇女的"粉红丝带行动"(乳腺)项目,主要受益对象为温岭户籍 35—59 周岁农村适龄妇女,由镇(街道)妇联负责发动,落实检查人数,并由各村妇女主任按照规定时间带妇女去定点医院检查。2010 年设立"妇女健康公益促进工程"(宫颈)项目,2011 年以来持续设立"两癌"筛查项目,为全市妇女进行相关检查(相关统计数据见表8.15)。自 2013 年开始,根据全市育龄人口每人 113 元的标准拨款。这一原则保证了每年的财政拨款能够持续为女性"两癌"筛查项目提供资金保障。

表 8.15 2009—2016 年温岭市"两癌"免费筛查项目不完全统计

项目			2009 年	2010 年	2011 年	2012 年	2013 年	2014 年	2015 年	2016 年	累计
市财政拨款/万元			500	120	140	250	230	230	452	452	2374
受益人/人次	项目内	乳腺	—	—	—	—	—	400	400	400	1200
		宫颈	—	—	—	—	—	2630	2489	2580	7699
	项目外	乳腺	100053		14352	22904	22028	24066	42160	39602	265165
		宫颈	—	20013	12417	23268	21827	21199	39288	39814	177826
确诊人数/例	项目内	乳腺	—	—	—	—	—	0	0	5	5
		宫颈	—	—	—	—	—	0	0	2	2
	项目外	乳腺	63		10	10	8	8	22	20	141
		宫颈	—	5	3	3	2	3	10	9	35
救助金额/万元			—	—	0.5	1.5	7.5	8.0	13.4	12.0	42.9
救助人数/人次			—	—	10	11	104	105	145	110	485

数据来源:根据温岭市妇联提供的救助金额数据统计,人数不包含镇(街道),数据截至 2016 年 12 月 26 日。

[项目二:农函大培训]

赋权女性意味着为女性能够在个人发展方面做出独立决策创造条件,在存在歧视的社会环境下逐渐重新获得对决策的掌控权和参与权。有学者认为,拥有教育机会可以使女性拥有自主决策能力。[①]尽管在现实中,女性获得更好的教育与实现女性赋权之间不存在直接的线性关系,如大量受过高等教育的女性也难免面临一系列不公正待遇,但是,赋权需要主体的特定技能与知识。仅就此而言,虽然教育不是赋权女性的充分保障,但仍然是必不可少的前提。基于这一认知,我们选择温岭市的成人教育项目,对农函大培训课程受益人进行性别分析,发现除了会议期间的项目审议,还可以对历史性项目进行性别分析,以便为后续的预算决策提供参考。

温岭市成人教育项目自 1987 年设立至今,已经有近 40 年的历史。这一历史悠久的培训项目是否使得女性与男性平等受益,并使女性获得平等的教育赋权?在性别预算之前,未曾有过分性别的统计分析,因而,对于这一项目资金是否在两性间平等分配,女性是否平等地享受到教育资源,一直未曾做过统计梳理,相应资金的有效利用率评估也停留在模糊状态。

农函大项目的目标是通过农函大培训、双证制教育和社区培训等方式,提高公众特别是农村地区民众的科学文化素质,以便将学到的知识运用于生产过程,提高生产效率和人民生活水平。农函大培训项目主要由各乡镇负责该项目的专门机构负责组织开展,通过镇职能部门动员农村村民参加培训课程,因而课程设置和教师授课水平对于学员受益程度具有重要影响,对女性的平等受益也具有至关重要的影响。所以,课程设计是否具有性别意识,成为农村妇女教育赋权的关键。正因如此,历年的性别预算项目审议中,该项目一直是代表们关注的重要议题。例如,在 2014 年度新河镇性别预算民主恳谈会上,有女性代表提到了成人教育问题:"每年男性受益的培训较多(如男性做生意的人数较多,企业家培训使男性受益更多),应该开一点女性受益的课程。"项目讨论中,代表反映现在的成人教育项目,村民的参与率并不高,建议以后设计课程时应该实地入村调查,开设群众真正感兴趣的课程。在温峤镇 2014 年性别预算民主恳谈会上,一名小学校长提出,应该针对女性开设一些家庭教育和月嫂培训课程[②],使女性能够选择有实用

---

① Jayaweera S. Women, education and empowerment in Asia [J]. Gender and Education, 1997, 9(4): 411-424.

② 资料来源:2014 年新河镇和温峤镇性别预算民主恳谈会会议记录,2014 年 2 月 19 日。

价值又有兴趣的课程。两镇的政府决策者全部吸收了代表们的意见,这些意见和建议在预算修改中得以体现。

那么,历年来女性从温岭农函大培训项目中受益的情况如何呢?2014年,我们对温峤、新河和泽国三镇的农函大培训项目进行评估,收集三镇的培训项目历史数据,对历年来接受培训的受益者名单进行分性别统计,分析该项目是否为女性提供了平等机会,以进一步分析教育培训项目的支出是否达到效率最大化。

首先,我们对温峤、新河和泽国三镇的农函大培训人数、课程结构等进行历时性跟踪分析,以发现该项目对女性的受益情况。通过整理农函大历年各专业学员花名册,获得温峤镇、泽国镇和新河镇各年份男性和女性的受益人数,从而得到图 8.10 至图 8.12。

如图 8.10 所示,在农函大培训中,女性受益率明显低于男性,只有2005 年女性受益人数实现了反超,随后差距再度扩大。2005 年温峤镇计算机专业中有男性 20 名,女性 52 名;而在蔬菜种植专业中,有男性 36 名,女性 105 名。从而,2005 年女性受益总人数超过了男性。

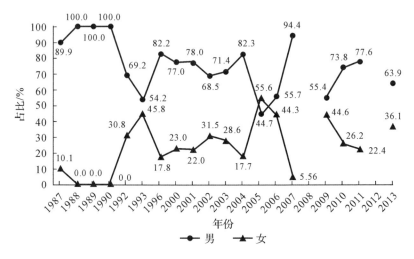

图 8.10　温峤镇农函大男女学员比例

数据来源:根据 1987—2013 年温峤镇农函大花名册整理,其中 2008 年、2012 年因缺少性别资料未在图中显示。上述走势图根据历年男女两性受益比例绘制。

如图 8.11 所示,从 2004 年到 2013 年,新河镇女性学员比例呈现缓慢上升趋势。2008 年男女差距缩小,2010 年女性比例最高,达到 84.3%。而 2010 年和 2012 年男女学员比例相当,2013 年女性比例再次升高。其中 2010 年计算机专业男性 77 人,女性 3 人,而农家女读书会和家政服务员专业则全部是女性学员。2013 年,家政服务员专业仍全部是女性学员。

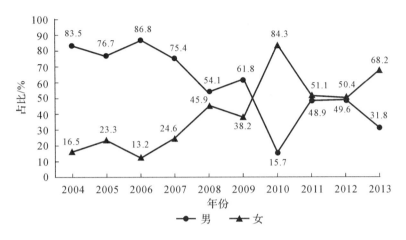

图 8.11　新河镇农函大男女学员比例

数据来源:2004—2013 年新河镇农函大花名册。

根据 2006—2013 年泽国镇农函大历史资料绘制的男女两性受益趋势(见图 8.12),女性受益率呈现先降后升的趋势,2012 年女性学员比例超过男性。2009 年女性学员比例最低,主要是水稻专业中有 29 名男性而仅有 1 名女性,人民调解专业中有 86 名男性和 7 名女性,从而造成 2009 年女性学员比例仅为 10.7%。在 2012 年泽国镇设立城市家庭服务专业,女性学员占 100%,2013 年该比例为 98.4%。

由上述三镇农函大男女受益的历史数据比较发现,专业设置对于男女学员比例具有至关重要的影响,女性受益比例超过男性的年份一般都是专门设置了针对女性的课程。因此我们初步推断,农函大专业可以根据不同性别受益情况进行分类,进而对三镇的专业历史发展进行梳理,列出不同专业各年份男女学员的数量,进一步探讨专业对男女两性不同的吸引力,从而推动农函大设置更科学的培训计划。

其次,对参与培训的动机进行性别分析。为进一步深入了解公众对农

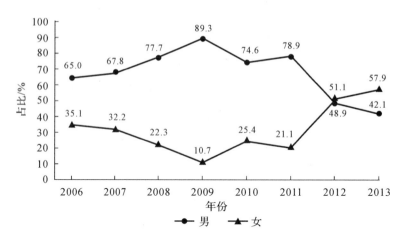

图 8.12 泽国镇农函大男女学员比例

数据来源:2006—2013 年泽国镇农函大花名册。

函大培训的需求,我们与三镇分管农函大项目的部门合作,对农函大课程设置及公众需求进行问卷调查,主要了解村民参与农函大培训的动机、需求以及从未参加过培训的原因。如表 8.16 所示,在参加过农函大培训的人员中,参加动机主要是提高自己,其中泽国镇和温峤镇的比例都超过了 60%,新河镇也有 34.2%。然而新河镇有 35% 的人选择了参加原因是实用需求,在泽国镇还有 20.7% 的人参加原因是农函大免费。未参加过的人员主要的原因是没时间;其次是没兴趣,作用不大。在选择家务牵绊的人员当中,女性的比例高于男性,其中泽国镇 15 名选择者全部为女性,占女性总数的 11.2%。

表 8.16 参加动机和未参加的原因

单位:%

	选项	泽国镇			新河镇			温峤镇		
		男	女	总	男	女	总	男	女	总
参加过	提高自己	71.4	53.3	62.1	26.6	42.5	34.2	66.7	73.6	70.0
	实用需求	11.9	11.1	11.5	37.9	31.9	35.0	22.2	22.0	22.1
	别人鼓励	7.2	4.5	5.8	21.0	15.0	18.1	10.1	3.3	6.8
	免费	9.5	31.1	20.7	14.5	10.6	12.7	1.0	1.1	1.1

续表

选项		泽国镇			新河镇			温峤镇		
		男	女	总	男	女	总	男	女	总
未参加过	没兴趣,作用不大	25.5	18.7	21.7	26.1	23.5	24.7	26.2	15.4	23.1
	没时间	48.2	39.6	43.4	37.7	25.9	31.2	49.2	46.2	48.4
	没报上名	9.1	16.4	13.1	2.9	10.6	7.1	6.2	7.7	6.6
	距离太远	3.6	0.7	2.0	8.7	5.9	7.1	3.1	3.8	3.3
	家务牵绊	0.0	11.2	6.1	13.0	15.3	14.3	6.2	23.1	11.0
	身边人都没报	6.4	9.0	7.8	7.2	16.5	12.3	6.2	3.8	5.5
	其他	7.3	4.5	5.7	4.3	2.4	3.2	3.1	0.0	2.2

数据来源:2014 年泽国镇、温峤镇、新河镇农函大调查问卷统计。

　　随后,我们了解村民对农函大专业的兴趣。在问卷调查中,将泽国镇、新河镇和温峤镇历史上开设过的专业分别进行列举,通过受访者对每个专业"会参加"和"不会参加"的偏好选择,了解哪些专业对民众有吸引力。新河镇总体参与积极性最高,每个人都选择了多个"会参加"的项目;泽国镇和温峤镇的村民大多数选择一个有意参加的项目。由于三镇的参与比例都未超过 70%,因而我们对参加积极性在 30%—70% 的专业进行了梳理,根据参与积极性对项目进行总结,如表 8.17 所示。

表 8.17　民众对农函大专业的兴趣

单位:%

群体类型	比例/%	温峤镇	新河镇	泽国镇
参加过	30—70	枇杷培训、计算机、法律常识	果蔗、水稻、杨梅栽培、马铃薯培训、枇杷培训、计算机、法律常识、数控车床、烹饪、妇幼保健、美容、人民调解	计算机
未参加过	30—70	枇杷培训、计算机、法律常识	全部	计算机、法律常识、烹饪、美容

资料来源:2014 年泽国镇、温峤镇、新河镇农函大调查问卷统计。

　　由表 8.17 可知,新河镇参与积极性最高,未参与过的人所有专业的参与比例都在 30%—70%。而三个地区的共同点则是无论参与过和未参与过,对计算机专业的参与热情都最高。在最希望学习的内容调查中,泽国镇61.0%的人选择了专业技能,46.5%的人选择了生活技能;新河镇67.7%的人选择了生活技能,59.3%的人选择了专业技能;温峤镇67.3%的人选择了农业技能,58.3%的人选择了生活技能。

再次,了解不同性别对技能的偏好,为更合理的课程设计提供参考。如图8.13所示,女性最关注的是生活技能(如美容、烹饪、食品安全等),而男性最关注的是专业技能(如计算机、数控车床)和农业技能(如水稻、杨梅栽培、果蔗)。其中,温峤镇有48.6%的女性希望学习生活技能,新河镇有47.7%,而泽国镇则有38.5%。在新河镇和泽国镇,男性最希望学习的内容的为专业技能,其中泽国镇比例为44.4%,新河镇为34.9%。温峤镇43.4%的男性选择了农业技能,可见不同性别对农函大课程有不同的需求。

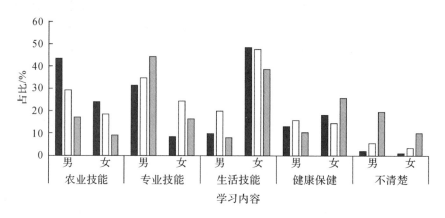

图 8.13　不同性别最希望学习的内容

数据来源:2014 年泽国镇、温峤镇、新河镇农函大调查问卷统计。

为了更深入地探究性别与专业偏好之间的关系,我们对两性对具体专业的喜好意向进行整理,如果男性有意参加农函大课程培训的比例高于女性15%,则视为男性偏好专业;如果女性有意参加农函大课程培训的比例高于男性15%,则视为女性偏好专业。由表8.18可知,男性偏好专业包括水稻、果蔗、杨梅栽培等农业技能,也包括数控车床、计算机等专业技能,不同地区和不同人群的男性偏好专业各不相同;而女性偏好专业则更为集中,受地区差异和参与经历的影响较小,主要包括烹饪、妇幼保健、美容、妇女干部培训等。

表 8.18　参与培训意向的性别差异

分类	定义	温峤镇		新河镇		泽国镇	
		参加过	未参加过	参加过	未参加过	参加过	未参加过
男性偏好专业	男性参与意向高于女性15%	水稻、计算机、法律常识、数控车床、人民调解、护村队员培训	果蔬、法律常识、护村队员培训	数控车床	计算机、数控车床	杨梅栽培	杨梅栽培、计算机、数控车床
女性偏好专业	女性参与意向高于男性15%	烹饪、妇幼保健、美容、妇女干部培训	烹饪、妇幼保健、美容、城市家庭服务	烹饪、妇幼保健、美容、妇女干部培训	烹饪、妇幼保健、美容、城市家庭服务、妇女干部培训	妇幼保健、妇女干部培训	烹饪、妇幼保健、美容、妇女干部培训

资料来源:2014 年泽国镇、温峤镇、新河镇农函大调查问卷统计。

我们将这些数据提供给当地政府,为他们对相关课程的设计提供性别分析与参考。结合性别预算审议会期间女性代表的意见与建议,各镇政府都能够将女性诉求视为改进目标,在资金允许的情况下,对农函大课程设计进行干预,将代表意见反馈给培训执行机构。如果有的镇未能很好地执行男女平等的分配原则,在第二年的性别预算审议中,女性代表就会更直接尖锐地提出自己的诉求,促使相关部门在课程设计中体现女性的平等诉求。

正是由于在进行受益人性别分析基础上对女性诉求的关照,该项目的受益人中女性利益受到关注。调查数据发现,在参与过农函大课程培训的受访者中,超过 60% 的人认为农函大对实际生活有帮助,其中泽国镇为 66.3%,新河镇为 60.9%,温峤镇为 64.1%。对于未参与过农函大课程培训的受访者,泽国镇有 60.5%、新河镇有 51.9% 的人表示"不清楚",温峤镇则有 62.5% 的人相信参加培训应该会有效果。

总之,从近年来农函大培训项目的实际受益者来看,1987—2013 年,农函大温峤镇的数据显示:女性受益率明显低于男性,只有 2005 年和 2012 年实现了反超,随后差距再度扩大。在泽国镇 2006—2013 年度的数据中,女性受益人数呈现先下降后上升的趋势,2012 年女性学员比例反超男性,主要原因是设立了城市家庭服务专业,女性学员比例为 100%。从新河镇2004—2013 年的资料可知,女性学员比例总体呈上升趋势,2008 年男女差距缩小,2010 年女性比例最高达到 84.26%。而 2010 年和 2012 年男女学员比例相当,2013 年女性比例再次升高。原因是,专业课程设置的调整对于男女学员比例变化产生很大影响,女性受益比例超过男性的年份一般开设了针对女性设置的课程。

据此,我们可以对农函大课程设置的性别属性进行划分。通过对三镇农函大专业的历史梳理以及各年份男女学员的数量比较,将农函大课程的各专业按照女性受益比例进行划分,得出男性专业、偏男性专业、一般性专业、偏女性专业、女性专业五类。各镇男性专业和偏男性专业的数量明显多于偏女性专业和女性专业,而且两性对专业具有潜在的性别倾向:烹饪、妇幼保健、美容、妇女干部培训等专业往往受女性欢迎,女性的参与积极性高,受益范围广。

如上述性别与培训参与意向关系所示,男女两性对专业设置是有性别差异的。现实中这种差异究竟多大,我们设定具体指标进行测评:女性比例低于 20% 的定义为男性专业,女性比例在 20%—40% 的为偏男性专业,女性比例在 40%—60% 的为一般性专业,女性比例在 60%—80% 的为偏女性专业,女性比例高于 80% 的为女性专业。结果如表 8.19 所示。

表 8.19　农函大专业与受益者的性别差异

分类	定义	泽国镇	新河镇	温峤镇
男性专业	女性比例低于 20%	果蔗、水稻、数控车床、杨梅栽培、人民调解	基层党员干部班、农村信息管理员培训	蔬菜种植、政策与法律、企业管理、新农村建设、枇杷、市场经济、护村队培训、马铃薯、海水养殖
偏男性专业	女性比例在 20%—40%	电脑、法律常识	法律常识、蔬菜种植、公民道德建设教育培训	果树栽培、养鸡、花卉
一般性专业	女性比例在 40%—60%		茭白、果蔗、烹饪	计算机(由偏男性到一般性)、企业会计培训

分类	定义	泽国镇	新河镇	温峤镇
偏女性专业	女性比例在 60%—80%		计算机	
女性专业	女性比例 高于80%	妇幼保健、美容、城市家庭服务、烹饪、	葡萄班（妇女班）、农家女读书会、家政服务员	妇幼保健、烹调

数据来源：根据温峤镇、新河镇和泽国镇农函大专业与受益性别之间关联的统计分析。

如表 8.19 所示，三个镇男性专业和偏男性专业共有 25 个，而女性专业和偏女性专业仅有 9 个，男性受益范围明显大于女性。计算机课程在不同镇呈现出不同的受益情况，在泽国镇为偏男性专业，女性学员比例在20%—40%；在新河镇则为偏女性专业，女性学员比例在 60%—80%；而在温峤镇则为一般性专业，男女比例较为均衡。该数据说明，不同性别对农函大专业具有不同偏好，而农函大专业设置往往以男性专业和偏男性专业为主导，并没有充分满足女性对差异化培训内容的需求。正因此，自 2010 年实施参与式性别预算以来，各镇在每年的性别预算审议项目中，都将农函大培训项目的支出列为审议对象，该议题在审议会上成为女性代表表达诉求最强烈的议题之一。

综上所述，通过梳理农函大各专业花名册和历年开设课程可以发现，妇女实际参与女性专业课程的比例高于 80%。结合上述女性参与意向高于15% 的专业方向，两者基本上一致。从这个意义上说，根据性别受益分析进行专业划分具有一定的合理性，可以了解不同性别对农函大专业的不同偏好。这种分析也有助于发现，当农函大专业设置以男性专业和偏男性专业为主时，女性受益比例便下降，进而揭示出农函大项目实施中长期以来对两性间的不同需求缺乏敏感性，导致女性总体上受益率明显低于男性，财政资源并没有在两性之间公平分配。这一发现对于进一步优化农函大培训课程结构具有直接帮助，也为政府在做该项目的预算投入时主动考虑女性需求提供了依据。

[项目三：失独人员补助]

2014 年，我们还对性别预算乡镇的"失独人员补助"项目进行受益者性别分析，以衡量该项目对失独人员补助的产出效果。我们首先确定失独人员的需求和期望政府提供什么样的服务,再对比该政策在当地实施后的实际产出效果,以发现两者之间的差距,进而为政府改进和完善这一政策提供参考。我们与当地计生部门合作,对泽国、温峤、新河三镇的失独人员进行跟踪调查,通过问卷与访谈,了解他们的特殊需求。在此基础上,对男女两性的不同需求进行调查,了解失独人员中女性和男性的需求存在怎样的差异。

首先是失独人员的需求。失独人员的需求调查内容包括身心健康、家庭收入、政策倾斜和他人关心等。我们统计了三个镇失独人员的第一需求和第二需求,表 8.20 为各选项所占比例。

表 8.20　失独人员的第一需求和第二需求

单位:%

选项	第一需求			第二需求		
	泽国镇	新河镇	温峤镇	泽国镇	新河镇	温峤镇
经济补助	85.7	61.8	33.3	0.0	28.6	11.1
亲友关心	3.6	23.5	33.3	23.4	25.0	16.7
国家政策倾斜	3.6	8.8	11.1	61.7	21.4	44.4
同类群体交流	3.6	0.0	22.2	4.3	0.0	16.7
慈善机构或社会好心人帮助	3.6	0.0	0.0	10.6	21.4	5.6
媒体关注	0.0	5.9	0.0	0.0	3.6	5.6

数据来源:2014 年温峤镇、新河镇、泽国镇失独人员问卷统计。

由表 8.20 可知,三个乡镇失独人员的第一需求都是经济补助,其中泽国镇选择该需求的比例为 85.7%,新河镇为 61.8%,温峤镇为 33.3%。第二需求是国家政策倾斜,其中泽国镇为 61.7%,新河镇为 21.4%,温峤镇为 44.4%。

为进一步探究性别对需求的影响,我们对第一需求和第二需求进行性别分析。表 8.21 显示,男女两性选择第一需求"经济补助"的比例相似,选择第二需求"国家政策倾斜"的男性比例略高于女性。

表 8.21　不同性别失独人员的需求

单位:%

需求	性别	经济补助	亲友关心	国家政策倾斜	同类群体交流	慈善机构或社会好心人帮助	媒体关注
第一需求	男	69.8	15.1	3.8	9.4	0.0	1.9
	女	69.1	14.5	9.1	1.8	3.6	1.8
第二需求	男	10.0	22.0	48.0	4.0	14.0	2.0
	女	11.6	23.3	44.2	7.0	11.6	2.3

数据来源:2014 年温峤镇、新河镇、泽国镇失独人员问卷统计。

其次是失独人员对政府的期望。从长远看,失独人员对未来最大的担忧是养老保障问题,其中泽国镇有这一担忧的失独人员比例为 47.1%,新河镇为 33.3%,温峤镇则为 34.7%,因而,期望政府进一步提供的帮助主要包括提高扶助金和养老保障。对这两方面的要求具体体现为:要求提高扶助金的比例,泽国镇为 35.9%,新河镇为 36.3%,温峤镇为 20.4%;要求提高养老保障的比例,泽国镇为 25.6%,新河镇为 35.0%,温峤镇为 30.6%(见表 8.22)。

表 8.22　失独人员对政府的期望

单位:%

题目	选项	泽国镇	新河镇	温峤镇
政府需要进一步提供的帮助[多选]	提高扶助金	35.9	36.3	20.4
	提高养老保障	25.6	35.0	30.6
	定期健康检查	21.4	21.3	16.3
	定期上门走访	11.1	7.5	14.3
	组织失独群体的文娱活动	6.0	0.0	18.4

数据来源:2014 年温峤镇、新河镇、泽国镇失独人员问卷统计。

在了解失独人员对政府期望的基础上,进一步从性别角度进行分析,以探究女性与男性的期望是否存在差异,以及这种差异何在。数据如表 8.23 所示。

表 8.23　失独人员未来期望的性别分析

单位:%

题目	选项	泽国镇		新河镇		温峤镇	
		男	女	男	女	男	女
帮助来源 [多选]	政府	92.3	86.7	78.9	88.9	77.8	100
	亲友	34.6	30	31.6	22.2	33.3	33.3
	社会好心人	15.4	20	10.5	11.1	66.7	66.7
	慈善机构	3.8	3.3	0.0	0.0	44.4	44.4
	同类群体	0.0	0	0.0	0.0	33.3	33.3
政府需要 进一步提 供的帮助 [多选]	提高扶助金	65.4	83.3	78.9	77.8	44.4	44.4
	提高养老保障	65.4	43.3	73.7	77.8	88.9	88.9
	定期健康检查	53.8	36.7	42.1	50.0	33.3	33.3
	定期上门走访	23.1	23.3	15.8	16.7	44.4	44.4
	组织失独群体的文娱 活动,加强相互交流	11.5	13.3	0.0	0.0	55.6	55.6

数据来源:2014 年温峤镇、新河镇、泽国镇失独人员问卷统计。

由表 8.23 可知,两性失独人员均将政府作为主要的帮助来源,但存在某些性别差异。泽国镇女性选择政府帮助的有 86.7%,新河镇为 88.9%,而温峤镇所有的受访者均选择了这一项。总体上三镇女性对政府的依赖度高于男性。在"政府需要进一步提供的帮助"问题上,与男性相比,女性更集中于"提高扶助金"和"提高养老金",然后是"定期健康检查"。新河镇和温峤镇男女差异不大,泽国镇希望"提高扶助金"的女性比例高于男性,但希望"提高养老保障"的男性比例高于女性。因两者内容具有同质性,所以男女两性对这两项的选择虽然具有某种程度的差异,但从根本上看,可以理解为不存在明显差异。对"定期健康检查"一项的选择,总体上三镇男女的选择较为相似。

对失独人员的补助支出项目在历年性别预算协商审议会上都是重点讨论对象。审议代表对该项目的讨论十分热烈,并提出大量意见与建议。在2015 年泽国镇性别预算民主恳谈会上,有两名代表提出应该对失独群体进行政策倾斜。代表潘江华提出,"这样的补助不仅要增加数量,还得根据具体情况来实施,仅仅按照人头平均分配是行不通的"。预算代表也发现,现有特殊家庭扶持政策缺乏性别意识,并没有对男性和女性的不同需求做出区分。代表们提出的建议包括在提供物质补助之余,扩大援助范围,如进行心理干预,组织他们参加社会活动,特别是对于女性,需要更仔细地了解她们的真实心理需求,解决她们的生理与情感问题。

再次是失独人员补助政策评价。政策实施评价是考察有效产出的重要途径。我们从两个层面进行考察。

一方面,该群体失去孩子后的身心健康是我们首要关注的问题。受访者中,精神状况有所好转的有 40%,但有近 80% 的失独人员的身心健康状况仍然一般或较差。从性别角度分析,如表 8.24 所示,泽国镇和温峤镇有超过一半的失独人员身心状况"一般",且女性比例高于男性。新河镇超过一半的人"身心状况较差",选择身心健康状况"很好"的只占少数。泽国镇和新河镇都仅有一名女性,温峤镇则有三名男性,占男性总数的 33.3%。在被问及"精神状态是否好转"时,泽国镇选择"有好转"的男性有 42.3%,女性有 53.3%,女性比男性高出 11 个百分点。同样,新河镇和温峤镇女性精神状态"有好转"的比例分别为 33.3% 和 44.5%,都高出男性。这在一定程度上说明,女性的自我调节能力比男性更强。相应地,明确表示"没好转"的失独人员中,除泽国镇外,其他两镇都是女性比例高于男性。表面看,女性中"没好转"的比例高于男性,但是,两镇选择"不清楚"这一消极回答的男性比例远高于女性,分别为新河镇的 36.8% 和温峤镇的 66.7%。

另一方面,考察失独人员能坚强面对失独的主要力量来源。三镇的失独人员选择前三位的力量来源是"政府扶持""亲友关心与帮助""自我调节与安慰"。其中,女性选择"政府扶持"和"社会好心人帮助"的比例都高于或等于男性,而男性选择"亲友关心与帮助"和"自我调节与安慰"(除泽国镇)的比例高于女性(见表 8.24)。由此判断,女性更多地需要政府的关怀与支持,也需要社会的关爱与支持。相比而言,男性更多地依靠亲友的帮助与自我调节。因此,对失独人员的帮扶中,政府和社会的关爱对女性的积极作用会比男性更大。可以相信,在财政预算投入中,如果政府能够支持更多的关爱项目,包括对社会关爱团体的扶持,那么对女性身心健康的恢复将会产生明显的效果。

表8.24 从性别角度比较失独者身心状况

单位:%

题目	选项	泽国镇		新河镇		温峤镇	
		男	女	男	女	男	女
失独者的身心健康状况	很好	0.0	3.3	0.0	3.6	33.3	0.0
	一般	57.7	63.3	36.8	38.9	55.6	77.8
	较差	26.9	16.7	52.6	51.9	11.1	22.2
	有重大疾病	15.4	13.4	5.3	5.6	0.0	0.0
	有精神疾病	0.0	3.3	5.3	0.0	0.0	0.0
精神状态是否好转	有好转	42.3	53.3	26.4	33.3	33.3	44.5
	没好转	53.8	36.7	36.8	55.6	0.0	22.2
	不清楚	3.9	10.0	36.8	11.1	66.7	33.3
能坚强面对失独的主要力量来源(多选)	政府扶持	57.7	60.0	78.9	83.3	22.2	55.6
	亲友关心与帮助	61.5	43.3	26.3	22.2	66.7	33.3
	自我调节与安慰	38.5	40.0	15.8	5.6	55.6	33.3
	社会好心人帮助	15.4	16.7	0.0	11.1	22.2	22.2
	同类群体互相扶持	7.7	3.3	0.0	0.0	33.3	44.4

数据来源:2014年温峤镇、新河镇、泽国镇失独人员问卷统计。

最后是对经济补贴政策的评估。在对"政府补贴政策是否满意"的回答中,泽国镇和新河镇超过70%的人选择了收入减少,温峤镇各有33.3%的人选择了收入减少和无变化。关于收入来源,泽国镇和新河镇都有近60%的人选择政府特别扶助或低保;而温峤镇则有32%的人选择了农业收入,28%的人选择了经商。

从性别角度分析失独家庭收入变化可以发现,泽国镇女性收入增加的比例为30%,远高于男性;而收入减少的比例男性为88.5%,女性为60%。新河镇和温峤镇收入减少的情况都是女性比例高于男性,尤其是温峤镇,女性收入减少的比例为55.6%,男性为11.1%,而男性收入增加的比例则有11.1%。失独家庭收入来源主要是政府特别扶助和农业收入,其中三镇的女性依靠政府特别扶助或低保的比例都高于男性10个百分点及以上。

绝大多数的失独人员对政府的关爱政策表示满意。但是,对于政府补贴力度,泽国镇有 64.3% 的人表示目前补贴力度不够,而新河镇和温峤镇则有一半及以上的人表示目前补贴力度已足够(见表 8.25)。结合被调查者的月收入情况,月收入在 2500 元以下的泽国镇有 42 人,占到了 95.5%。对于政府补贴的主要用途,三镇 60% 以上的人用于日常生活消费,30% 左右的人用于医疗保障。

表 8.25　不同性别对政府补贴政策的看法

单位:%

题目	选项	泽国镇		新河镇		温峤镇	
		男	女	男	女	男	女
对政府关爱政策的评价	满意	92.3	90.0	94.7	100.0	88.9	77.8
	不满意	3.8	6.7	0.0	0.0	11.1	0.0
	不清楚	3.9	3.3	5.3	0.0	0.0	22.2
对政府补贴力度的看法	目前补贴力度不够	65.4	63.3	36.8	33.3	0.0	44.4
	目前补贴已足够	30.8	30.0	57.9	61.1	55.6	44.4
	不清楚	3.8	6.7	6.3	5.6	44.4	11.2
政府补贴的主要用途[多选]	日常生活消费	88.5	82.8	73.7	72.2	77.8	77.8
	医疗保障	38.5	44.8	47.4	38.9	22.2	44.4
	储蓄或投资	3.8	0.0	0.0	0.0	0.0	0.0
	旅游或社交	0.0	0.0	0.0	0.0	0.0	0.0
	其他	0.0	0.0	0.0	0.0	11.1	11.1

数据来源:2014 年温峤镇、新河镇、泽国镇失独人员问卷统计。

如表 8.25 所示,大多数人对于政府关爱政策表示满意。关于政府补贴力度的看法,泽国镇 60% 以上的人认为补贴力度不够,泽国镇和新河镇都是男性比例略高于女性,而温峤镇正相反,男性认为补贴力度不够的为 0,女性比例为 44.4%。对于政府补贴方式的偏好,女性大多选择按季度发放,而男性多选择混合型发放。70% 以上的人将政府补贴用于日常生活消费,男性的比例略高于女性。在医疗保障方面,除新河镇外,泽国镇和温峤镇都是女性比例高于男性,女性将政府补贴用于医疗保障的比例在 40% 左右。

通过相关性分析检验,家庭月收入与人们对政府补贴力度的看法在

0.01 置信度水平上显著相关。如表 8.26 所示,家庭月收入在 2500 元以下的有 51.8% 的认为目前补贴力度不够,而收入在 2500—5000 元的有 80% 的认为目前补贴已足够,因而,政府在制定补贴标准时应将失独家庭的收入情况考虑在内。

表 8.26 收入与政府补贴力度看法

单位:%

选项	2500 元以下	2500—5000 元	5000—7500 元	7500—10000 元
目前补贴力度不够	51.8	10.0	0.0	0.0
目前补贴已足够	40.0	80.0	50.0	50.0
不清楚	8.2	10.0	50.0	50.0
总计	100.0	100.0	100.0	100.0

数据来源:2014 年温峤镇、新河镇、泽国镇失独人员问卷统计。

此外,从政策倾斜角度看,大多数失独人员同意考虑年龄因素,即不同年龄段实行不同的补贴力度,其中泽国镇同意的比例为 87.5%,新河镇为 94.6%,温峤镇为 66.7%。从性别角度分析,大多数人同意女性更弱势,应该得到更多的政策支持和补贴,其中泽国镇为 67.9%,新河镇为 45.9%,温峤镇为 88.9%。女性同意该议案的比例为 72.2%,男性则为 55.6%。

综上,失独人员第一需要的是经济补助,第二需要的是国家政策倾斜。期望政府进一步提供的帮助主要是提高扶助金和养老保障水平。这一群体对未来最大的担忧是养老没保障,且有此担忧的女性比例略高于男性。同时,女性能够坚强应对的动力更多地来自社会和他人,比如政府扶持、亲友关心与帮助、社会好心人帮助等。收入方面,新河镇和温峤镇收入减少的情况都是女性比例高于男性,尤其是温峤镇,女性收入减少的比例为 55.6%。失独家庭收入来源主要是政府特别扶助和农业收入,其中三镇女性依靠政府特别扶助或低保的比例都高于男性 10 个百分点及以上。对于政府补贴的主要用途,70% 以上的人将政府补贴用于日常生活消费,男性的比例略高于女性。在医疗消费方面,除新河镇外,泽国镇和温峤镇都是女性比例高于男性,女性将政府补贴用于医疗保障的比例在 40% 左右。因而,在失独群体中,女性处于弱势地位。从政策倾斜角度看,大多数人同意考虑年龄因素,不同年龄段实行不同的补贴力度。对于性别因素,大多数人同意女性更弱势,应该得到更多的政策支持和补贴。另外,家庭月收入与人们对政府补贴力度的看法显著相关,因而,政府在制定补贴标准时应将失独家庭的收入情况考虑在内。

随着该项目年复一年地进入性别预算审议,政府对该特殊群体的帮扶政策和补助投入政策产出也日益增加。以温岭市为例,自 2008 年颁布第一个《关于进一步做好计划生育家庭特别扶助制度实施工作的通知》以来,对失独家庭的各种补充政策与措施在不断发展,对失独家庭的补助金额也在不断增加(见表 8.27)。同时,越来越多的人性化关怀措施付诸实施,以满足失独人员对政府和社会关怀的需求。各镇政府自 2017 年 2 月起,每月会对他们进行访问和慰问。每月定期由政府专项资金购买各种生活必需品,由村计生服务员和村干部上门送达,并与他们谈心,了解他们的身心状况和需求。一旦失独人员有困难或生病,镇领导干部会上门帮助。与此同时,为解决他们的大病保障问题,市政府统一为他们办理了大病保险,以解决后顾之忧。这些日益完善的措施正是针对该群体希望政府和社会能给予更多关怀的要求而逐渐推出并完善的。

表 8.27　温岭市扶助失独家庭的标准变化

时间	标准
2008—2012 年	市 1800 元
2013 年	市 2400 元 镇 60 周岁以下 2000 元 镇 60 周岁以上 2600 元
2014 年	市、镇各一半(临时增加,市财政没有预算) 60 周岁以下 6000 元 60 周岁以上 8400 元
2015 年	市 60 周岁以下 6000 元 60 周岁以上 8400 元
2016 年	市 60 周岁以下 7200 元 60 周岁以上 9600 元
2017 年	市 60 周岁以下 9600 元 60 周岁以上 12000 元

数据来源:2014 年温岭市民政部门失独人员补助标准调查统计。

综上分析,通过对农民健康检查、农函大培训以及失独人员补助项目的评估我们发现,参与式性别预算作为女性赋权的重要途径,对女性获得自主参与决策的自主能力提升起到了至关重要的作用。项目实施跟踪评估可以为赋权过程中的资金投入、实施活动以及产出效果提供第一手数据资料,直观考察公共财政资源在预算项目执行中是否公平地在男女两性之间进行分配,以及对于长期以来失去权力的女性而言,预算项目是否能够反映她们重新获得权力的需求。从三个项目的执行结果看,性别预算审议与监督过程,有助于揭示性别中立视野下被掩盖的性别问题,引起决策者的关注,并且通过女性的直接参与和审议,提出意见与建议,促使政府以最有效的方式回应女性诉求,通过修正预算方案落实女性的权利诉求。这一过程不仅使女性的参与能力得到提升,而且也带来实质性的赋权效果。

从上述对性别预算为女性赋权的评估可知,温岭的参与式性别预算对女性赋权已经产生明显成效。这种成效既体现在政府财政预算对女性的关照上,更重要的在于通过持续的性别预算,产生某种意义上的制度性转变。根据赋权理论,有效的赋权路径必须能够带来根本制度安排上的转变,虽然其他的干预工具也确实有可能导致变革,但并不总是能够促成现实转变,而是要依据具体的现实安排而定。[①] 赋权于女性旨在挑战父权制思想,女性的从属地位和性别不平等根植于历史、宗教、文化、法律和立法体系,尤其受政治制度和社会观念的制约,要从根本上赋权女性必然是要深入权力结构和权力资源中。[②] 从这个意义上说,温岭性别预算项目评估的结果本身固然重要,但其背后更深层次的意义在于将女性赋权与制度设计联系起来,以制度为基本保障,而这恰好契合了女性赋权的普遍共识,即政治领域的赋权是女性赋权的根本保障。

[①] Kabeer N. Gender Mainstreaming in Poverty Eradication and the Millennium Development Goals: A Handbook for Policy-Makers and Other Stakeholders[M]. London: The Commonwealth Secretariat, 2003: 169-190.

[②] 巴特里沃拉. 赋予妇女权力:来自行动的新概念[J]. 胡玉坤,编译. 妇女研究论丛, 1998(1):40-43.

第九章　结　语

至此，不难看出，女性赋权是可能的。从温岭参与式预算实践对女性的影响可知，女性赋权不仅可能，而且这种赋权不是女性被动接受"他者"的权力"给予"，而是在主动参与预算决策过程中的主体意识觉醒与自主能力开发。唯此，参与式预算尤其是参与式性别预算审议实践才能成为女性自主赋权的现实途径，对于女性权力与能力的获得具有不可忽视的创新价值。重要的是，温岭参与式性别预算中的女性平等参与不同于其他决策参与制度与机制，协商民主审议作为女性赋权的可能性向现实性转化的重要契机，其成效必然体现在这种平等参与制度实施的动态过程中。

从这个意义上说，首先，女性的赋权需要制度设计对女性平等权利的认同与包容。温岭的参与式预算民主恳谈会选取代表的方式与比例设计，在当今我国的诸多制度中是难以复制的创新，难能可贵的是，该制度将长期被排除在决策过程外的普通女性纳入关键的制度要件，为女性提供前所未有的平等参与基层决策的机会，由此为女性赋权开创了不可多得的制度条件。

其次，判断特定制度是否实际有效，不能停留于静态的制度规则本身，而是需要观察这种制度在何种意义上能实施，能否在执行中将规则转换成行动效果。平等的进入机制并不必然代表女性实际上能真正参与决策讨论并提出代表自己权益的独立意见与建议。这决定了这种赋权是"被动的"还是"主动的"。通过被动给予的"赋权"，女性获得的仅仅是作为结果的利益，唯有主动获得的"赋权"才是女性平等意识觉醒后的主体性获得，它不仅依赖于女性的自主参与，而且伴随着她们在参与中开发与提升自身的主体能力，进而激发女性为自己赋权的热情与潜能。

再次，持续稳定的参与式预算制度实施成为女性平等参与并获得赋权的实际保障。从温岭审议代表选取规则的变化看，地方政府显然清晰地意识到，具有专业知识要求的财政预算审议需要代表具备相应的知识与经验，因此,在修订代表产生规则时,参与候选代表库中始终保留了相应比例的历年代表名单,尤其是相应数量比例的女性代表数量。这不仅有助于保证审议质量,也为整体提升女性参与代表的审议能力提供机会。久而久之,女性群体在审议预算项目方面的能力得到提升,从而使其关注的权益得到有效保障。

最后,这一动态赋权过程直接促使地方政府领导干部提高性别意识。当参与式预算尤其是参与式性别预算程序进入政府财政决策议程后,政府作为该制度的设计、推动与组织者,对性别平等理念与目标自然会有更多思考与追求。随之,性别意识启蒙伴随着各种性别预算审议程序与项目,进入政府领导干部的视野,在连年持续的实施中,面对女性代表提出的性别平等意见与建议,做出直接或间接的回应,其性别平等意识便逐渐形成。从这个意义上说,参与式预算与性别预算实践,在赋权女性的同时,也赋予男性政府领导干部推动性别平等的责任感与能力。这在当今我国的正式制度中并不多见。

这些发现带给我们诸多启示。

首先,通过女性赋权实现两性平等发展,制度保障是先行条件。纵观历史,女性平等分享机会参与公共事务,往往与特定时期的性别平等制度相伴而生。新中国成立以来,女性参与决策与管理的每一步进展,往往伴随着制度的建构与保障。尤其是改革开放以来,女性决策参与赋权的进与退,直接见证了性别平等制度的发展进路。改革开放之初,由于新中国成立初期性别制度与规则的式微,女性的决策赋权随之下降,从国家高层到农村基层,女性参与的数量代表都处于历史低谷。至 20 世纪 90 年代,尤其是联合国第四次世界妇女大会在北京召开以后,决策者开始意识到男女平等国策的落实不仅关乎执政党政治使命的实现,而且也有助于提升中国的国际形象。于是,一系列以增加女性参与机会为宗旨的制度与政策纷纷出台,此后,女性在公共领域各层面的数量代表显著增加,为女性在社会生活各重大事务的决策赋权开拓了新的局面。

由此引申出的另一启示是,在当今继续推进女性赋权的国家行动中,制度的设置需要更具可操作性的具体途径。温岭的参与式预算尤其是参与式性别预算给我们的重要启示,正是其从一开始将审议代表的性别平等参与视为第一要义,并将其建构为一种清晰又可操作的可行制度,使女性的决策赋权不再停留于"表达型政策"层面,乒乓球摇号的易操作性使得"高大上"的制度设计成为简单直接的操作工具,以至于这种制度从一开始便丢弃了传统意义上某些看似正确实则无效的"制度摆设",从而使得性别平等制度不仅可见而且可行。反观现实中各种以提高女性数量比例为宗旨的政策与规则,其在很多情况下只是象征性地展示决策者的性别平等意向,如"应当有适当女性名额""女性名额有所提高"等提法,在实践中并不能实质性地提升女性在重要决策机构中的比例。即使是有些相对明确表达的比例要求,大多数情况下也因缺乏实际可操作的措施与方法,最终无法真正贯彻执行。因此,制度一旦确立,可操作性成为制度能否真正执行的关键,某种意义上说,是制度规则发挥效力的实践机制。

从这个意义上说,在可行的赋权制度框架内,女性赋权的内涵不再是常识理解的"给予"女性某种权益性结果,而是女性自主参与行动后的主动"获得",自主为自身权益发声与代言。温岭参与式性别预算的赋权恰恰为女性的"主动参与"提供了不可多得的契机。这一过程的启示意义在于纠正了人们对赋权的误解。在我国,人们通常把高层决策者提出女性平等参与的制度规则视为"女性赋权",尽管某种意义上这种理解并没有错,但是,如果对制度赋权的理解仅限于此,即由决策者按照某种规定"分配"给女性一定名额,那是远远不够的。因为,这些女性被分配到的名额,很可能仅仅满足某种程度的比例要求,而并无多大实质性的代表意义。多年来,国内普遍存在的女性参政"三多三少"现象,正是指女性虽然在数量比例上达到制度规则要求的某种比例,但是实际上,往往是副职多、正职少,虚职多、实职少,边缘部门多、重要部门少。这些女性职位的获得者在实质性决策过程中并不能发挥主体作用,其自主表达意见的机会仍然不多。另外,由于身处非重要职位,即使她们获得自主表达的机会,其意见也不足以影响实质性的决策议程。因此,当今我国要推进女性代表性的质量,更艰难的任务是如何真正将女性提拔到具有实质性权力的部门和岗位,以便有机会真正为自身代言,而不是被"安置"到无足轻重的位置,象征性地代表女性群体"出场"。

最后,只有女性在具有实际权力的部门和岗位为女性发声并将这种声音融入决策,其潜在的决策能力才能真正被激发并充分发展,女性在公共事务中的实际能力才能不仅在职场而且在全社会被发现。为此,参与赋权的女性主体的能力成为实质性代表的决定性资本。温岭参与式性别预算实践告诉我们,女性赋权除了为女性提供平等机会,更重要的是让她们与男性平等地参与对话与商讨,在协商中平等地表达意见甚至争论,这是女性能力培育的重要途径,即"参与式学习"。温岭经验有助于我们破除长期以来对女性公共能力的偏见,即女性更适合处理私人事务而不适合处理公共事务。事实上,温岭的创新途径告诉我们,只要给女性以平等的参与机会,她们完全可以在家庭照顾者和公共事务决策者之间顺利地转换身份,从而实现自主赋权。

从温岭实践及其启示展望我国性别平等目标的实现,可以相信,只要国家仍然将男女平等作为政治使命的组成部分,那么,伴随着相应的制度建设,通过行之有效的可操作工具与途径,真正赋予女性平等的权利与机会参与到各项公共事务的决策与管理中,女性的政治潜能便能得以激发。持续的参与不仅可以培育她们原本并不低于男性的公共能力,而且也能在实践中形成性别平等意识,并且将这种觉醒的性别意识融入决策过程,在具体的政策执行中实实在在地贯彻落实,那么,两性平等的发展图景便可在这一过程中逐步显现,男女平等不再是停留于宪法及其宣传层面的口号,而是全社会的价值认同与实际行动。

参考文献

[1] 阿尔蒙德,维巴.公民文化:五国的政治态度和民主[M].马殿君,阎华江,郑孝华,等,译.杭州:浙江人民出版社,1989.

[2] 阿内尔.政治学与女性主义[M].郭夏娟,译.北京:东方出版社,2005.

[3] 奥尔森.集体行动的逻辑[M].陈郁,郭宇峰,李崇新,译.上海:上海人民出版社,1995.

[4] 巴特里沃拉.赋予妇女权力:来自行动的新概念[J].胡玉坤,编译.妇女研究论丛,1998(1):40-43.

[5] 鲍静,魏芃.全球视野下的社会性别预算:国外经验[J].中国行政管理,2015(3):26-31.

[6] 鲍静.女性参政:社会性别的追问[M].中国人民大学出版社,2013.

[7] 鲍静.政策过程与女性参政机会分析:以社会性别为视角[J].新视野,2010(5):72-76.

[8] 柏拉图.理想国[M].郭斌和,张竹明,译.北京:商务印书馆,1986.

[9] 陈丽琴,卓慧萍.社会资本获得的性别差异与女性参政[J].江西社会科学,2010(2):199-202.

[10] 陈朋.地方政府创新实践:政府与社会的共同作用:浙江温岭民主恳谈实践的案例启示[J].北京联合大学学报(人文社会科学版),2010(4):66-74.

[11] 董美珍.论女性政治参与能力建构[J].山东女子学院学报,2016(1):12-17.

[12] 高敬.社会保障性别预算研究[D].天津:天津财经大学,2009.

[13] 郭夏娟.女性赋权何以可能?:参与式性别预算的创新路径[J].妇女研究论丛,2015(2):26-31,48.

[14] 郭夏娟,吕晓敏.参与式性别预算:来自温岭的探索[J].妇女研究论

丛,2012(1):33-41.

[15] 韩玲梅,黄祖辉."政策失败"、比例失衡与性别和谐——农村妇女参与村民自治的新制度经济学分析[J].华中师范大学学报(人文社会科学版),2006(4):19-24.

[16] 何包钢,郎友兴.妇女与村民选举:浙江个案研究[J].中国农村观察,2001(2):65-68,81.

[17] 何包钢,郎友兴.寻找民主与权威的平衡[M].武汉:华中师范大学出版社,2002.

[18] 何琼.近十年来国内关于中国妇女参政研究综述[J].中华女子学院学报,2005(5):34-38.

[19] 亨廷顿.变化社会中的政治秩序[M].王冠华,刘为,等,译.北京:三联书店,1989.

[20] 胡荣.社会资本与城市居民的政治参与[J].社会学研究,2008(5):142-159,245.

[21] 黄海燕.农村妇女在基层民主中政治参与研究[D].上海:华东理工大学,2011.

[22] 蒋爱群,曲艳慧,王晓明.村两委中的女干部:基于全国七十个村庄的调查数据[J].中华女子学院学报,2010(6):81-85.

[23] 蒋永萍.性别统计:发展、局限与改进[J].中国行政管理,2015(3):21-25.

[24] 金一虹.从公众对妇女参政的认知看传媒对妇女参政的影响:一项有关传媒与妇女参政的实证研究[J].妇女研究论丛,2002(2):15-22.

[25] 科尔曼.社会理论的基础[M].邓方,译.北京:社会科学文献出版社,1999.

[26] 柯倩婷.中国妇女发展20年:性别公正视角下的政策研究[M].北京:社会科学文献出版社,2015.

[27] 李兰英,郭彦卿.社会性别预算:一个独特视角的思考[J].当代财经,2008(5):27-30.

[28] 李普塞特.政治人:政治的社会基础[M].刘钢敏,聂蓉,译.北京:商务印书馆,1993.

[29] 李树杰,唐红娟.微型金融与女性赋权研究概述[J].妇女研究论丛,

2010(5):80-86.

[30] 李雪彦.我国农民网络政治参与的边缘化现象剖析[J].长白学刊,
2013(1):54-58.

[31] 李莹.中国农村基层少数民族妇女政治参与困境的思考[J].云南民族
大学学报(哲学社会科学版),2015(2):116-121.

[32] 林南.社会资本:关于社会结构与行动的理论[M].张磊,译.上海:上
海人民出版社,2005.

[33] 林应荣.参与式性别预算:温岭的创新路径[C]."社会性别预算的倡议
与行动:来自国内外的经验"国际研讨会,2014.

[34] 凌岚,高树兰,郭彦卿,等.社会性别预算刍议:从经济发展的视角[C].
社会性别与公共管理论坛,2007.

[35] 刘伯红.国际妇女参政的实践及其对中国妇女参政的影响[J].国家行
政学院学报,2015(2):48-52.

[36] 刘徽.社会性别视角下的我国女性参政[J].重庆科技学院学报(社会
科学版),2010(5):71-73.

[37] 刘俪蔚.贫困地区的妇女赋权和生育控制[J].南方人口,2001(1):
22-27.

[38] 刘林.社会资本的概念追溯[J].重庆工商大学学报(社会科学版),
2013(4):22-38.

[39] 刘晓旭.农村妇女参政困境的政策因素分析[J].湖北社会科学,2009
(1):51-53.

[40] 刘筱红.以力治理、性别偏好与女性参与:基于妇女参与乡村治理的地
位分析[J].华中师范大学学报(人文社会科学版),2006(4):2-6.

[41] 吕芳.农村留守妇女的村庄政治参与及其影响因素:以16省660村的
留守妇女为例[J].北京行政学院学报,2013(6):13-18.

[42] 马蔡琛.再论社会性别预算在中国的推广:基于焦作和张家口项目试
点的考察[J].中央财经大学学报,2010(8):1-6.

[43] 马蔡琛,等.社会性别预算:理论与实践[M].北京.经济科学出版
社,2009.

[44] 马蔡琛,等.中国社会性别预算改革:方法、案例及应用[M].北京:经
济科学出版社,2014.

[45] 马蔡琛,季仲赟.社会性别预算的典型模式及其启示:基于澳大利亚、南非和韩国的考察[J].现代财经(天津财经大学学报),2009(10):19-23.

[46] 马蔡琛,季仲赟,王丽.社会性别反映预算的演进与启示:基于国际比较视角的考察[J].广东社会科学,2008(5):31-36.

[47] 马蔡琛,李红梅.社会性别预算中的公民参与:基于社会性别预算和参与式预算的考察[J].学术论坛,2010(12):130-133.

[48] 潘萍.试论村民自治中的妇女参与[J].浙江学刊,2007(6):211-214.

[49] 齐琳.瑞典社会性别主流化模式初探[J].中华女子学院学报,2008(3):74-77.

[50] 森.以自由看待发展[M].任赜,于真,译.北京:中国人民大学出版社,2002.

[51] 沈湘平.全球化与现代性[M].长沙:湖南人民出版社,2003.

[52] 时树菁.农村女性参政的困境与出路:以河南省南阳市为例[J].社会主义研究,2008(1):90-92.

[53] 孙凌云.女性领导者的特点与优势:基于组织多样化的视角[J].党政干部学刊,2010(7):58-59.

[54] 谈火生.审议民主[M].南京:江苏人民出版社,2007.

[55] 唐斯.民主的经济理论[M].2版.姚洋,邢予青,赖平耀,译.上海:上海人民出版社,2010.

[56] 陶立业,刘桂芝.妇女政治地位的经济诱因及改善路径:基于第三期中国妇女社会地位调查吉林省数据的分析[J].人口与社会,2014(1):17-21,48.

[57] 魏军刚,朱骁,魏军红.西部地区农村女性参政议政调查研究——以甘肃陇西县文峰镇安家门村为例[J].现代妇女(下旬),2013(5):25-26.

[58] 魏宪朝,栾爱峰.中国农村妇女参政障碍中的文化和传统因素研究[J].聊城大学学报(社会科学版),2005(6):11-15,129.

[59] 吴亦明.留守妇女在乡村治理中的公共参与及其影响:来自苏、鄂、甘地区的一项研究报告[J].南京师大学报(社会科学版),2011(2):52-57.

[60] 向常春.民主与自主:农村妇女民主参与制的因素分析[J].社会主义

研究,2003(4):117-119.

[61] 肖莎,陈敏.北欧妇女参政:一个政治学维度的分析[J].国际论坛,
2006(6):72-75,79.

[62] 辛瑗.妇女政治地位的影响因素分析:基于第三期中国妇女社会地位
黑龙江调查数据[J].学术交流,2014(2):49-54.

[63] 闫东玲.浅论社会性别主流化与社会性别预算[J].妇女研究论丛,
2007(1):10-15.

[64] 颜晴晴.女性主义视角下农村女性参与村民自治的问题分析[J].江苏
教育学院学报(社会科学),2013(2):86-89.

[65] 杨光斌.制度范式:一种研究中国政治变迁的途径[J].中国人民大学
学报,2003(3):117-123.

[66] 杨青.性别角色与女性的发展[J].特区理论与实践,2003(12):53-55.

[67] 张永英.社会性别主流化中的社会性别预算[J].中华女子学院山东分
院学报,2010(5):6-11.

[68] 中国社会科学院农村发展研究所课题组.农村政治参与的行为逻辑
[J].中国农村观察,2011(3):2-12.

[69] 周娟.传统性别文化和政治心理因素对农村妇女参政的影响:以皖北 B
市为例[J].淮北师范大学学报(哲学社会科学版),2012(1):12-14.

[70] 周玉.社会性别视野中的参政政策过程研究:以福建省为研究样本
[J].东南学术,2011(1):156-169.

[71] 祝平燕.妇女参政的强关系支持系统探析:以社会资本理论为分析视
角[J].山西师大学报(社会科学版),2011(4):135-138.

[72] 祝平燕.社会关系网络与政治社会资本的获得:论妇女参政的非正式
社会支持系统[J].湖北社会科学,2010(2):27-30.

[73] 祝平燕.社会转型期妇女参政的社会支持系统研究[D].武汉:华中师
范大学,2006.

[74] 左小川.论村级治理中的女性身影:湖南省岳阳地区"女村官"现状调
查分析[J].湖南科技学院学报,2005(10):163-164.

[75] Alami N. Institutionalizing gender responsive budgeting:Lessons
learned from UNIFEM's programmes[R]. UNIFEM,2008.

[76] Andersen J,Siim B. The Politics of Inclusion and Empowerment:

Gender, Class and Citizenship[M]. New York: Palgrave Macmillan, 2004.

[77] Ballington J, Karam A M. Women in Parliament: Beyond Numbers [M]. Varberg: International IDEA, 2005.

[78] Beauouir S D. The Second Sex[M]. Translated by Parshley H M. New York: Knopf, 1953.

[79] Benavides J C. Women's political participation in Bolivia: Progress and obstacles [C]. Lima: International IDEA Workshop "The Implementation of Quotas: Latin American Experiences", 2003.

[80] Benhabib S, Cornell D. Feminism as Critique: On the Politics of Gender[M]. London: Polity Press, 1987.

[81] Bernstein E, Wallerstein N, Braithwaite R, et al. Empowerment forum: A dialogue between guest editorial board members[J]. Health Education & Behavior, 1994, 21(3): 281-294.

[82] Botlhalea E. Gender-responsive budgeting: The case for Botswana [J]. Development Southern Africa, 2011, 28(1):61-74.

[83] Breckinridge S R. Political equality for women and women's wages [J]. Annals of the American Academy of Political and Social Science, 1914 (56):122-133.

[84] Brennan R T, Barnett R C, Marshall N L. Gender and the relationship between parent role quality and psychological distress: A study of men and women in dual-earner couples[J]. Journal of Family Issues, 1994, 15(2): 229-252.

[85] Budlender D. Expectations versus realities in gender-responsive budgeting initiatives[R]. Cape Town: UNRISD, 2005.

[86] Budlender D. The women's budget[J]. Agenda, 1997, 13(33): 37-42.

[87] Budlender D, Elson D, Hewitt G, et al. Gender Budget Make Cents: Understanding Gender Responsive Budgets [M]. London: The Commonwealth Secretariat, 2002.

[88] Budlender D, Hewitt G. Engendering Budgets: A Practitioners'

Guide to Understanding and Implementing Gender-responsive Budgets [M]. London: The Commonwealth Secretariat, 2003.

[89] Budlender D, Hewitt G. Gender Budgets Make More Cents: Country Studies and Good Practice[M]. London: The Commonwealth Secretariat, 2002.

[90] Budlender D, Sharp R, Allen K. How to Do a Gender-Sensitive Budget Analysis: Contemporary Research and Practice[M]. London: The Commonwealth Secretariat, 1998.

[91] Carr E S. Rethinking empowerment theory using a feminist lens: The importance of process[J]. Affilia, 2003, 18(1): 8-20.

[92] Chaney P. Critical mass, deliberation and the substantive representation of women: Evidence from the UK's devolution programme[J]. Political Studies, 2006, 54(4): 691-714.

[93] Coffé H. Gender and party choice at the 2011 New Zealand general election[J]. Political Science, 2013, 65(1): 25-45.

[94] Cosío-Zavala M E, Vilquin É. Women and Families: Evolution of the Status of Women as a Factor and Consequences of Changes in Family Dynamics[M]. Paris: CICRED, 1997.

[95] Dahlerup D. From a small to a large minority: Women in Scandinavian politics[J]. Scandinavian Political Studies, 1988, 11(4): 275-298.

[96] De Pauli L. Women's empowerment and economic justice: Reflecting on experience in Latin America and the Caribbean[R]. New York: UNIFEM, 2000.

[97] Duquette V. Full-fledged gender inclusion in participatory budgeting in Villa El Salvador: Participation, representation and political equality[D]. Vancouver: University of British Columbia, 2010.

[98] Durojaye E, Keevy I, Oluduro O. Gender budget as a tool for advancing women's health needs in Africa[J]. European Journal of Social Science, 2010, 17 (1): 18-27.

[99] Elkin S L, Soltan K E. Citizen Competence and Democratic Institutions[M]. University Park: Penn State University Press, 2007.

[100] Elson D. Engendering government budgets in the context of

globalization（s）［J］. International Feminist Journal of Politics，2004，6（4）：623-642.

[101] Elson D. Progress of the world's women 2002：UNIFEM biennial report［R］. New York：United Nations Development Program，2002.

[102] Gilligan C. In a Different Voice：Psychological Theory and Women's Development［M］. Cambridge：Harvard University Press，1982.

[103] Grown C，Geeta R G，Kes A. Taking action to empower women：UN Millennium Project on Education and Gender Equality［J］. Global Urban Development Magazine，2006，1（2）：1-19.

[104] Grown C，Gupta G R，Pande R. Taking action to improve women's health through gender equality and women's empowerment［J］. Lancet，2005，365（9458）：541-543.

[105] Guinier L. The Tyranny of the Majority：Fundamental Fairness in Representative Democracy［M］. New York：Free Press，1994.

[106] Hanifan L J. The Community Center［M］. Boston：Silver，Burdett & Company，1920.

[107] Hannagan R J，Larimer C W，Hibbing M V. Who serves? Gender，personality and their impact on decision-making groups in local politics［Z］. Northern Illinois University：Department of Political Science，2013.

[108] He B. Civic engagement through participatory budgeting in China：Three different logics at work［J］. Public Administration and Development，2011，31（2）：122-133.

[109] Heyes M C. Institutionalizing a gender and development initiative in the Philippines［M］// Karen J. Gender Budget Initiatives：Strategies，Concepts and Experiences. New York：UNIFEM，2002.

[110] Hofbauer H. Gender-sensitive budget analysis：A tool to promote women's rights［J］. Canadian Journal of Women & the Law，2002，14（1）：99.

[111] Inglehart R，Norris P. Rising Tide：Gender Equality and Cultural Change around the World［M］. Cambridge University Press，2003.

[112] Itzhaky H, York A S. Empowerment and community participation: Does gender make a difference? [J]. Social Work Research, 2000, 24(4): 225-234.

[113] Jahan R. Women in South Asian politics [J]. Third World Quarterly, 1987, 9(3): 848-870.

[114] Jaquette J S. The women's movement in Latin America: Feminism and the transition to democracy [J]. Foreign Affairs, 1989, 68 (5):214.

[115] Jarrett B. The Dialogues of Plato[M]. 4th ed. Oxford: Clarendon Press, 1953.

[116] Jayaweera S. Women, education and empowerment in Asia[J]. Gender & Education, 1997, 9(4):411-424.

[117] Judd K. Gender Budget Initiatives: Strategies, Concepts and Experiences[M]. New York: UNIFEM, 2002.

[118] Kabeer N. Gender equality and women's empowerment: A critical analysis of the third millennium development goal[J]. Gender & Development, 2005, 13(1): 13-24.

[119] Kabeer N. Gender Mainstreaming in Poverty Eradication and the Millennium Development Goals: A Handbook for Policy-Makers and Other Stakeholders[M]. London: The Commonwealth Secretariat, 2003.

[120] Kabeer N. Resources, agency, achievements: Reflections on the measurement of women's empowerment [J]. Development and Change, 1999, 30(3):435-464.

[121] Kaiser P. Strategic predictors of women's parliamentary participation: A comparative study of twenty-three democracies[D]. Los Angeles: University of California, Los Angeles, 2001.

[122] Kaminski M, et al. How do people become empowered? A case study of union activists[J]. Human Relations, 2000, 53 (10): 1357-1383.

[123] Kanter R M. Men and Women of the Corporation[M]. New York: Basic Books, 1977.

[124] Kanter R M. Some effects of proportions on group life: Skewed sex ratios and responses to token women[J]. American Journal of Sociology, 1977, 82(5): 965-990.

[125] Karvonen L, Selle P. Women in Nordic Politics: Closing the Gap [M]. Hanover, NH: Dartmouth Publishing Group, 1995.

[126] Kishor S. Empowerment of women in Egypt and links to the survival and health of their infants[J]. Psychological Reports, 2000, 105(2): 610.

[127] Klatzer E. The integration of gender budgeting in performance-based budgeting[R]. Bilbao: Watch Group, 2008: 17.

[128] Klatzer E, Schratzenstaller M, Buchinger B, et al. Gender budgeting in the constitution—A look at formal and real conditions in Austria[J]. Internationale Politik und Gesellschaft, 2010(2): 48-64.

[129] Koch J W. Assessments of group influence, subjective political competence, and interest group membership[J]. Political Behavior, 1993,15(4): 309-325.

[130] Kwon Y I. Paternal involvement within contexts: Ecological examination of Korean fathers in Korea and in the U. S. [J]. International Journal of Human Ecology, 2010, 11(1): 35-47.

[131] Lane R E. Political Life: Why and How People Get Involved in Politics[M]. New York: Free Press, 1965.

[132] Lavan K. Discussion paper: Towards gender-sensitive participatory budgeting[Z]. Manchester: Participatory Budgeting Unit, 2006.

[133] Lekha S C. Determining gender equity in fiscal federalism: Analytical issues and empirical evidence from India[J]. Economics, Management and Financial Markets,2011(9): 112-135.

[134] Lloyd G. The Man of Reason: "Male" and "Female" in Western Philosophy[M]. 2nd ed. London: Routledge, 1993.

[135] Lopez-Claros A, Zahidi S. Women's empowerment: Measuring the global gender gap[C]. Geneva Switzerland World Economic Forum, 2005.

[136] Lovenduski J. Feminizing politics[J]. Women: A Cultural Review, 2002, 13(2): 207-220.

[137] Lynn M S. Against deliberation[J]. Political Theory, 1997, 25(3): 347-376.

[138] Mansbridge J. Clarifying the concept of representation [J]. American Political Science Review, 2011, 105(3): 621-630.

[139] Mansbridge J. Feminism and democratic community[J]. Nomos, 1993, 35(1): 339-395.

[140] Mill J S. Three Essays: On Liberty, Representative Government, the Subjection of Women[M]. New York: Oxford University Press, 1975: 454-456.

[141] Mosedale S. Assessing women's empowerment: Towards a conceptual framework[J]. Journal of international development, 2005, 17(2): 243-257.

[142] Narayan D. Measuring empowerment: Cross-disciplinary perspectives [R]. Washington, D. C. : The World Bank, 2005.

[143] Norman W. Citizenship in Culturally Diverse Societies[M]. Oxford: Oxford University Press, 2000.

[144] Norris P. Conclusions: Comparing legislative recruitment [J]. Gender and Party Politics, 1993, 309(1): 330.

[145] Osawa M. Japanese government approaches to gender equality since the Mid-1990s[J]. Asian Perspective, 2005, 29 (1):157-173.

[146] Panagopoulos C, Dulio D A, Brewer S E. Lady luck? Women political consultants in U. S. congressional campaigns[J]. Journal of Political Marketing, 2011, 10(3): 251-274.

[147] Paolino P. Group-salient issues and group representation: Support for women candidates in the 1992 Senate elections[J]. American Journal of Political Science, 1995, 39(2):294-313.

[148] Parikh A, Acharya S, Krishnaraj M. Gender budgeting analysis: A study in Maharashtra's agriculture [J]. Economic and Political Weekly, 2004, 39(44):4823-4830.

[149] Patel V. Cities, gender budgeting and civic governance [D]. Mumbai: SNDT Women's University, 2007.

[150] Petracca M P. The Politics of Interests: Interest Groups Transformed [M]. New York: Routledge, 1992.

[151] Phillips A. The Politics of Presence[M]. Oxford: Clarendon Press, 1995.

[152] Porter E. Women, political decision-making, and peace-building [J]. Global Change, Peace & Security, 2003, 15(3): 245-262.

[153] Putnam R D. Making Democracy Work: Civil Traditions in Modern Italy[M]. Princeton: Princeton University Press, 1993.

[154] Quinn S. Gender budgeting: Practical implementation (Handbook) [R]. Strasbourg: Council of Europe, 2009.

[155] Rai S M. Equal participation of women and men in decision-making processes, with particular emphasis on political participation and leadership[R]. New York: UN Department of economic and social affairs(DESA), 2005.

[156] Rappapon J. Studies in empowerment: Introduction to the issue[J]. Prevention in Human Services, 1984, 3(2-3): 1-7.

[157] Rawls J. A Theory of Justice[M]. Cambridge: Harvard University Press, 1971.

[158] Rendel M. Women as political actors [R]. Grenoble: ECPR Workshop on Women as Political Actors, Legal Status and Feminist Issues, 1987.

[159] Richardson J G. Handbook of Theory and Research for the Sociology of Education[M]. Greenwood: Greenwood Publishing Group, 1986.

[160] Rowlands J. Questioning Empowerment: Working with Women in Honduras[M]. London: Oxfam Publications, 1997.

[161] Rubin M M, Bartle J R. Integrating gender into government budgets: A new perspective [J]. Public Administration Review, 2005, 65(3): 259-272.

[162] Rusimbi M, et al. Checklist for mainstreaming gender into the

government budget[R]. Tanzania: TGNP/Community Agency for Social, 2000.

[163] Sanders L M. Against deliberation[J]. Political Theory, 1997, 25 (3): 347-376.

[164] Sapiro V. When are interests interesting? The problem of political representation of women[J]. American Political Science Review, 1981, 75(3): 701-716.

[165] Schratzenstaller M. Gender budgeting in Austria[R]. CESifo DICE Report, 2008.

[166] Sen G, Germain A, Chen L C. Population Policies Reconsidered: Health, Empowerment, and Rights[M]. Boston: Harvard University Press, 1994.

[167] Sharp R, Broomhill R. Budgeting for equality: The Australian experience[J]. Feminist Economics, 2002, 8(1):25-47.

[168] Sharp R, Vas Dev S. Bridging gap between gender analysis and gender-responsive budgets: Key lessons from a pilot project in the Republic of The Marshall Islands[Z]. Hawke Research Institute Working Paper Series No. 25, 2004.

[169] Staples L H. Powerful ideas about empowerment[J]. Administration in Social Work, 1990, 14(2): 29-42.

[170] Stolle D, Gidengil E. What do women really know? A gendered analysis of varieties of political knowledge[J]. Perspectives on Politics, 2010, 8(1): 93-109.

[171] Sugiyama N B. Gendered budget work in the Americas: Selected country experiences[Z]. Working Paper of University of Texas at Austin, 2002.

[172] Taylor-Robinson M M, Heath R M. Do women legislators have different policy priorities than their male colleagues? A critical case test[J]. Women & Politics, 2003, 24(4): 77-101.

[173] Thomas S. How Women Legislate[M]. New York: Oxford University Press, 1991.

[174] UNFPA & UNIFEM. Gender Responsive Budgeting and Women's Reproductive Rights: A Resource Pack[M]. New York: UNFRA & UNIFEM, 2006.

[175] Valodia I. Engendering the public sector: An example from the women's budget initiative in South Africa [J]. Journal of International Development, 1998, 10(7):943-955.

[176] Walker J L. A critique of the elitist theory of democracy[J]. The American Political Science Review, 1966, 60(2): 285-295.

[177] Weissberg R. Democratic political competence: Clearing the underbrush and a controversial proposal[J]. Political Behavior, 2001, 23(3): 257-284.

[178] Woolcock M. Social capital and economic development: Toward a theoretical synthesis and polity framework[J]. Theory and Society, 1998, 27(2): 151-208.

[179] Zimmerman M. Psychological empowerment: Issues and illustrations[J]. American Journal of Community Psychology, 1995, 23(5): 581-598.

[180] Zuckerman E. An Introduction to Gender Budget Initiatives [M]. Washington, D. C. : Gender Action, 2005.

致　谢

首先需要感谢的是温岭市各级人大与党政部门。没有当地人大和政府开拓的参与式财政预算创新实践，本研究便无从开始。同时，如果没有当地各届政府领导的支持与协助，本研究也无法顺利完成。

从 2005 年开始关注温岭的参与式预算至今，已历时十多年。回想首次慕名走访温岭调查当地的参与式预算创新实践，接受访谈的第一位当地领导是时任温岭市委宣传部副部长的穆毅飞。访谈前，我们了解到，当时是以乒乓球摇号方式产生民主恳谈会审议代表，奇数代表女性，偶数代表男性。这种方式意味着参加审议的代表性别比例应该是各占 50％。摇号，本是民众喜闻乐见的古老方法，将它用于选取审议代表的民主程序中是大胆的创新。这种创新制度的尝试无意间打破了中国长期以来公共领域中"男主女从"的惯性思维与价值观，将女性与男性置于无差别的平等地位。我对此既好奇，又兴奋。好奇的是，为什么当地政府从一开始就赋予女性平等的地位，在如此重要的政府财政预算审议中，出现这种实质性保障男女平等参与的制度设计，这在国内乃至国际上都属少见。兴奋的是，终于看到有一种制度设计将女性真正作为平等公民看待，并赋予平等的参与机会。仅就这一点而言，便预示着某种前所未有的创新价值。

见到穆部长，我迫不及待地问他，最初是怎么想到用这种古老方法给女性平等参与机会的？穆部长解释道："男女应该有平等机会，这才是公平嘛。当时真没有想很多，只是觉得应该这样分配名额。"是的，"男女应该有平等机会"，这句长期以来宣示国家和政府政治抱负和意愿的口号，在温岭变成了真实的制度设计，并以如此简单易行的方法得以推行。难道是久而久之的男女平等宣传在领导干部意识中产生了"内化"？抑或是男女平等价值观的倡导促使他们形成了内在"道德直觉"，以至于在重要的创新时刻，不假思索地将其纳入制度创新？于是我又问穆部长："您是凭着直觉驱使觉得应该这样做？"他回答:"对,就是直觉,应该这样才公平。"

正是这一再简单不过的回答,激发了我极大的兴趣去探索其实施的结果,想象着如果该制度能得到持续执行,那么,长期以来缺少机会参与公共事务的女性,又会发生怎样的改变? 进而思考,平等参与真的能为女性赋权并赋予她们足够的能力替自己发声吗? 一时间一连串问题浮现在脑海里,我对问题背后的答案充满好奇与期待。于是,当即决定更近距离地了解当地的参与式预算,只要该制度持续运行,就长期跟踪研究,看看女性在长期的平等参与中会如何表现并发生怎样的变化。

为尽快熟悉温岭的参与式预算实践,也为更好地梳理与解读温岭创新的性别意蕴,初次调研后,我立即开始搜索国内外有关参与式预算的文献,梳理参与式预算中性别平等参与的国际实践经验。随即发现,在对参与式预算的探索中,国际上早有将参与式预算与性别平等相结合的先例,使女性在平等参与中获益并成长。这使我更有信心进行该领域的探索,并相信这一研究是值得做的。

为更好地理解参与式预算,尤其是参与式性别预算的理论与实践,我的研究从理论准备开始,逐渐积累大量有关性别预算的国外文献与资料。因此,早期发表的论文基本上是关于国外性别预算的理论与实践的,从理论上厘清性别预算理论的基本原理与操作规则,为进一步思考温岭实践提供理论框架,拓宽分析视野。直到2010年,我才发表第一篇关于温岭参与式预算为女性赋权的论文。该文通过"控制性实验"方法,分析两性代表参与审议前后的价值选择与认知变化,从性别视角挖掘男女两性在预算审议会前后呈现的差异,发现女性的政治潜能并不低于男性。当然,这仅仅是对参与式预算进行性别视角分析,运用的调查数据均来自2005—2008年泽国镇的"控制性实验"调研,此时还未出现参与式性别预算。

转向参与式性别预算的研究是在2010年。这一年,温峤镇率先启动参与式性别预算,具体做法是在参与式预算审议程序中加入性别预算审议环节,专门开辟会场从性别角度审议政府财政预算。相比于早年泽国等镇的做法,温峤镇为鼓励女性参与性别预算审议,更加向女性代表倾斜,女性代表比例达80%左右,这是历史上从未有过的。作为研究者,我意识到这是探索女性平等参与背景下女性赋权的极好机会,因此投入更多时间与精力,通过参与协助性别预算过程,从选择性别预算项目(从"大预算"项目中选择与女性关系密切的项目以及各类民生项目),到帮助政府进行性别预算项目评估,设计问卷征集公众意见改进农函大课程设计,再到每年对性别预算代表进行理论与方法培训等,在参与中了解性别预算的全过程,体验参与式性别预算的意义,同时也为研究创造了最佳条件,使得本人有机会长时间地跟踪实践的发展,并与当地的人大和党政领导干部建立起互信互助关系。我们与许多当地领导不仅是志同道合的合作者,也是志趣相投的好朋友。以至于每次进入温岭,我已不再视其为单纯的调研基地,而是我本就应该时常回来的故地。

为此,特别感谢十多年来温岭市人大与各镇历任领导对我的理解、认同与支持。每年至少一次、多则数次的实地跟踪调研,每一次都得到热情接待与帮助,从安排调研计划,联系访谈对象,再到发放问卷,相关部门和领导总是有求必应,给予无私帮助与支持。语言上简单的"感谢"已无法表达我对他们的感激之情,留下的更多是感动。无法想象,如果没有他们的长期支持与信任,怎么可能完成这么长时间的跟踪调研。甚至至今我仍然在那里做着另一个半实验性的研究,试图探索在不同性别比例参与情况下,数量比例的"临界规模"效应是如何发生的,以揭示该效应的运行机制。特别感谢温岭市人大常委会原主任张学明,市人大常委会委员、办公室副主任林应荣等,没有他们的帮助与支持,我们不可能进入温岭市的财政预算审议会。还有温峤镇人大原主席陈恩庆,泽国镇人大原主席张敏亮、原副主席梁云波,以及温岭市妇联厉决奋主席等同道,他们对我的研究从来都是有求必应、鼎力相助,与他们结下的友谊也令人难忘。

历时十余年的研究,仅凭一己之力恐怕也是难以为继的。除了当地政府的鼎力相助,学生们也是我的重要合作伙伴。历届研究生中,有共同致力于性别预算研究的,她们从追踪国内外研究动态,到记录温岭实践的每一个进程,分析每一个新的发现与问题,与我一起潜心投入参与式性别预算研究中,在收获知识与学术研究机会的同时,也成就了她们自身的学业。作为导师,本人在引导学生进入性别预算领域的同时,指导数届学生完成多篇毕业论文,这些论文都获得优良的成绩。学生的参与不仅在文献梳理与分析上做出贡献,也在问卷发放、数据分析、资料整理等方面为本研究提供了支持。在此期间,我体验到教学相长的裨益、旨趣相投的默契,还有志同道合的乐趣。从这个意义上说,本书也是集体合作的成果。在此,感谢付出辛勤劳动的学生们,他们是张婧、吕晓敏、饶建仁、张姗姗、庄妍、杨麒君、郑熹、李华健等。

最后,特别感谢澳大利亚迪肯大学何包钢教授。何教授是我的同学与好友,是他最早向我引介温岭的参与式预算与他在那里做的控制性实验研究。我第一篇关于参与式预算的性别分析论文数据正是得益于他的问卷,他建议我对问卷数据重新做性别分析。没有他的引介与支持,或许我和温岭参与式预算以及性别预算会失之交臂,也不一定会有后续的长期坚持。

浙江大学公共管理学院　郭夏娟